Andrea Capovilla (Hg.)
Marlen Haushofer: Texte und Kontexte

D1694044

Forum: Österreich, Band 16
Herausgegeben von Jacques Lajarrige und Helga Mitterbauer

Andrea Capovilla (Hg.)

Marlen Haushofer:
Texte und Kontexte

Frank & Timme

Verlag für wissenschaftliche Literatur

Die Qualität der Beiträge wurde durch die Begutachtung der beiden
Reihenherausgeber gewährleistet (*peer reviewed content*).

ISBN 978-3-7329-0785-4
ISBN E-Book 978-3-7329-9180-8
ISSN 2363-4855

© Frank & Timme GmbH Verlag für wissenschaftliche Literatur
Berlin 2022. Alle Rechte vorbehalten.

Herstellung durch Frank & Timme GmbH,
Wittelsbacherstraße 27a, 10707 Berlin.
Printed in Germany.
Gedruckt auf säurefreiem, alterungsbeständigem Papier.

www.frank-timme.de

Inhaltsverzeichnis

ANDREA CAPOVILLA

„Dabei wäre es möglich gewesen, anders zu leben". Einleitung

1   Texte und Kontexte

Marlen Haushofer war im Jahr 2020 mit einem Doppeljubiläum zu gedenken. Es jährte sich sowohl ihr hundertster Geburtstag, als auch ihr fünfzigster Todestag. Aus diesem Anlass fand der Autorin zu Ehren die Konferenz *Marlen Haushofer in Context* am Ingeborg Bachmann Centre in London statt. Der nun vorliegende Tagungsband deckt möglichst viele ihrer Texte ab und leuchtet deren Kontexte mit perspektivischer Vielfalt aus. Haushofers Erzählung *Das Vermächtnis* beginnt mit dem Satz: „Ich bin dreißig Jahre und drei Tage alt. Davon habe ich dreißig Jahre geschlafen und drei Tage gelebt."[1] Der Ich-Erzähler Georg beginnt erst im eigentlichen Sinn zu leben, als ihm die Gabe des intensiven Sehens von seiner sterbenden Kindheitsfreundin an seinem signifikanten Geburtstag „vermacht" wird. Die kurze Erzählung bündelt Haushofersche Themen und Motive, die sich durch ihr Gesamtwerk ziehen: Die Sehnsucht und gleichzeitig die damit verbundenen Aporien aus einem beengten Leben auszubrechen und die Präsenz einer magischen, phantastischen oder märchenhaften Dimension, die mit der Kindheit verbunden ist und verloren geht, aber in Momenten wieder aufleuchten kann.

Wie Daniela Strigl feststellte, gehört *Die Wand* (1963) zu den „Schlüsselwerken des zwanzigsten Jahrhunderts" und in den Jahren des Coronavirus mit unseren Isolationserfahrungen wieder einmal zu den „Büchern der Stunde".[2] In vorangegangenen Jahrzehnten wurde der Roman unter anderem als Abrechnung mit dem geschichtsvergessenen Wirtschaftswunder, als Kritik des Kalten

---

1   Haushofer 1990: 72.
2   Strigl 2020: 12.

Andrea Capovilla

Krieges und im weiteren Sinn als ökofeministische Kritik des Patriarchats und der kapitalistischen Ausbeutung der Natur gelesen. Der Roman hält diversen fruchtbaren Interpretationsansätzen und historischen Kontextualisierungen stand, und widersteht gleichzeitig einer allein gültigen Lesart. Jeweils bleibt ein Rest, der in der Gleichung nicht ganz aufgeht.

Ein nicht unerheblicher Grund für die Faszination, die die *Wand* auf ihre Leser*innen ausübt, besteht zweifellos auch darin, dass die Ich-Erzählerin nicht nur von der Wand eingeschlossen, sondern gleichzeitig durch sie von früheren Zwängen befreit und trotz ihrer prekären Situation autonomer denn zuvor ist. Die Wand ist nicht nur ein Unglück.[3] Haushofer begrenzt hier nicht ihre Protagonistin innerhalb der bürgerlichen Welt, in der sie lebt, die narrative Versuchsanordnung ist umgekehrt und die gesamte Außenwelt wird tot gestellt. Der Text entwickelt somit eine produktive Spannung zwischen den Genres der endzeitlichen Dystopie und der Robinsonade[4], hat aber auch ein utopisches Element.

Haushofer erweist sich als eine Autorin, die radikale Fragen in einer wechselnden „Versuchsanordnung für ungelebte Leben" stellt.[5] „Dabei wäre es möglich gewesen, anders zu leben" notiert die namenlose Ich-Erzählerin der *Wand*.[6] Dieser Satz ist vom Pessimismus des Irrealis bestimmt, der Tatsache des Versäumnisses, er beinhaltet aber auch das utopische Moment des Bestehens auf der Ablehnung des Status Quo und des Beharrens darauf, dass es auch anders hätte sein können und somit auch sein könnte. Diese produktive Spannung zwischen radikaler Negation und dem Vorschein des Utopischen ist in unterschiedlichen Erzählsituationen ihren Texten eingeschrieben. Die Bandbreite der Beiträge zeigen die thematischen Konstanten in Haushofers Werk, aber auch ihre oft unterschätzte erzähltechnische Vielfalt und Originalität.

Caitríona Ní Dhúill liest die *Wand* als narratives Experiment eines *lockdowns*, in dem die Problematik der metabolischen Beschleunigung im Anthropozän, wie sie bereits von Marx reflektiert wurde, anhand einer einzelnen

....
3 Vgl. Strigl 2002: 116.
4 Siehe dazu Hofmann 2000.
5 Strigl 2007: 234.
6 Haushofer 1985: 238.

8

Frau und den Tieren, mit denen sie interagiert, in einem gegenläufigen Prozess der metabolischen Entschleunigung dargestellt wird. Im Dialog mit aktuellen Debatten in den Umweltwissenschaften und einer sich auf Marx berufenden ökosozialen Theorie erweist sich sowohl die Aktualität der Fragen, die der Text aufwirft, als auch sein Verweigern einfacher Antworten.

Margaret Littler untersucht sowohl den Roman als auch die Verfilmung der *Wand*. Dabei zeichnet sie auch ihre eigene Biographie als Leserin und Theoretikerin nach. In einem früheren Aufsatz las sie Haushofer vor dem Hintergrund der feministischen Psychoanalyse Luce Irigarays,[7] während ihr in der von Gilles Deleuze und Henri Bergson informierten Relektüre ein neuer Text begegnet, der, noch verstärkt durch die gelungene Verfilmung von Julian Pölsler, mit narrativen und filmästhetischen Mitteln die Kategorien der Vernunft, der Kontrolle über die Verwaltung der Zeit und die Beziehungen zwischen Mensch und Tier destabilisiert und anders denkt.

Sarah Neelsen hat bereits die Relevanz des Begriffs der Robinsonade im Hinblick auf *Die Wand* und *Die Mansarde* untersucht und Verbindungen zu Donna Haraways erweitertem und multivalenten SF-Begriff hergestellt.[8] Hier denkt Neelsen diesen Ansatz weiter und analysiert Haushofers „Raumkapseln", die phantastischen und SF-Elemente in *Eine Handvoll Leben*, *Die Tapetentür*, *Die Wand* und *Die Mansarde*. Sie arbeitet Parallelen zwischen Haushofers Texten und den Grundtexten des *ecofeminism* Haraways heraus und zeigt, dass ihr Werk auch für die dritte Welle des Feminismus von Bedeutung ist.

Marlen Mairhofer entwickelt in ihrem Beitrag eine semiotisch und psychoanalytisch informierte Lektüre der Zeichensysteme der *Mansarde*. In einer genauen und illuminierenden Lektüre des eingespielten ehelichen Streitgesprächs über die Spezies des Baumes vor dem Fenster zeigt sich, dass die Frage nach dem Verhältnis von Signifikant und Signifikat dem Text von Anfang an eingeschrieben, und alles andere als geschlechtsneutral ist. Sie wird, wie sie zeigt, nicht auf einer metaphysischen Ebene, sondern nahe an und in den Körpern der Figuren verhandelt.

....

7 Siehe Littler 1998.
8 Neelsen 2019.

Andrea Capovilla

Helmut Grugger situiert Haushofer in seinem erzähltheoretischen Beitrag, der sich auf *Himmel, der nirgendwo endet* und *Das fünfte Jahr* konzentriert, aber Verbindungen zum gesamten Werk zieht, im Kontext autobiographischen Schreibens über Kindheit, und zeigt, wie komplex und singulär die scheinbar einfache Erzählstruktur dieser Texte ist. Haushofer erzählt nicht rückblickend über eine Kindheit, sondern verschafft der Erlebniswelt der Kindheit eine Stimme, die so nahe wie möglich in ihr verbleibt. Der konsequente Verzicht auf eine auktoriale Reflexionsebene zeichnet Haushofers Kindheitstexte aus.

Thomas Kronschläger skizziert die Ergebnisse der Forschung zu Haushofers Kinderbüchern, deren Impuls von Ernst Seibert ausging, und zeigt das Potential, Haushofer als eine Autorin für alle Alter zu rezipieren, am Beispiel ihrer Kinderbücher, Kindheitstexte und Märchen, die mehrgleisig, auf mehreren Ebenen lesbar, Leser*innen aller Alter adressieren. Haushofers Kinderbücher waren und sind erfolgreich und gleichzeitig Opfer einer selektiven Kanonisierung. In ihren Büchern für Kinder wird Kindheit altersgemäß, jedoch differenziert, humorvoll und ohne plakative Didaktik dargestellt.

Emily Jeremiah beschäftigt sich in ihrem Beitrag mit Emotion, Körperlichkeit und Affekt in der Beschreibung der Komplizenschaft Annes in *Wir töten Stella*. Recht und Unrecht werden immer wieder als körperliche Manifestationen beschrieben, so zum Beispiel in der von Anne empfundenen Verstoßung aus der Natur, gegen deren inneres Gesetz, wie sie es empfindet, sie wiederum verstieß. Jeremiah, die auch Übersetzerin ist, analysiert in einem zweiten Schritt ihre eigene (unveröffentlichte) Übersetzung des Textes und den affektiven Aspekt des Akts des Übersetzens.

Justyna Górny liest die Passagen aus *Eine Handvoll Leben*, die die Internatszeit und die libidinöse Dreiecksbeziehung der Protagonistin Elisabeth und ihrer Freundinnen Käthe und Margot vergegenwärtigen, im Dialog mit früheren Darstellungen von Mädchenschulen bei Christa Winsloe und Grete von Urbanitzky. Auf dem Hintergrund vergleichbarer Thematisierungen männlicher Adoleszenz ergeben sich aufschlussreiche Parallelen und Kontrastlinien zwischen der Zwischenkriegszeit und den Nachkriegsjahren in der Darstellung von weiblicher Adoleszenz, Protest und Anpassung, Liebe, Erotik und Freundschaft.

Daniela Strigl hat die Frage „Wer hat Angst vor Marlen Haushofer?", die ein Echo des Titels des bekannten Theaterstücks *Who's Afraid of Virginia Woolf?* (1962) von Edward Albee ist, erstmals in ihrer wegweisenden Biographie der Autorin gestellt.[9] Der Mechanismus des diskriminierenden Blicks, der bei vergleichbaren Erzählhaltungen und Themen männlicher Autorschaft mehr Gewicht und Bedeutung zumaß, hat ein Äquivalent darin, dass Formen des uneigentlichen Sprechens und Thematisierungen von Brutalität und Grausamkeit in Texten von Autorinnen als bedrohliche Geste der Anmaßung empfunden und in der Rezeption oft ausgeblendet wurden. Strigl weitet ihre Analyse hier durch Querverbindungen zu Texten von Ingeborg Bachmann, Hertha Kräftner, Christine Lavant, Robert Neumann und Hannelore Valencak aus.

Daniel Syrovy zeigt in seinem Beitrag detailliert die Korrespondenzen und Differenzen zwischen Hannelore Valencaks dystopischem Roman *Die Höhlen Noahs* (1961) und Haushofers *Wand*. Beide Autorinnen schätzten *Science Fiction* und rezipieren generische Elemente. Neben diesen Lektürespuren arbeitet Syrovy anhand weiterer Texte der Autorinnen die Affinität beider zur Phantastik und zum magischem Realismus in der österreichischen und Prager deutschen Literatur heraus. Eine literatursoziologisch bedeutende Parallele ist zudem, dass Haushofer und Valencak auch Kinder- und Jugendbücher schrieben, wobei diese jeweils unterschiedlich im Gesamtwerk der Autorinnen positioniert sind.

2 Bemerkungen zu Haushofers intertextuellen Verweisen

Haushofers erster veröffentlichter Roman, *Eine Handvoll Leben* (1955), erzählt von einem radikalen Aufbruch der Protagonistin, ihrem selbst inszenierten Verschwinden aus ihrer bürgerlichen Existenz, die in einer Reihe von Rückblicken erzählt wird, wobei die Jugendjahre im Mädcheninternat den größten Raum einnehmen. Der Titel *Eine Handvoll Leben* variiert Evelyn Waughs Titel

....

9   Siehe Strigl 2007: 302 und 312 und weiters Strigl 2002.

A Handful of Dust (1934).[10] Waugh wiederum entlehnte den Titel und das Motto seines Romans der Zeile „I will show you fear in a handful of dust" aus „The Burial of the Dead", dem ersten Abschnitt von T.S. Eliots *The Waste Land.*[11] Die Handvoll Staub oder Leben der Titel Waughs und Haushofers sind beide rhetorische *understatements*, die Beschreibung der Unmöglichkeit eines gelingenden Lebens soll sowohl bei Haushofer als auch bei Waugh ohne Pathos auskommen. Es gibt inhaltliche Berührungen der beiden Romane. Sowohl Haushofers Betty Russel als auch Waughs Tony Last tauchen unter und verschwinden aus ihrem bisherigen Leben. Haushofers Wahl der Namen Betty und Anton/Toni mag ebenfalls an Waughs Wahl der Namen Brenda und Tony angelehnt sein. Haushofer war anglophil und schätzte neben Virginia Woolf und Katherine Mansfield den oft satirischen Evelyn Waugh besonders.[12] Anlässlich einer negativen Rezension zu Waugh in der *Zeit* notierte sie in ihrem Tagebuch, wie beeindruckt sie von seinem Roman *Gilbert Pinfolds Höllenfahrt* (*The Ordeal of Gilbert Pinfold*; 1957) war, und moniert: „[D]iese Scheiß ‚Zeit' wagt es einen so blöden Artikel über ihn zu bringen".[13]

Inhaltliche Bezüge lassen sich auch zu Robert Frosts Gedicht ‚Out, Out–' herstellen, dessen letzte Zeilen dem Roman als Motto vorangestellt sind: „Und sie lebten, da sie ja nicht der Tote waren, ihr Leben weiter" („And they, since they | Were not the one dead, turned to their affairs"[14]). Frosts Gedicht – der Titel zitiert natürlich selbst wiederum Shakespeares „out, out brief candle", ist die unterkühlte, lakonisch scheinende Darstellung eines Unfalltods eines Jungen, und die wie beiläufige Kontinuität des Alltags der Hinterbliebenen. Die Bezüge zu Waugh und Frost sind signifikant, da sie literarische und ästhetische Korrespondenzen, die Haushofer selbst herstellte, aufzeigen, welche aber nicht wahrgenommen wurden. Auch Waughs Roman thematisiert eine Ehe, jedoch nur eine Autorin konnte dafür mit dem problematischen Etikett „Frauenliteratur" eingegrenzt und auch herabgesetzt werden. Indem Haushofer selbst

....

10 Vgl. Gürtler 1993: 225.

11 Siehe https://www.poetryfoundation.org/poems/47311/the-waste-land.

12 Siehe Strigl 2007: 288.

13 Zitiert bei Schmidjell 1990: 29–30.

14 https://www.poetryfoundation.org/poems/53087/out-out.

durch Motto und Titel intertextuelle Wegweiser aufstellt, wollte sie vielleicht auch einer solchen geahnten Eingrenzung entgegenwirken.

In ihrem zweiten Roman, *Die Tapetentür* (1957), findet sich eine für Haushofer ungewöhnliche Passage, da sie eine direkte Auseinandersetzung mit einem anderen Autor, der jedoch ungenannt bleibt, und auch dem Nationalsozialismus darstellt. In Annettes Tagebucheintragung vom 1. Oktober steht:

> Ein sehr bekannter Schriftsteller schreibt: „In unserer Eigenschaft als Menschen verfügen wir über Hoheitssiegel, die schwer zu brechen sind, wenn wir sie nicht selbst beschädigen." Möglich, daß „Blutsauger" und „Freudenmädchen" durch ihren Beruf besonders gefährdet sind, aber es werden auch Ehefrauen, Trafikanten und alte Postfräulein ermordet. Oder waren vielleicht alle Juden und Ausländer, die vergast wurden, von jenem Typ, der zum Abschlachten lockt? Offenbar war ihr Hoheitssiegel schon zerbrochen, als ihnen dies zustieß, und kein Mensch hätte sich sonst an ihnen vergriffen.[15]

Die von Haushofer mit Anführungszeichen versehenen Zitate stammen aus Ernst Jüngers Tagebuch *Gärten und Straßen* (erstmals 1942 und in einer revidierten Fassung 1950 erschienen), unter dem Datum des 18. April 1939.[16] Jünger skizziert eine ästhetische und hierarchische Typologie des Leidens bei Tieren und Menschen. So verursache das Leiden des Schweins Mitgefühl und Abscheu zugleich, da das Schwein „sich zum feisten Fresser entwürdigen" habe lassen, und deswegen „wenn nicht Zustimmung, so doch Eignung" zur Qual habe. Anschließend fragt Jünger, ob nicht auch „unter Menschen die rohen Qualen ganz bestimmten zugemessen sind". Angst vor Schmerz lade, so Jünger weiter, zur Qual ein. Die von Haushofer zitierten „Blutsauger" und „Freudenmädchen" forderten Qual heraus, da sie „ganz vom Trachten auf ein feistes, üppiges Behagen besessen" seien. Nur wer keine Angst kenne oder zeige, seiner Unverletzlichkeit sicher sei, bewahre das „Hoheitssiegel" unbeschadet. Die

....

15 Haushofer 2000: 38.
16 Jünger 1979: 37–39. Nachfolgende Zitate ebenda. Ich danke Helmuth Kiesel für die Hilfe bei der Lokalisierung der Stelle in Jüngers Tagebüchern herzlich.

Empörung Haushofers über diese Ausführungen ist nachvollziehbar, es wird ja mit dem antisemitisch konnotierten Bild der „Blutsauger" die Schuld den Opfern angelastet, da ihnen eine Befindlichkeit oder Haltung eigne, die sie zum Opfer mache. Die mit beträchtlichem Sarkasmus formulierte Passage Haushofers scheint aber über diese Empörung hinaus signifikant, da eine diametral entgegengesetzte Ethik des Leidens postuliert wird, indem sie den Begriff der Würde umpolt. Jüngers „Hoheitssiegel" wird nicht der als charismatisch evozierten Figur eines unerschrockenen und unbeirrten Kämpfers, sondern der leidenden Kreatur verliehen: „Wenn es ein Hoheitssiegel des Geschöpfes gibt (wobei ich das Tier nicht ausschließe), so liegt es in seiner Fähigkeit zu leiden. Wenn ich einen Wurm zertrete, ist er in diesem Augenblick ein adeliges Wesen im Vergleich zu mir. Das fühlen die Quäler und Mörder auch sehr gut, daher ihr unstillbarer Hass gegen ihre Opfer."[17] Was an dieser Stelle und anderswo zur Sprache kommt, sind Entwürfe einer Ethik des Leidens und der Schuld. Haushofers Texte, und darin liegt ihre Qualität, entziehen sich dabei eindeutigen Festschreibungen, und ersetzen jegliche hierarchische Gewissheit, die in den Tagebucheintragungen Jüngers deutlich wird, durch radikale ethische Fragestellungen.

3   Ausblick

Dass die *Wand* ein literarischer Glücksfall ist, war auch der Autorin bewußt.[18] Eine kursorische Suche im Internet zeigt, dass der Roman weltweit Leser*innen fasziniert hat und fasziniert. Der unwiderstehliche Sog des Textes funktioniert bei jeder Relektüre wieder, und immer wieder treten neue Aspekte in den Vordergrund. Der Roman kann also als Meisterwerk bezeichnet werden. Dieser Begriff ist aber gerade im Hinblick auf Haushofer zu hinterfragen. Sie ist ohne Zweifel in vielen Texten eine Meisterin ihres Fachs, so meint Strigl zu Recht, dass auch die *Mansarde* „mit unaufdringlicher Meisterschaft" kompo-

---

17   Haushofer 2000: 38.
18   Siehe Strigl 2007: 259.

niert ist.[19] *Wir töten Stella* wurde in den Band *Meisterwerke. Deutschsprachige Autorinnen im 20. Jahrhundert* aufgenommen.[20] In der Einleitung diskutieren die Herausgeberinnen das männlich besetzte Konzept des Meisterwerks und seine Funktion in der Kanonbildung,[21] wobei freilich die Wahl des Titels wieder den kritisierten Mechanismen der Kanonbildung anheimfällt. In *Eine Handvoll Leben* heißt es, als Betty wieder ins Unbekannte aufbricht: „Sie war eine Diebin und trug die geraubte Welt mit sich fort. In ihr schillerte das Gefieder der Tauben"[22]. Elke Brüns deutet das Bild der fliegenden (Sprach)diebin mit psychoanalytischem Instrumentarium als Haushofers utopischen Ausblick auf die Genese eines weiblichen schreibenden Subjekts[23], das sich der etablierten Kanonbildung entzöge.

Jedenfalls erstaunlich bleibt, dass die zweifellos brilliante Autorin Marlen Haushofer zum gegenwärtigen Zeitpunkt immer noch „die einzige Größe der österreichischen Nachkriegsliteratur [ist], die bis heute keine Edition erhalten hat".[24] Sie ist wohl bis dato auch die einzige deutschsprachige Autorin, die ein Manifest nötig hat, in dem bekannte deutschsprachige Autor*innen die Erstellung einer Werkausgabe fordern.[25] Es bleibt zu hoffen, dass eine Werkausgabe in Zusammenarbeit mit dem Linzer *StifterHaus*, das sich stets um das Werk Haushofers bemüht hat, möglichst bald erstellt sein wird.

4 Danksagung

Dem Institute of Modern Languages Research, University of London, danke ich für die Förderung, die die Haushofer-Tagung und die Publikation ermöglicht haben. Der Direktorin Waltraud Dennhardt-Herzog und dem Team

....

19 Strigl 2007: 311.

20 Siehe Vedder 2005.

21 Siehe Benthien und Stephan 2005: 9–17.

22 Haushofer 1991: 157–158.

23 Siehe Brüns 2000: 37–38.

24 Strigl 2020: 12.

25 Steyrer Manifest: o. S. Siehe dazu auch Kronschläger in diesem Band.

des Österreichischen Kulturforums in London danke ich für kontinuierliche Unterstützung. Jane Lewin bin ich wie stets für unentbehrliche Hilfe bei der Vorbereitung und dem Ablauf der Konferenz verpflichtet. Ich möchte an dieser Stelle auch Bernadette Cronin und Regina Crowley, den Gründerinnen des *Gaitkrash* Theatres danken, deren Videoversion ihrer Fassung von *Killing Stella* bei der Konferenz zu sehen war. Johanna Ortner und der Maria Lassnig Stiftung danke ich für die Erlaubnis, Maria Lassnigs *Selbstporträt* (1957) zu reproduzieren. Nicht zuletzt danke ich Anne Simon, Recha Esterel, Matthias Korte, Tim und Simon Rood und Helmut Vogel für hilfreiche Haushofersche Kommunikationen.

Bibliographie

Primärliteratur

HAUSHOFER, MARLEN (1985): *Die Wand*. Frankfurt/M./Berlin: Ullstein.

—, (1990): „Das Vermächtnis". *Begegnung mit dem Fremden. Erzählungen.* München: dtv, S. 72–85.

—, (1991): *Eine Handvoll Leben*. München: dtv.

—, (1995): „Wir töten Stella". *Wir töten Stella und andere Erzählungen.* München: dtv, S. 53–101.

—, (2000): *Die Tapetentür*. Wien: Zsolnay.

Sekundärliteratur

BRÜNS, ELKE (2000): „Die Funktion Autor und die Funktion Mutter. Zur psychosexuellen Autorposition Marlen Haushofers." *„Eine geheime Schrift aus diesem Splitterwerk enträtseln ..."* Marlen Haushofers Werk im Kontext. Hrsg. von Anke Bosse und Clemens Ruthner. Tübingen/Basel: Francke, S. 25–38.

GÜRTLER, CHRISTA (1993): „„Im Korsett der bleiernen Zeit.' Zu den Romanen Eine Handvoll Leben und Die Tapetentür." *Marlen Haushofer. Die Überlebenden. Unveröffentlichte Texte aus dem Nachlass. Aufsätze zum Werk.* Hrsg. von Christine Schmidjell. Frankfurt/M./Berlin: Ullstein, S. 209–230.

Hofmann, Michael (2000): „Verweigerte Idylle: Weiblichkeitskonzepte im Widerstreit zwischen Robinsonade und Utopie. Marlen Haushofers Roman *Die Wand*." *Eine geheime Schrift aus diesem Splitterwerk enträtseln … Marlen Haushofers Werk im Kontext*. Hrsg. von Anke Bosse und Clemens Ruthner. Tübingen: Francke, S. 193–205.

Jünger, Ernst (1979): *Gärten und Straßen. Sämtliche Werke*, II. Stuttgart: Klett-Cotta, S. 27–221.

Littler, Margaret (1998): „The Cost of Loving: Love, Desire, and Subjectivity in the Work of Marlen Haushofer." ‚Other' *Austrians. Post-1945 Austrian Women's Writing*. Hrsg. von Allyson Fiddler. Bern: Lang, S. 211–224.

Neelsen, Sarah (2019): „Zwei weibliche Robinsonaden? Eine vergleichende Lektüre von Marlen Haushofers *Die Wand* und *Die Mansarde*." *Dekonstruktion der symbolischen Ordnung bei Marlen Haushofer. Die Wand und Die Mansarde*. Hrsg. von Sylvie Arlaud et al. Berlin: Frank & Timme, S. 127–142.

Schmidjell, Christine (Hg.) (1990): *Marlen Haushofer 1920–1970. Katalog einer Ausstellung*. Linz: Adalbert Stifter Institut.

Steyrer Manifest. https://stifterhaus.at/fileadmin/Steyrer_Manifest (letzter Zugriff: 10.11.2021).

Strigl, Daniela (2002): „Wer fürchtet sich vor Marlen Haushofer? Einiges zum Zusammenhang von Humor und Grausamkeit." *Frauen verstehen keinen Spaß*. Hrsg. von Daniela Strigl. Wien: Zsolnay, S. 106–127.

—, (2007 [2000]): „*Wahrscheinlich bin ich verrückt …". Marlen Haushofer – die Biographie*. Berlin: List.

—, (2020): „Das Gehirn wird endlich aufhören zu denken." *FAZ* v. 8.4., S. 12.

Vedder, Ulrike (2005): „Marlen Haushofer. *Wir töten Stella". Meisterwerke. Deutschsprachige Autorinnen im 20. Jahrhundert*. Hrsg. von Claudia Benthien und Inge Stephan. Wien: Böhlau, S. 133–147.

Caitríona Ní Dhúill

Fuelling Lockdown: Haushofer's *Die Wand* as a Text of the Great Acceleration

Der Frühling blühte rund um mich, und ich sah nur Holz.[1]

This article reads Marlen Haushofer's dystopian novel *Die Wand* (1963) as a text of the Great Acceleration and explores the implications for reading which arise from awareness of this epochal context. Through heightened attention to systems and flows of matter and energy represented in the story-world, it seeks to develop an approach to the novel that can be termed *metabolic reading*. This will involve an intensified focus on themes and motifs from the realms of combustion and nourishment, leading to clearer perception of the protagonist's life in relation to the metabolic processes in which it participates. The usual historical contextualizations of *Die Wand* as a Cold War novel, second-wave feminist novel, or novel of the *Wirtschaftswunder* will remain valid, but stand to gain in scope through acknowledgement of the relationships between these specific contexts and the wider trajectory of the Anthropocene in the post-war period.

1   The Great Acceleration

The Great Acceleration refers to the exponential increase in human enterprise and its impacts on the Earth system in recent times. According to Will Steffen and other Earth System scientists associated with the Stockholm Resilience Centre, the term "aims to capture the holistic, comprehensive and interlinked nature of the post-1950 changes simultaneously sweeping across the socio-eco-

---

1   Haushofer [1963] 1991: 135. Henceforth *DW* followed by page number.

nomic and biophysical spheres of the Earth System, encompassing far more than climate change".[2] By distinguishing the period since the mid-twentieth century from the wider, unresolved question of when the Anthropocene can be said to have begun, the Great Acceleration concept highlights "the dramatic change in magnitude and rate of the human imprint from about 1950 onwards".[3] To visualize the relationships between intensifying human activity and changes in the Earth's natural systems, including climate (greenhouse-gas levels, global temperature), ocean acidification, degradation of the biosphere, biodiversity loss and so on, discussions of the Great Acceleration often include the famous "hockey-stick" graphs which map various socio-economic trends onto Earth system trends, showing how both follow sharply rising curves from about 1950 onwards. These graphs have become "an iconic symbol of the Anthropocene".[4]

Another way of visualizing the current planetary situation is offered by the doughnut graph of J. Rockström et al. This graph, first published in 2009 and reworked by Kate Raworth in her *Doughnut Economics* of 2017, refers to the breaching of what the authors call the "safe operating space for humanity" in a number of areas including, again, climate change, ocean acidification and biodiversity loss;[5] it plots these Earth systems in concentric circles, showing a safe zone towards the centre which is breached at various points. To grasp this situation, those of us to whom words speak louder than graphs might refer to the pairing of the noun *future* with the adjective *ghastly* in another scientific journal article, published in January 2021;[6] comments by scientists and UN officials responding to the sixth assessment report on climate change by the Intergovernmental Panel on Climate Change, published in August 2021, reach for similarly stark language, ranging from "Nobody is safe. And it is getting worse faster"[7] to "It scares the crap out of me, frankly".[8]

....

2   Steffen et al. 2015: 82.

3   Steffen et al. 2015: 82.

4   Steffen et al. 2015: 83.

5   Rockström et al. 2009; Raworth 2017.

6   Bradshaw et al. 2021.

7   Andersen 2021.

8   Kim Cobb (co-author of the IGCC report), quoted in Meyer 2021.

Reflecting on this context is difficult. The current article is offered in the hope that engaging with a literary text such as *Die Wand* might be one means, however modest, of strengthening our ability to navigate this difficulty. Several opening questions arise, including: How might *Die Wand* be read as a response to the Great Acceleration? How does the epochal and planetary context inform our reading of *Die Wand*? What, to paraphrase J. Hillis Miller, should I do after reading *Die Wand* in this context, if anything?[9] Reading *Die Wand* as a text of the Great Acceleration involves directing our attention, via the metabolic transformations in which the protagonist's life participates, to the larger material and energetic flows and systems in which all human life is caught up. The novel's main memorable (and eponymous) plot device is the appearance overnight of a mysterious transparent wall which separates the first-person narrator from the rest of the world. Henceforth, as the sole human inhabitant of a remote Alpine valley which she is unable to leave, she shares her life with a dog, a cat and a cow; as far as she can make out, no human or animal life remains beyond the wall. Creating one rift, the plot device of the wall enables another, more fundamental rift to come into view: the metabolic rift.

2 Metabolic Rift

The term metabolic rift became current in ecological Marxist discourse around the turn of the new millennium as a way to refer to the rupture which Karl Marx had theorized between humanity and the rest of nature, a rupture emanating from, and progressively exacerbated by, capitalist agricultural production and the growing division between town and country in the modern period. In John Bellamy Foster's reading of Karl Marx, the term metabolic rift captures "the material estrangement of human beings within capitalist society from the natural conditions which formed the basis for their existence";[10] Jason W. Moore, another prominent ecological Marxist theorist, refers to "a progressively deepening rupture in the nutrient cycling between the country and the

....

9   Miller 2011: 181–182.
10   Foster 1999: 383.

city".[11] Discussions of the metabolic rift enable an expanded understanding of metabolism. *Stoffwechsel* refers not only to biochemical processes such as the digestion of food, the elimination of waste, decomposition and the enrichment or depletion of nutrients in the soil: it also extends to *social metabolism*,[12] which includes the appropriation of nature through human labour in order to satisfy human needs – a process also captured in Marxist idiom by the phrase "the humanisation of nature" *die Humanisierung der Natur*. Both these formulations ("appropriation of nature", *Humanisierung der Natur*) suggest underlying dichotomies between nature and culture, human and non-human; the epistemological gain of the metabolism concept is that it foregrounds the dynamic, processual, co-constitutive qualities of such categories and of the relationships and interdependencies which exist between them. Jason Moore has glossed metabolism – which he calls a "seductive metaphor" and "'conceptual star' of Marxist thought" – as "a process of life-making within the biosphere"[13] and it is in this sense that I wish to engage the concept for a reading of Haushofer's *Die Wand*.

Theories of social metabolism and the metabolic rift take the familiar Marxist concerns with the material conditions of human social life and relations of production as the starting point for an intensified scrutiny of the metabolic dependency of cities upon the surrounding countryside and of the waste flows and resource flows between urban and rural spaces. That the intra-regional flows – and the exploitative relationships they determine and express – between hinterland and urban centre are writ large in the globalized flows between colonized periphery and colonial metropolitan centre is already clear in the discussion of colonialism by Marx and Engels, for instance in their reference to England's "indirectly export[ing] the soil of Ireland, without as much as allowing its cultivators the means for making up the constituents of the soil that had been exhausted".[14] A world-systems or world-ecological perspective *à la* Jason Moore insists on the inextricability of postcolonial and feminist critique,

---

11   Moore 2000: 123.

12   D'Alisa, Demaria and Kallis 2015: 41–44.

13   Moore 2014: 11–12.

14   Karl Marx and Friedrich Engels, *On Colonialism* (1973), quoted in Foster 1999: 383.

with their focus on systemically exploitative social and global relationships, from ecological critique, which is primarily concerned with imbalanced or deranged socio-ecological metabolisms. A passing reference in *Die Wand* to "eine[r] der Großmächte" (*DW* 34), usually read with reference to the Cold War superpowers, alerts us to the potential relevance of the world-ecological perspective for a reading of this text. As we shall see, the novel's deliberately minute focus on subsistence in a starkly delimited setting carries an undercurrent of global, planetary and cosmic awareness. While this undercurrent occasionally rises to the surface of the text, a metabolic reading attunes us more finely to its constant implicit presence.

Die Wand is the story of a city-dweller who has been catapulted into living directly off the land, with all the backbreaking labour this entails. Even a casual reader of the novel will be struck by its obsessive focus on the work of survival. Whenever the protagonist is not working, she is resting in order to be able to work. The repetitive quality of the narrative, along with its stylistic restraint, reflect the cyclical processes of expending and replenishing energy in order to undertake the work required to keep going. Theories of work, labour and energy, understood as the capacity to perform work, resonate with the novel's concerns and illuminate its critical message. The city-country polarity, central to the reflections on social metabolism briefly referenced above, is framed in *Die Wand* by a temporal rupture of "before-after". The narrative is "neo-ruralist" only in the sense that it tells the story of going back to the land; it mostly eschews any Romantic anti-urban sentiment which would figure the city as a parasite, or thief, living off the spoils of a countryside that would be valorized by implication as a more authentic or original habitat for an autonomous humanity.[15] Rather, Haushofer's hidden valley becomes the scene of the unrelenting – but also unresented – work of sustaining life, work which is solitary and physically exhausting. While the narrator's near-incessant toil is relieved, or repaid, by moments of deep satisfaction, interspecies solidarity, the experience of oneness with her environment, occasional cosmic epiphanies and the death of illusion, nevertheless the overarching mood of the novel cannot be described

....

15 On neo-ruralism and "back to the land" movements, see D'Alisa, Demaria and Kallis 2015: 143–145.

as affirmative. The atmosphere is rather one of uncertainty and perplexity about the as yet unknown challenges which the future will inevitably bring.

3   Metabolic Reading

> Neben dem Stall wuchs langsam der Misthaufen an. Ich hatte vor, mit ihm im Herbst den Erdapfelacker zu düngen. Rund um den Misthaufen wucherten riesige Brennesseln, eine unausrottbare Plage. Anderseits war ich immer auf der Suche nach jungen Nesseln für meinen Spinat, das einzige Gemüse, das es hier gab. Ich mochte aber die Misthaufennesseln nicht dazu verwenden. Ich glaube, das war ein dummes Vorurteil; es ist mir bis heute nicht gelungen, es abzulegen. (*DW* 67)

A metabolic reading starts very simply, asking: What is the energy regime in this text? Where does the human protagonist get energy from? What does she expend it on? What forms and sources of energy are depicted and how do they interrelate? When they are depleted, can they be replenished? As the passage quoted above suggests, Haushofer's eponymous wall draws a tight – but not yet too tight – circle around the cyclical nutrient-transfer from soil via natural and agricultural produce to human and animal waste and back. For warmth and cooking, Haushofer's protagonist burns wood, most of which she chops up from timber and logs found in a storage shed, some of which she gathers. Two and a half years into her new life, she has not yet had to fell trees herself. She anxiously anticipates the time when she will have run out of the matches and ammunition left over from the time before: the calculation of how much time remains with these technologies bookends the novel, in fact: "Wenn die Zeit ohne Feuer und ohne Munition kommen wird, werde ich mich mit ihr befassen und einen Ausweg suchen" (*DW* 226). She lives on a simple diet, often described with the adjective *eintönig*, of potatoes, beans, apples and crab apples, milk and venison, supplemented occasionally by nettles, nuts, cranberries, raspberries and trout: her nourishment is drawn from the various pre-industrial possibilities for human provisioning, namely foraging, very small-scale farming, hunting and scavenging. On one of her early expeditions following the advent of the wall she finds leftovers in Alpine huts including a sack of flour and a mouldy sausage, but she leaves the sausage to its fate and the flour is soon used up. She does not know enough about mushrooms to feel safe gathering and eating them, a detail that may remind us of the role of mushrooms in other post-apocalyptic narratives and eco-dystopias. In Cormac McCarthy's *The Road*, for example, morels, a kind of mushroom, are the only growing food consumed by father and son (their diet is otherwise mostly a legacy of the pre-apocalyptic food industry, scavenged from packets, tins and drinks machines; unlike many of the other inhabitants of the dead Earth, the protagonists refrain from cannibalism).[16] In Margaret Atwood's *The Year of the Flood* the knowledge of mushrooms is carefully passed down from an older woman to the female protagonist – mycological lore here, as also in Anna Tsing's non-fiction essay *The Mushroom At the End of the World*, is a cultural legacy precariously transmitted among the ruins of capitalism.[17] As mushrooms are the principal decomposers in ecological systems, the mushroom motif alerts us to the theme of decay and thus to the cycles of new life, growth and death. While detailed descriptions of processes of decay are largely missing in *Die Wand*, the fact that the novel depicts a closed or circular economy means that these processes are implicitly present rather than forcibly abjected or externalized.[18] Of "der Abhang hinter dem Stall", for example, which is where the narrator disposes of her cow's dung (and possibly her own, although the narrative is reticent on this detail), we learn: "Weißliche Schwämme wuchsen dort, und es roch immer ein wenig modrig" (*DW* 45). The shift into present tense in the "Misthaufen" passage quoted above, particularly given the formulation "es ist mir *bis heute* nicht gelungen, es [her prejudice against eating the plants that grow by the dunghill] abzulegen" (my emphasis), suggests that there may yet come a time when the circularity of this subsistence economy will become tighter still.

What is striking about Haushofer's novel in the context of the Great Acceleration is its persistent refusal to portray life on the land as any kind of idyll,

....

16 McCarthy 2006.

17 Atwood 2009; Tsing 2015.

18 My thanks to Marlen Mairhofer for discussion of this point.

despite and alongside its clearly articulated criticism of the civilization which preceded, and was therefore responsible for, the advent of the mysterious wall. The novel may be deeply concerned with the relationship between human and non-human nature and critical of industrial civilization, but, as noted above, it does not simply propound a "Back to the Land"-ist neo-ruralism. In the short opening section before the appearance of the wall, and in the narrator's reminiscences about her earlier life, we learn of her cousin Luise, who, together with her (Luise's) husband Hugo, owned the hunting lodge which becomes both prison and refuge in the now shut-off valley. Prior to the advent of the wall the hunting lodge represented the countryside as configured by the metabolic rift: repurposed as the playground of the urban upper-middle class to which Hugo, Luise and, by extension, the narrator belonged, the Alpine landscape served as backdrop to the pursuit of wild animals for sport and as status symbol. The novel imagines the sudden creation of a circular sustenance economy in which the metabolic rift is undone or reversed and activities which had become symbolic are thrust back into the real. However, because the narrator is herself a product of the world of the metabolic rift, this reversal can only ever be partial and arduous, a situation which creates a tone of often melancholy dissonance. As Heidi Scott puts it in her brief commentary on the novel, the woman's "fossil-fueled body screams as it adjusts to the older regime" of the biomass world.[19]

Secondary literature on *Die Wand* is variously informed by feminist approaches, which focus on the novel's critique of patriarchal gender relations;[20] by animal studies, in which the interspecies relationships receive particular attention;[21] by questions of genre and literary tradition, which attend to the text's reworking of utopian, dystopian and Robinsonade forms;[22] or by historical contextualization against the backdrop of the Cold War and Atomic Age.[23] All these approaches have justification and yield insight; and the metabolic reading

....

19 Scott 2018: 50–51.

20 For example, Lorenz 1979. Further feminist readings are referenced by Richards 2020.

21 Garstenauer 2007; Frost 2017.

22 Knapp 1995.

23 Bunzel 2000; Strigl 2004.

proposed here is not intended to supplant any of them, but rather to sharpen the focus on the specific context of exponential human impacts since the Great Acceleration and to highlight the transformative effects of these impacts for human self-understanding, including understanding of the relationship between the human and the non-human. Prompted by awareness of the Great Acceleration, a metabolic reading of a literary text devotes closer attention to the configuration of energy systems, drawing not only on the ecological Marxist theories of the metabolic rift referenced above but also on the work of scholars such as Imre Szeman, Patricia Yaeger, Heidi C. M. Scott and others, who for some time now have been shaping the field of the Energy Humanities and developing ways to read for energy in the context of the Anthropocene.[24] Just as we have learned to read for gender – approaching literary texts with an eye to what they can tell us about sex-gender systems past and present through their possibilities of representation, their critical and utopian perspectives and their estrangement of discourse – the Energy Humanities develop ways of reading for energy. In "probing the presence and absence of energy within a given text or generic form",[25] energy-critical readings seek a "more complete and complex understanding of energy pasts" that might support the task of "confronting the energy challenges of the present and near future".[26] My aim is not to add "Environmental Humanities" or "Energy Humanities" onto a "laundry list" or menu of possible readings of Haushofer's novel, although this in itself would be a valid enough aim.[27] Rather, I hope to demonstrate the capacity of a metabolic reading to reconfigure the experience of reading as such, leading us to wonder: Where do we find the energy to read Haushofer in the Anthropocene? What energies might our reading unleash?

Haushofer's *Die Wand* is receptive to a metabolic reading for several reasons. First, while it narrates an abrupt transition, or better ejection, from a fossil-fuel economy to one powered by wood and muscle, it refuses to narrate this rupture in unambivalent terms of loss or gain. Second, while it persistently

....

24 Szeman, Wenzel and Yaeger 2017; Scott 2018.

25 Szeman, Wenzel and Jaeger 2017: 11.

26 Szeman, Wenzel and Jaeger 2017: 4.

27 See Moore 2014: 14 on the problem of "adding 'the environment' to a laundry list".

raises the question of the relationship between energy regimes and human freedom, it refuses to answer this question in a one-sided way. If we agree with Dipesh Chakrabarty that one of the most troubling or wicked aspects of our current energy and climate crises is that, in his often quoted phrase, "the mansion of modern freedoms stands on an ever-expanding base of fossil fuel use",[28] and that the urgently necessary transformation of our energy systems is likely to come with a high risk to these very freedoms (which, of course, were only ever enjoyed by some), we might expect a text narrating an abrupt return to a wood-fuelled subsistence economy to pose the contrast between "before" and "after" in terms of the earlier presence and subsequent absence of freedom. However, this is not the case. Haushofer's protagonist may dream vividly of Baroque palaces to a soundtrack of *Eine kleine Nachtmusik* (*DW* 189),[29] but she does not remember her earlier city life as a life of freedoms which have now been taken away from her through the advent of the wall and the loss of modernity: "Die Katastrophe hatte mir eine große Verantwortung abgenommen und, ohne daß ich es sogleich merkte, eine neue Last auferlegt" (*DW* 62). The before-and-after conditions are somehow symmetrical and we can easily reverse the two parts of this sentence. Daniela Strigl has argued persuasively that "[d]ie Katastrophe […] in Wahrheit korrigierend in ihr Leben ein[greift] und […] sie von den Zwängen der Fremdbestimmung [befreit]";[30] Dagmar Lorenz, similarly, reads this release from the constraints of heteronymy as a release into autonomy: "In dieser Einsamkeit als Matriarchin der ihr verbliebenen Lebewesen ist die Heldin imstande, ihr in der zivilisierten Welt verkümmertes Potential von Kraft, Geschicklichkeit und Selbständigkeit frei zu entfalten und den ihr gemäßen Vorstellungen zu leben".[31] Both readings are compelling, yet not fully chiastic enough: there is plentiful textual evidence to

....

28 Chakrabarty 2009: 208.

29 Daniela Strigl (2019) reads this dream sequence erotically, as a key to the novel's coded acknowledgement of the protagonist's longing for lost sexual intimacy. The question of how erotic or libidinal energy circulates within, and is determined by, wider energy regimes lies beyond the scope of the current discussion; initial theoretical questions are broached by Clark and Yusoff 2018.

30 Strigl 2004.

31 Lorenz 1979: 184, see also 186.

support the view that the story charts not a process of growing *self*-determination, but rather determination by nature, which precipitates a self-*transformation* extending to loss of self.[32] As the story proceeds, the narrator begins to lose her grip on her own name, her face, her gender, her humanity as distinct from her companion animals: "Ich konnte ruhig vergessen, daß ich eine Frau war" (*DW* 68); "Ich hatte mich so weit von mir entfernt, wie es einem Menschen möglich ist" (172); "Ich konnte mein Gesicht ruhig ablegen, es wurde nicht mehr gebraucht" (190). Her new life liberates her from various kinds of constraint: from the social and familial obligations of her previous life (62), from the standardized measurement of time (gradually supplanted by "crow time" (204, 212), from boredom (182) and from illusion (172). The notable circulation of the word "Wirklichkeit" in the novel is juxtaposed with what the narrator calls the "Abklatsch" and "Illusionen" of her previous heteronymous existence in the city (172–173). However, freedom from these constraints and illusions comes at the high price of being held captive in a mountain prison in which the burden of care for herself and her animal companions occupies almost all of her waking hours and thoughts.

By highlighting the complexity of the relationship between freedom and energy, a metabolic reading also offers new perspectives on the relationship between Haushofer's novel and the dystopian and feminist traditions. If Haushofer's novel has an affinity with other great dystopias of the twentieth century, this is evident not so much through any staging of a dramatic contrast between conditions of greater and lesser freedom in which modernity or Enlightenment as a narrative of humanity's progressive emancipation is rendered uncertain and ambivalent in response to the catastrophes of history.[33] Rather, reading metabolically and with an eye to how the narrator foreshadows other eco-dystopian feminist protagonists in texts by authors such as Margaret Atwood, Joanna Russ and Marge Piercy, *Die Wand* becomes legible as a painstaking account of life among the ruins, a day-to-day chronicle of what keeps the protag-

....

32   As Anna Richards notes, the narrative "challenges the idea that any living creature has free will" (Richards 2020: 87).

33   See Ní Dhúill 2010, particularly Chapter 2, for more detailed discussion of the dystopian tradition as a discourse on freedom.

onist going. In its often curiously emotionless yet always meticulous attention to what she has to do to sustain her own life and that of the creatures entrusted to her ("anvertraut", *DW* 59), the novel considers the abrupt transition from one energy regime to another in terms of the effect and implications of such a transition for subjectivity, in this case female subjectivity. The implication of modern human subjectivities and identities in the exploitative systems of patriarchal capitalism and industrial growth is, of course, one of the great themes of feminist critique since at least the 1970s. A metabolic reading might represent a further turn of the eco-feminist screw, bringing the feminist pre-occupation with reproductive labour into close dialogue with an eco-critical focus on energy regimes. If, in Heidi Scott's phrase, our life in the oil age entails the gradual metamorphosis of human beings from animal to "enhanced petro-animal",[34] *Die Wand* imagines the reversal of this metamorphosis and the immense demands of adjusting, as a modern human subject, to an ener-gy-sparse regime predicated not on growth but on cyclical processes within a system of minimal throughput: "Was mich wirklich berührt, ist immer noch das gleiche wie früher: Geburt, Tod, die Jahreszeiten, Wachstum und Verfall" (*DW* 124). The novel suggests that female subjectivity, already estranged from its own subaltern condition under patriarchy and always closer in any case to the labour of sustaining life, is better placed than hegemonic masculinity to negotiate radical energy transition without lapsing into violence. The violence that does erupt in the final dramatic plot twist, in which the narrator shoots and kills the man who has abruptly appeared and killed her dog and bull, represents a brief and catastrophic departure from the life-sustaining equilibrium she has so laboriously achieved. The description of her narrative present – in which she awaits the birth of the cow's new calf and tends to an albino crow which has been rejected by its fellows – suggests that this equilibrium, while always uncertain and precarious, is in the process of being restored.

....

34   Scott 2018: 20.

4   Sisyphus in the Anthropocene

Several critics have noted, and not always affirmatively, that the novel's preoccupation with cyclical, repetitive processes has not only thematic but also structural and stylistic implications.[35] Depending on readers' temperaments, this feature can make for an at times frustrating reading experience, for instance when the minute details of planning for and executing the annual migration with a cow to a high Alpine meadow, and back, are rehearsed twice in close succession.[36] How might this narrative *de*celeration – an effect not only of repetition but of the often fairly flat narration of daily life, including monotonous household and farming chores – be read as a critical counterpoint to the forward-hurtling movement of the Great *Ac*celeration? If ever there was a time to sit with one's readerly frustration in the face of detailed narrative descriptions of the labour of care, to allow this frustration to metabolize into curiosity and awareness, surely the Anthropocene – in its current, increasingly self-conscious and anxious moment – is that time. Contemplating the Sisyphean movement of driving a cow up a steep mountain only to have to drive it back down again at summer's end, and that each year, we might recall that Sisyphus had more than one aspect for philosophers of the mid-twentieth century. Compare the following:

> Few tasks are more like the torture of Sisyphus than housework, with its endless repetition: the clean becomes soiled, the soiled is made clean, over and over, day after day. The housewife wears herself out marking time: she makes nothing, simply perpetuates the present.[37]

....

35   Richards 2020: 91 offers an overview of some of the negative criticisms.

36   The first period of transhumance is narrated at *DW* 128–177; the second, with its catastrophic conclusion, at *DW* 214–223.

37   Beauvoir 1952: 425. Dagmar Lorenz identifies a shift in Haushofer's writing towards a more uncompromising portrayal of the minutiae of women's domestic lives and a systematic engagement with the terms of Beauvoir's analysis of gender relations, dating from the publication of *The Second Sex* in German translation in 1951. See Lorenz 1979: 176–182.

> At that subtle moment when man glances backward over his life, Sisyphus returning toward his rock, in that slight pivoting he contemplates that series of unrelated actions which becomes his fate [...]. He too concludes that all is well [...] One must imagine Sisyphus happy.[38]

Haushofer's narrator is neither tortured in the classical Sisyphean sense nor happy as per the alternative reading proposed by Camus. I am indebted to Daniela Strigl for connecting Camus Sisyphus figure to a reading of *Die Wand*, particularly with regard to the conflicting feminist impulses which either embrace and affirm, or resist and seek to transcend, the repetitive labour involved in sustaining life. Anna Richards has also taken up this conceptual thread and I would like to follow her, spinning it deeper into the labyrinth of the ecocidal Anthropocene in order to consider the possibility that *Die Wand* suggests a way past the deadlock of Sisyphus tormented (Beauvoir) versus Sisyphus serene (Camus).[39] "Mit der *Wand* hat Haushofer die hausfrauliche Sisyphosarbeit der Larmoyanz, der Biederkeit und dem Banalen enthoben", writes Strigl: "Hier ist sie Überlebenskampf und darf deshalb im Gewicht der täglichen Verrichtungen minutiös geschildert werden".[40] Where Strigl's reading gives me pause for thought is around the rhetoric of the *Überlebenskampf*, the "struggle for survival", in part due to the uneasy Darwinian echo this phrase inevitably carries (an echo which ricochets disastrously around the resonance chambers of the internet in a time of generalized survival anxiety). Undoubtedly, Haushofer's novel is preoccupied with what it takes for the protagonist to continue to survive. Yet it seems to frame this preoccupation not so much as a struggle – which could suggest having to compete with others for scarce resources – than as a task or responsibility which the protagonist feels compelled to carry out, day in, day out, chiefly in order to meet the needs of her companion animals.

Beauvoir's denunciation of the prison of immanence bears re-reading at a time when the default valorization of reproductive labour is a risk ecofeminism is forced to run. The necropolitical ethos of the Anthropocene intensifies the

....

38   Camus 1983 [1942]: 123.
39   Richards 2020: 95.
40   Strigl 2000: 135–136.

polarizing politicization of the already gendered question of care. To make nothing, simply to perpetuate the present: what was to Beauvoir the limitation and burden imposed on women under patriarchy takes on quite a different flavour in the age of the Great Acceleration, in which the perpetuation of the present seems predicated on the devouring of any possibly habitable future. No longer *that to which we are condemned*, the repetitive tasks which enable the continuation of life become *that with which we have been entrusted*. Haushofer's novel empowers a transvaluation of Beauvoir's analysis, but without simply inverting or rejecting its terms wholesale. In its relentless narration of the work of a sustenance economy that is intimately bound to nature's economy (more on these terms below), *Die Wand* refuses to idealize the hard labour of staying alive in an energy-sparse regime. Haushofer's protagonist is often exhausted, intensely anxious and literally imprisoned. These aspects of the novel are worth emphasizing as a counterpoint to the emphases on autonomy, authenticity, oneness with non-human nature, interspecies empathy, or epiphanic-cosmic transcendence of self that are evident in many interpretations. Similarly, the un-varnished drudgery and weariness which are prominently portrayed in Haus-hofer's novel invite critical distance from the default valorization of life-making practices that can be observed in some recent feminist and ecofeminist writing (often under the heading "ethics of care").

The cow at the summer's end is healthier, more contented and can yield more flavoursome and nutritious milk than would have been the case had she not enjoyed her months in the high Alpine pasture, whereas Sisyphus's stone re-mains unchanged no matter how often he rolls it up the hill. *Die Wand* suggests that, where its aim is to sustain life, repetitive toil cannot simply be collapsed into existential nullity or futility. However, if this applies to Haushofer's cow and her cowherd, could it not apply equally to Beauvoir's housewife and her charges? "She makes nothing" – except the very possibility, for those in her care, of one day following the next? Two decades before Beauvoir's *The Second Sex*, Virginia Woolf resorted to irony to suggest the insoluble conundrum or risk that any attempt to honour the labour of care poses to feminism: "For all the dinners are cooked; the plates and cups are washed; the children sent to school and gone out into the world. Nothing remains of it all. All has vanished.

No biography or history has a word to say about it".[41] Woolf's clipped sentences and wry overstatement alert us to the blind spots of "biography" and "history" and the vanishing act these disciplines were long made to perform.[42] It is the children "sent to school and gone out into the world" who give the lie to the suggestion that "nothing remains". However, now the essentialism detector is fully activated and sounding the alarm. As soon as we achieve an angle of vision that allows us not only to see but also to valorize the cyclical, repetitive labour of care and life-making, we begin to find ourselves in uncomfortable proximity to sentimental maternalisms and dichotomous gender philosophies of various stripes, not all of which are as congenial as the ecofeminist varieties. Alive to this double bind, Strigl and subsequently Richards, by invoking Camus's alternative Sisyphus, find a way to trouble those readings of the novel which find its delimited quotidian focus exasperating. The next step in an ecofeminist transvaluation of a female Sisyphus will be to locate the perspective of the mountain on which she toils.

5   Thinking with the Mountain

As many commentators have noted, the close of the novel pits the murderous male intruder against the life-sustaining female farmer;[43] true, the narrator also kills animals, but she does so reluctantly, mainly in order to sustain her dog's life as well as that of the deer who, in the absence of a natural predator, would soon undermine their own ecological viability if allowed to reproduce unculled. If we sit with the dead deer a little longer, we may expand Anna Richards's lucid discussion of the moral and existential issues raised by the narrator's hunting, reaching beyond the perspectives of animal studies to embrace a more-than-human ecological consciousness.[44] The narrator's concerns for the ecological precarity of the deer population are strikingly close to ideas propounded by

....

41   Woolf 2015: 67.

42   See Ní Dhúill 2020, particularly Chapters 5 and 8, for further discussion of this point.

43   See Lorenz 1979: 184, for whom this is the core moment (*Kernstelle*) of the novel.

44   Richards 2020: 89–90, 92–93.

Aldo Leopold in his classic reflections on "Thinking Like a Mountain" (1949).[45] To appreciate the resonances, it is worth quoting the relevant passages from Haushofer and Leopold at some length:

> Ich fürchtete, das Wild, nur noch in meinem Revier ein wenig dezimiert, würde überhandnehmen und in einigen Jahren in einem abgefressenen Wald wie in einer Falle sitzen. [...] Ich glaube nicht, daß ich mich damals irrte. Jetzt nach zweieinhalb Jahren schon spüre ich mehr Wild als früher. Wenn ich einmal von hier weggehe, werde ich das Loch unter der Wand so tief graben, daß dieser Wald nie zu einer Falle werden kann. Meine Rehe und Hirsche werden eine fette, unermeßliche Weide finden oder den plötzlichen Tod. Beides ist besser als die Gefangenschaft in einem kahlgefressenen Wald. Es rächt sich jetzt, daß alles Raubzeug längst ausgerottet worden ist und das Wild außer dem Menschen keinen natürlichen Feind mehr hat. (*DW* 84–85)

The relevant passage in Leopold reads:

> Since then I have lived to see state after state extirpate its wolves. I have watched the face of many a newly wolfless mountain, and seen the south-facing slopes wrinkle with a maze of new deer trails. I have seen every edible bush and seedling browsed [...] to death [...] Such a mountain looks as if someone had given God a new pruning shears, and forbidden Him all other exercise. In the end the starved bones of the hoped-for deer herd, dead of its own too-much, bleach with the bones of the dead sage, or molder under the high-lined junipers.
> I now suspect that just as a deer herd lives in mortal fear of its wolves, so does a mountain live in mortal fear of its deer. And perhaps with better cause, for while a buck pulled down by wolves can be replaced

....

45 Sabine Frost also refers to Leopold's "Thinking Like a Mountain" sketch in her discussion of *Die Wand*. Frost's focus is on what she perceives as the protagonist's failure to abandon a purely human perspective and she does not directly engage with the question of the deer's overgrazing. See Frost 2017: 67–68.

in two or three years, a range pulled down by too many deer may fail of replacement in as many decades.[46]

If we try to "think like a mountain" in the ecological spirit that attends holistically to maintaining the dynamic equilibrium of all interacting elements (*including* humans) within a complex system – and Haushofer's novel certainly seems to invite us to think in this way – then even the killing of deer may belong to the recurring series of practices of sustenance and care, both of self and of fellow creatures, that make up the narrator's daily life. The narrator's concern with the deer's suffering and the risk to them of starvation smuggles an ethics of care into the hunter-quarry relationship, resonating with a strand of holistic ecological thought which some ecofeminist writers have criticized as 'masculinist'.[47] Reading these sections of the novel alongside Leopold's *Sketches* leads me to conclude that it might be possible to "think like a mountain" without necessarily thereby having to think like a masculinist deep ecologist. As so often, the novel itself gives us the means with which to dissolve any binary that might begin to harden in our reading of it: the narrator's fascinated, ultimately empathic witnessing of Perle, the cat, absorbed in utterly non-moral play with a dead mouse (*DW* 90) may offer a possible stance from which we, in turn, can imaginatively witness her own killing of the deer. However, lest we be tempted to affirm the natural rightness of the food chain, the novel then requires us to distinguish morally between the murderous male intruder's gratuitous destruction of the dog and bull and the protagonist's queasy deer-culling. After all, the male intruder was doubtless hungry too.

Not all deep ecology is masculinist. Vandana Shiva's discussion of the relationships between "nature's economy" and the "sustenance economy", and of the derangement or derailment of these relationships by the market economy under capitalism and the ideology of industrial growth, expands the term "economy" in much the same way as the thinkers of social metabolism and the metabolic rift, referenced earlier, expand the term "metabolism".[48] Using Shiva's

....

46 Leopold 1949: 130–132.

47 See Richards 2020: 78–80 and 90 for more detailed discussion of this point.

48 Shiva 2006.

terms, we could say that *Die Wand* presents to us the repurposed hunting lodge and its multi-species family as a household in which nature's economy bypasses the now defunct market economy and is directly taken up by the sustenance economy in a self-contained system in which there are cycles of change but no net growth. It is tempting to conclude that Haushofer's narrative enjoins us to imagine the "healing" of the metabolic rift, but the novel is too wise about the harsh realities of the post-oil sustenance economy to present its scenario as one of healing. In the increasingly anxious Anthropocene, the sealed-valley trope may appeal to apocalyptic survivalist imaginaries of self-reliance, but the narrator's humility and uncertainty would deter any too easy identification with the sovereign stance that these imaginaries usually affect. "Mein einziger Lehrer ist unwissend und ungebildet wie ich, denn ich bin es selbst" (*DW* 70) is not a sentiment one is likely to find expressed in the innumerable preppers' manuals which now grace the internet. When confronted with prepper discourse, one does well to remember that fascination with details of solitary survival is a staple feature of a particular literary genre, the Robinsonade, to which *Die Wand* also belongs.[49]

In the face of the alarming acceleration of ecological destabilization, Haushofer's Cold War apocalypse becomes more starkly legible as an ambivalent vision of abrupt departure from the Age of Oil and arrival in an energy-sparse life-world. The metabolic frame sketched here invites a heightened awareness of the systems within which energy circulates and matter is metabolized. In the time of the Great Acceleration, those systems are under more pressure than at any previous period in human history. The perpetuation of a present which does not come at the price of its own future is finally becoming appreciable as the immense task that it is. Haushofer's novel helps us to contemplate this task in all its ambivalence.

....

49 On *Die Wand* as Robinsonade, see Knapp 1995. On the relationship between Robinsonade and utopia, particularly with reference to gender, see Ní Dhúill 2010, chapter 3.

Caitríona Ní Dhúill

Works Cited

Primary Literature

HAUSHOFER, MARLEN (1991): *Die Wand. Roman* [1963]. Munich: dtv.

Secondary Literature

ANDERSEN, INGER. "Time to get serious about climate change: On a warming planet, no one is safe." https://www.unep.org/news-and-stories/speech/time-get-serious-about-climate-change-warming-planet-no-one-safe (last access: 9.8.2021).

ATWOOD, MARGARET (2009): *The Year of the Flood*. London: Bloomsbury.

BEAUVOIR, SIMONE DE (1952): *The Second Sex*, trans. H. M. Parshley. New York: Knopf.

BRADSHAW, COREY J. A., et al. (2021): "Underestimating the challenges of avoiding a ghastly future." *Frontiers in Conservation Science* 1, pp. 1–10.

BUNZEL, WOLFGANG (2000): "'Ich glaube, es hat niemals ein Paradies gegeben': Zivilisationskritik und anthropologischer Diskurs in Marlen Haushofers Romanen *Die Wand* und *Himmel, der nirgendwo endet.*" *"Eine geheime Schrift aus diesem Splitterwerk enträtseln ...": Marlen Haushofers Werk im Kontext.* Ed. Clemens Ruthner and Anke Bosse. Tübingen: Franke, pp. 103–119.

CAMUS, ALBERT (1983): *The Myth of Sisyphus and Other Essays* [1942]. Trans. Justin O'Brien. New York: Knopf.

CHAKRABARTY, DIPESH (2009): "The Climate of History: Four Theses." *Critical Inquiry* 35.2., pp. 197–222.

CLARK, NIGEL and KATHRYN YUSOFF (2018): "Queer Fire: Ecology, Combustion and Pyrosexual Desire." *Feminist Review* 118 (2018), pp. 7–24.

D'ALISA, GIACOMO, FEDERICO DEMARIA and GIORGOS KALLIS (eds.) (2015): *Degrowth: A Vocabulary for a New Era*. London: Routledge.

FOSTER, JOHN BELLAMY (1999): "Marx's Theory of Metabolic Rift: Classical Foundations for Environmental Sociology." *The American Journal of Sociology* 105.2, pp. 366–405.

FROST, SABINE (2017): "Looking Behind Walls: Literary and Filmic Imaginations of Nature, Humanity, and the Anthropocene in *Die Wand.*"

Readings in the Anthropocene: The Environmental Humanities, German Studies, and Beyond. Ed. Sabine Wilke and Japhet Johnstone. London: Bloomsbury Academic, pp. 62–88. *New Directions in German Studies* 18.

GARSTENAUER, WERNER (2007): "Tierfiguren als Chiffren weiblicher Identitätsfindungsprozesse: Tiersymbolik in Mercè Rodoredas 'La plaça del diamant' und Marlen Haushofers 'Die Wand'." *Estudios Filológicos Alemanes* 13, pp. 547–554.

KNAPP, GERHARD P. (1995): "Re-writing the Future: Marlen Haushofer's *Die Wand*: A Female Utopia of the 1960s and Beyond." *1945–1995: Fünfzig Jahre deutschsprachige Literatur in Aspekten*. Ed. Gerhard P. Knapp and Gert Labroisse. Amsterdam: Rodopi, pp. 281–306.

LEOPOLD, ALDO (1949): "Thinking Like a Mountain." *A Sand County Almanac and Sketches Here and There*. New York: Oxford UP, pp. 129–133.

LORENZ, DAGMAR (1979): "Marlen Haushofer – Eine Feministin aus Österreich." *Modern Austrian Literature* 12.3/4, pp. 171–191.

MCCARTHY, CORMAC (2006): *The Road*. New York: Knopf.

MEYER, ROBINSON (2021): "It's grim." *The Atlantic* 9 August 2021. https://www.theatlantic.com/science/archive/2021/08/latest-ipcc-report-catastrophe/619698/ (last access: 6.10.2021).

MILLER, J. HILLIS (2011): *The Conflagration of Community. Fiction Before and After Auschwitz*. Chicago/London: University of Chicago Press.

MOORE, JASON W. (2000): "Environmental Crises and the Metabolic Rift in World-Historical Perspective." *Organization & Environment* 13, pp. 123–157.

—, (2014): "Toward a Singular Metabolism: Epistemic Rifts and Environment-Making in the Capitalist World-Ecology." *New Geographies 06 – Grounding Metabolism*. Ed. Daniel Ibañez and Nikos Katsikis. Cambridge MA: Harvard UP, pp. 11–19.

NÍ DHÚILL, CAITRÍONA (2020): *Metabiography: Reflecting on Biography*. Basingstoke: Palgrave Macmillan.

—, (2010): *Sex in Imagined Spaces: Gender and Utopia from More to Bloch*. Oxford: Legenda.

RAWORTH, KATE (2017): *Doughnut Economics: Seven Ways to Think Like a Twenty-First Century Economist*. London: Random House.

RICHARDS, ANNA (2020): "'The Friendship of Our Distant Relations': Feminism and Animal Families in Marlen Haushofer's Die Wand (1963)." *Feminist German Studies* 36.2, pp. 75–100.

ROCKSTRÖM, JOHAN, et al. (2009): "A safe operating space for humanity." *Nature* 461, pp. 472–475.

SCOTT, HEIDI C. M. (2018): *Fuel: An Ecocritical History*. London: Bloomsbury Academic.

SHIVA, VANDANA (2006): *Earth Democracy: Justice, Sustainability and Peace*. London: Zed Books.

STEFFEN, WILL et al. (2015): "The trajectory of the Anthropocene: the great acceleration." *The Anthropocene Review* 2.1, pp. 81–98.

STRIGL, DANIELA (2004): "'Die Wand' (1963) – Marlen Haushofers Apokalypse der Wirtschaftswunderwelt." *Trans. Internet-Zeitschrift für Kulturwissenschaften* 15 (2004), n.pag. https://www.inst.at/trans/15Nr/05_16/strigl15.htm (last access: 7.10.2021).

—, (2019): "'Es gibt keine vernünftigere Regung als die Liebe': Zum Verhältnis von Eros und Zeit in den Romanen *Die Mansarde* und *Die Wand*." *Dekonstruktion der symbolischen Ordnung bei Marlen Haushofer: Die Wand und Die Mansarde*. Ed. Sylvie Arlaud et al. Berlin: Frank & Timme, pp. 191–211.

—, (2000): "Vertreibung aus dem Paradies: Marlen Haushofers Existentialismus." *"Eine geheime Schrift aus diesem Splitterwerk enträtseln …": Marlen Haushofers Werk im Kontext*. Ed. Clemens Ruthner and Anke Bosse. Tübingen: Franke, pp. 121–136.

SZEMAN, IMRE, JENNIFER WENZEL and PATRICIA YAEGER (eds.) (2017): *Fueling Culture: 101 Words for Energy and Environment*. New York: Fordham UP.

TSING, ANNA LOWENHAUPT (2015): *The Mushroom at the End of the World: On the Possibility of Life in Capitalist Ruins*. Princeton: Princeton UP.

WOOLF, VIRGINIA (2015): *A Room of One's Own and Three Guineas*, ed. with an intro. and notes by Anna Snaith. Oxford: Oxford World's Classics.

MARGARET LITTLER

The Posthuman and Marlen Haushofer's *Die Wand* on Page and Screen

1   Introduction

When I first wrote about Marlen Haushofer's work in the 1990s she seemed to me a radical critic of patriarchal society, wrongly dismissed by second wave feminism for the domestic confinement and unemancipated status of her female protagonists. Reading her primarily through the lens of Luce Irigaray's feminist psychoanalysis I found in her work a critique of patriarchy that elaborated a model of ethical subjectivity based on responsibility, love and irreducible alterity.[1] In the later novels *Die Wand* and *Die Mansarde* this was combined with a wide-ranging critique of Western rationality, based on the triumph of the subject over the other, nature and the feminine. The dystopian novel *Die Wand* (1963), the narrative of a woman's apparently sole survival of a catastrophe that isolates her in an Austrian mountain valley behind an invisible, impenetrable wall, seems to me now, as then, Haushofer's most searing critique of humankind's destructive potential in the name of progress. As Daniela Strigl has pointed out, the novel articulates a specific fear of the US-American neutron bomb that aimed to kill all humans and animals but leave plant life and property intact (Haushofer 1990: 41).[2] Once the inevitability of the wall is established, the novel focuses on the unnamed protagonist's laborious struggle to survive with the few domestic animals in her care: the

---

1   Littler 1998.

2   Strigl 2000: 259–260. Ingo Cornils explains the renewed interest in Haushofer's text by "similarities between the Cold War uncertainties and our postmillennial sense of insecurity about the future that has made strange bedfellows of the back-to-nature and the survivalist or prepper movements" (2020: 216). To me the novel speaks to longer-standing and more fundamental ontological questioning of the relationship of humankind to non-human others.

dog left by her hosts at the hunting lodge while they take an evening walk, a cat and several kittens, a pregnant cow that emerges from the forest and a bullock born in the first winter.

Re-reading *Die Wand* over twenty years on, alongside Julian Roman Pölsler's 2012 film adaptation of the novel, I encountered a different Haushofer, one no longer asserting a particularly feminine imperative to care, but interrogating the distinctions between human, animal and even inorganic matter. What had once seemed an ethics of care based on conventional notions of "nurturing" femininity (woman milks cow and feeds milk to dog) now appears more suggestive of reciprocal networks of care, assemblages in which the human is co-dependent (woman-dog-cow as milking machine).[3] The narrative retains its feminist social critique in memories of reluctant gender conformism, but my view of what it makes thinkable for the future is less anthropocentric and more posthuman than my previous reading imagined.

This article explores the decentring of the human that was already present in the novel and that I find amplified by the film's aesthetic. In both it is possible to see not character-development but a becoming-other of the human who becomes ever less "woman", ever more a part of the natural world. This begins with a sustained meditation on the difference between human and animal life, ultimately put to the test when the narrator shoots a man who has killed her bullock and her dog, signalling a closer affinity with her animal companions than with humankind. The decentring of the human is further seen in the narrator's sense of merging with the natural world, becoming part of a multiplicity rather than an individual self. This non-unitary self, already suggested in the novel, is intensified by the film's static and slow camera work, predominantly diegetic sound and a style of editing that produces serialism (a sense of spontaneous beginnings) rather than totality (the causal inevitability of a narrative).[4] Instead of a film with a plot and character development, and in spite of the unifying device of a narrative voice-over for the woman's report, this filmic presentation of a life enclosed within an invisible wall repeatedly points

---

3   Haushofer [1963] 1990: 31. All further references to Haushofer's novel are to this edition and
     page numbers will be given in the text.
4   Rodowick 1997: 143.

beyond itself, giving rise to a disquieting intensity rather than narrative resolution. This style of filmmaking, where there is no action-reaction inevitability in the sequence of images, offers an opening to new ways of thinking and seeing the world. My discussion will focus first on reflections on the animal/human distinction and the dissolution of a unified self in the novel, which I view as a move to the posthuman. I shall then look at how techniques of framing and editing in the film contribute to this effect. I shall also consider the temporal structure of both novel and film, each of which endows a retrospective narrative with a powerful sense of anticipation and the new.

2   Being Human and the Transformation of Reason

The traumatic encounter that occurs two years into the woman's isolation, the nature of which is only revealed retrospectively at the end of the novel, prompts her to start writing an account of her experiences, apparently as an attempt to hold onto her humanity, specifically, her human cognition of the world: 'wenn ich nicht den Verstand verlieren will' (*DW* 7).[5] Resonating with the Kantean distinction between intellect and reason, throughout her report *Verstand* and *Vernunft* are central to the narrator's palpation of the boundary between animal and human being.[6] While she frequently anthropomorphizes the animals in her care, she also discovers that the rhythms of their being in the world change her understanding of reason. *Vernunft* becomes an embodied capacity embedded in living being and not unique to human thought.

Vernunft is frequently attributed to the animals, and ever less to herself, especially when her ethics of care conflicts with the rational calculation of instrumental reason. The dog Luchs is described as "vernünftig" in his response

....

5   Strigl reads this as an impulse to preserve identity, or "Selbstvergewisserung" (Strigl 2000: 263).

6   For Hannah Arendt, Kant's separation of speculative thought from knowledge based on sense perception laid the foundations for the uniquely human capacity for critical thinking (Arendt 1978, vol. 2: 156).

to the wall (*DW* 17)[7] and at the end of the novel the cow Bella is also "vernünftig", reason pervading her body as its guiding principle: "Die Vernunft saß bei ihr im ganzen Leib und ließ sie immer das Richtige tun" (*DW* 266). Similarly, the woman learns to surrender her old understanding of reason when sawing firewood, which she does "mit einiger Vernunft" (*DW* 79), only succeeding when her body learns the rhythm of the wood-saw-human interaction. In her second autumn in the valley she realizes that she has learned to move slowly and that the frenzied activity of the previous year had done irreparable damage to her body (*DW* 221). At her more leisured pace she is in tune with both her own body and with the forest that comes alive in response to the slower rhythm of her life: "Seit ich langsamer geworden bin, ist der Wald um mich erst lebendig geworden" (*DW* 221).

While she reflects that it is her capacity for reason that keeps herself and the animals alive (*DW* 65), she also attributes her impulse to care to an instinct, rather than a means/ends calculation (*DW* 75). Thus it is "unvernünftig" to care for Bella over and above her use value of providing milk (*DW* 47); and when she decides to squander her store of horse chestnuts to feed the wild deer in the forest, she reflects: "Es war die reinste Unvernunft" (*DW* 139).[8] By the end of the novel her understanding of *Vernunft* is no longer at odds with her instinct to care, as she reflects: "Es gibt keine vernünftigere Regung als die Liebe" (*DW* 238). Love is not in opposition to reason, but is instead the most rational of drives. "Regung" encompasses movement, emotion and striving (inadequately captured by the subtitle "emotion" in one version of the film). It encapsulates the sense of embodied and embedded life force that I have come to think of as posthuman, and that gradually displaces individual subjectivity in the novel.

Reason is also what confers stability on an evanescent and metastable reality. The novel is relatively sparing of the details of the narrator's past life, but as a child she had feared the loss of her parents, and indeed of all reality, whenever they were out of sight. *Vernunft* had been unable to cure her entirely of this

---

7 The fact that the dog bears the name of the Lynx, a wildcat, is an intriguing blurring of interspecies boundaries, explained by the narrator in terms of the hunting of the Lynx in the Austrian Alps, and is in keeping with hunting itself as a form of human-animal-interspecies connectivity.

8 Reason is thus no longer able to differentiate between domestic and wild animals.

 © Frank & Timme   Verlag für wissenschaftliche Literatur

fear, so reason is the mental apparatus which persuades us of the persistence of the real beyond immediate perception. The catastrophe that has occurred, however, has rendered this kind of reason invalid and confirmed the contingency and instability of the real:

> Als Kind hatte ich immer unter der närrischen Angst gelitten, daß alles, was ich sah, verschwand, sobald ich ihm den Rücken kehrte. Alle Vernunft hat nicht vermocht, mich ganz von dieser Angst zu heilen […] Und waren meine Ängste wirklich so närrisch? War die Wand nicht eine Bestätigung meiner kindlichen Furcht? Über Nacht war mir mein früheres Leben, alles, woran ich hing, auf unheimliche Weise gestohlen worden. Alles konnte geschehen, wenn dies möglich gewesen war. Immerhin hatte man mir beizeiten so viel Vernunft und Disziplin beigebracht, daß ich jede derartige Anwandlung schon im Keim bekämpfte. (*DW* 186–187)

The extraordinary event of the wall has taught her once more to inhabit the immediacy of her location in space and time, so that when she experiments with transhumance, she seems to become with the seasons, the valley dweller and the inhabitant of the summer pasture. She transforms with the changing seasons, weather and location, rather than being a stable self that moves through them. Towards the end of the novel she notes a new confidence in the dog, Luchs, who no longer seems to fear that when out of sight she may not return, in an uncanny crossing over of dog and human:

> In jenem Sommer vergaß ich ganz, daß Luchs ein Hund war und ich ein Mensch. Ich wußte es, aber es hatte jede trennende Bedeutung verloren. Auch Luchs hatte sich verändert. Seit ich mich soviel mit ihm befaßte, war er ruhiger geworden und schien nicht dauernd zu befürchten, ich könnte mich, sobald er fünf Minuten wegging, in Luft auflösen. (*DW* 265)

Luchs has become the rational creature that relies on an expectation of continuity, while the narrator lives more intensely in the immediacy of the moment.

It is, then, all the more shocking when Luchs is killed, the separation between their beings having lost its definitional status.

If *Verstand* is that which the narrator tries to preserve by writing, she increasingly no longer trusts her grasp of reality based on *Vernunft*. She has to unlearn the meanings associated with her perceptions, if she is to perceive the new world which she senses is yet to reveal itself. Her first Christmas is beset with terrifying dreams and an agonizing sense of loss. The snow-covered forest intensifies memories of Christmases past, yet behind the familiar images she senses something new and unknown ready to emerge, still obscured by her habits of perception:

> Ich wünschte, meine Augen könnten vergessen, was dieses Bild so lange für sie bedeutet hatte. Etwas ganz Neues wartete hinter allen Dingen, nur konnte ich es nicht sehen, weil mein Hirn mit altem Zeug vollgestopft war und meine Augen nicht mehr umlernen konnten. Ich hatte das Alte verloren und das Neue nicht gewonnen, es verschloß sich vor mir, aber ich wußte, daß es vorhanden war. (*DW* 134)

This moment is captured cinematically by shots of majestic snow-covered mountains and the forest against which the human form is tiny and insignificant, images familiar from Romantic paintings of man confronted by sublime nature.[9] Instead of merely reproducing such recognizable images, however, both film and novel reference an habitual way of seeing in order to point beyond it, as the narrator reflects on the snow-covered landscape: "In Zukunft wird ein verschneiter Wald nichts anderes bedeuten als verschneiten Wald und eine Krippe im Stall nichts anderes als eine Krippe im Stall" (*DW* 134). In place of humankind's quest for control via reason and universal meaning, which she sees as a form of megalomania, the woman's intense being-in-the-world sensitizes her to the singularity of being, the "thisness" of things (*DW* 238). Rather than seeing the world through others' eyes, her first summer on the mountain pasture enables her to linger with her perceptions for moments of

....

9   Although Caspar David Friedrich's men tend to assume heroic poses on peaks, familiarity
     with his landscape paintings invites a recognition response in the viewer of the film.

epiphany before imposing meaning on them. She wonders whether this is how animals experience life in all its horror and rapture: "[D]ie Einsamkeit brachte mich dazu, für Augenblicke ohne Erinnerung und Bewußtsein noch einmal den großen Glanz des Lebens zu sehen. Vielleicht leben die Tiere bis zu ihrem Tod in einer Welt des Schreckens und Entzückens" (*DW* 211). The novel's meditation on reason thus goes beyond a critique of its instrumental power to control (nature, difference, the feminine), pointing to an ontology which values singularity over universal concepts, contingency over causality and the uniqueness of things that exceeds their representation in language.[10]

3 Becoming Posthuman and the Dispersal of Self

Writing her report involves the narrator's fixing of herself in the co-ordinates of a chronology and a subject in language and confronts her with a problem in reconciling the writing I with the woman of whom she writes: "Es fällt mir schwer, beim Schreiben mein früheres und mein neues Ich auseinanderzu-halten, mein neues Ich, von dem ich nicht sicher bin, daß es nicht langsam von einem großen Wir aufgesogen wird" (*DW* 185). This discontinuity in the narrator's identity, which could be seen as a threatening loss of self, seems to me rather an intimation of an ethical posthumanism, similar to its formulation by Rosi Braidotti: "A posthuman ethics for a non-unitary subject proposes an enlarged sense of inter-connection between self and others, including the non-human or 'earth' others, by removing the obstacle of self-centred individualism".[11] While the narrator is anxious about losing her human selfhood, it is also clear that she undergoes a transformation in which the distinctions between herself and non-human others become progressively irrelevant. After the death of Luchs she feels like an amputee, reflecting that he was her sixth sense (*DW* 149), while Bella the cow is her "geduldige Schwester" (*DW* 234). She dreams of giving birth to animals, which seems the most natural thing in

....

10 See Arendt on Duns Scotus's privileging of singularity over the universality of things (Arendt 1978, vol. 2: 144).

11 Braidotti 2013: 49–50.

the world. It is only strange when she writes it down, "in Menschenschrift und Menschenworten" (*DW* 235).

In the first harsh winter of heavy physical labour working the land, sawing wood and scything hay, the woman's appearance changes, her angular shoulders now resembling those of a young boy rather than a woman ("wie die eines halbwüchsigen Knaben"; *DW* 82). She has cut her hair short, hardly menstruates and looks younger than the woman in her forties with her curls, slight double chin and rounded hips. Not only is her womanhood irrelevant, she is no longer the same person all the time, suggesting not an individual subject but a multiplicity that extends into the natural world around her:

> Ich konnte ruhig vergessen, daß ich eine Frau war. Manchmal war ich ein Kind, das Erdbeeren sucht, dann wieder ein junger Mann, der Holz zersägte, oder, wenn ich Perle [the kitten] auf den mageren Knien haltend auf der Bank saß und der sinkenden Sonne nachsah, ein sehr altes, geschlechtsloses Wesen [...] Ich bin noch immer mager, aber muskulös, und mein Gesicht ist von winzigen Fältchen durchzogen. Ich bin nicht häßlich, aber auch nicht reizvoll, einem Baum ähnlicher als einem Menschen, einem zähen braunen Stämmchen, das seine ganze Kraft braucht, um zu überleben. (*DW* 82)

The film does not visualize these multiple transformations; short hair, shapeless layers of clothing and muted colours characterize the woman writing her report. Martina Gedeck remains a woman on whose impassive face the camera lovingly lingers, though in the novel the narrator reflects that her face is now superfluous, as the animals know her by her smell, voice and way of moving (*DW* 230). She is also aware of her irrelevance to the landscape, which will persist after her death, thoughts that occur to her as if emanating from the forest itself: "Manchmal verwirren sich meine Gedanken, und es ist, als fange der Wald an, in mir Wurzeln zu schlagen und mit meinem Hirn seine alten, ewigen Gedanken zu denken. Und der Wald will nicht, daß die Menschen zurückkommen" (*DW* 185). This image of the thoughts of the forest "thinking" through her is one of the novel's most striking expressions of becoming more than an individuated self, now resonating with Suzanne Simard's idea of the "wood wide web" and the forest as interconnected and communicative network.[12] Yet there is also a fear of the loss of self, as she believes her survival depends on retaining her human consciousness: "Ich hatte mich so weit von mir entfernt, wie es einem Menschen möglich ist, und ich wußte, daß dieser Zustand nicht anhalten durfte, wenn ich am Leben bleiben wollte" (*DW* 210). Here, "Leben" seems to denote sheer survival, or "bare life" (*zoe*) in Agamben's terms, life which is at the mercy of sovereign power. However, "life" also has different significance in the novel as a generative principle of vitality in all living creatures (Bergson), similar to Braidotti's account of "the politics of life itself as a relentlessly generative force including and going beyond death".[13] Braidotti's post-anthropocentric shift involves "confronting the thinkability of a Life that may not have 'me' or any human at the centre [...] as the necessary start for an ethics of sustainability that aims at re-directing the focus towards the posthuman positivity of *zoe*".[14] It is the vitality of the animals in the narrator's care that makes their deaths so impossible to grasp, rather than any essential qualities which they possess.[15] It is also the slow, patient work of natality that makes killing so abhorrent to the narrator (*DW* 161–162), a reflection that calls to mind Hannah Arendt's philosophical privileging of natality over mortality, natality as a spontaneous individuating principle bringing about novelty.[16] This resonates with the vitalist view of life I now find in Haushofer's novel, as the narrator contemplates the life that will continue after her death.

....

12 The term is popularly used to describe Suzanne Simard's research into the collaborative interactions between trees and their fungal networks (Simard 2021).

13 Braidotti 2013: 121.

14 Braidotti 2013: 121–122.

15 Recalling the short-lived kitten "Tiger", the narrator reflects on the impossibility of grasping the death of something that was so alive: "Es fällt mir noch jetzt schwer, zu begreifen, daß ein so lebendiges Geschöpf tot sein soll" (*DW* 161).

16 Arendt 1978, vol. 2: 110.

4 From Novel to Film: Framing, Sound, Duration and the Irrational Cut

I now turn to the film to explore the potential of cinematic resources to gesture towards life as more than human and to produce in the spectator a sense of the unknown rather than a recognition response. In this I am indebted to Gilles Deleuze's writing on cinema, which explores the radical potential of cinema to think life beyond its already given forms. Julian Roman Pölsler's 2012 film adaptation of Haushofer's novel might at first appear an example of classic narrative cinema. The sustained voiceover that replaces dialogue consists entirely of quotations from the text, reproducing the novel in a quite literary manner. However, as we have seen, the novel raises profound epistemological and ontological questions about what it is to be human and I am interested in how the film deviates from realist representation, using the camera's prosthetic gaze to free the image from a human perspective.[17] This also entails an experience of time not as homogeneous chronology but as Bergsonian *durée*, an intensive flow of time that produces different durations and rhythms of life.[18]

This is not to make exaggerated claims for Pölsler's film as radical avant-garde cinema – in many ways it conforms to narrative cinematic conventions[19] – but it also suggests that the "ideal" world of continuity, identity and reality is suspended, just as in the novel life has been petrified behind the wall.[20] Instead of a claustrophobic enclosure, however, the film allows an outside to be sensed, beyond the reality depicted on screen. With its serialist linking of sequences

....

17 "Cinema is produced not from synthesised wholes and human observers but from the machinic and singular images of cameras, using cuts and multiple viewpoints" (Colebrook 2002: 34).

18 Colebrook 2002: 42.

19 As in classic narrative cinema there is a ready correspondence between the screen world and that of the spectator. The voiceover interprets the visual image and provides a sense of temporal continuity; clearly marked "dream" sequences separate actual and virtual realities; and there is an instance of symbolic action not present in the novel (when the woman crashes her hosts' car into the wall to test its strength, this creates an action-reaction framework of understanding).

20 The film could also be considered alongside classics of science-fiction solitude narratives such as Tarkovsky's *Stalker* (1979) or Claire Denis's *High Life* (2018).

(rather than determinate succession) it leaves space for the indiscernible and the unknowable, in the irrational interval between the images and between sound and image. This is achieved with its use of framing, slow camera work and montage, something approaching an "irrational cut", and with the sparse natural soundscape only occasionally interrupted by an electronic hum associated with the wall and Bach partitas played on solo violin (by Julia Fischer).

In film the individual frame appears to be a closed set of elements, but for Deleuze it always has an "out-of-field" which is both relative (to an interlocutor, the next frame, a landscape) and absolute (when the frame seems isolated from everyday experience or a sequence of events). The absolute out-of-field does more than simply suggest what the character sees or knows to exist beyond the frame: "It testifies to a more disturbing presence, one which cannot even be said to exist, but rather to 'insist' or 'subsist', a more radical Elsewhere, outside homogeneous space and time."[21] Pölsler's film often shows the woman's face framed in a window or doorway, while we wait in vain for the expected following frame of what she sees. In the last frame of the film she is viewed from outside the window, the camera approaching her slowly to close-up, never divulging what she sees. She is not looking *at* the landscape, but into the future, an uncertain but possible future. An earlier framing of her face at the window moves to the interior and *does* show what she sees outside, but it is a landscape of the past, bathed in spring sunshine, with herself wandering in the valley in a state of initial shock, the dog Luchs at her heels. This visualizes powerfully the split between the narrating and the narrated self in the novel, while briefly interrupting the realist aesthetic of the film.

Framing often positions the human figure in unexpected ways, from unfamiliar angles. There are relatively few "establishing" shots in which a context is presented (such as shots of the hunting lodge in the valley) and within which the human figure acts. Instead we see the woman's head emerging at the top right of the screen from a position far down in the grass among the buzzing insects, as she laboriously scythes the hay by hand. The next shot moves suddenly from extreme long-shot to close-up on her labouring body, with the sound of her heavy breathing and the rhythm of the scythe. Or we see her small figure

....
21   Deleuze 2005: 18.

emerging in the distance from snow-covered trees, the camera following her movement slowly as she trudges through deep snow, rarely in the centre of the frame. On one occasion the camera's focus is fixed on the foreground as her blurred figure emerges from the background, emphasizing all the more that the camera's consciousness is not hers and not exclusively focused on her as object of its gaze. In such scenes the human figure seems almost incidental within the forest, or silhouetted against the night sky on the mountainside. The slow or static camera work withholds a compelling sense of narrative, inviting viewers to linger with the images, often without voiceover, and to be affected by their gradual unfolding.

The relationship between image and sound also breaks with conventional narrative cinema, in which an emotive soundtrack invites a response of identification and empathy. In Pölsler's film there is little non-diegetic sound. From the opening credits we hear only the calling of crows and natural sound accompanies much of the film (a buzzard, insects, thunder, wind, rain and the heavy breathing of a working body). Discovery of the wall is accompanied by a strange, warping electronic hum, then sudden silence as we see the woman from the other side, desperately knocking and calling to the dead people beyond it. Bach partitas on solo violin constitute the only non-diegetic soundtrack, first heard nineteen minutes into the film when the woman comes to full realization of the reality of the wall. Here the broken violin chords are a wail of anguish, whereas later the partitas accompany images of beautiful mountain landscapes and a poetic, almost still-life, slow panning shot of the kitchen full of produce (potatoes boiling on the stove, mushrooms drying, bottled fruit and the dog, two cats and the woman eating their fill). Thus the music does tend to correspond either to the emotions of the character or the expectations of the viewer, but the partitas are an intriguingly abstract choice, the solo instrument sometimes playing different musical lines simultaneously, presenting the ear with a figure/ground dilemma rather than the resolution of a melody.[22] In representational terms it might be tempting to see Bach's music as the last survival of humanity in a posthuman world, but this is complicated by the overlaying of the electronic hum associated with the wall and the violin

....

22   See Hofstadter 1999: 70–71 on the complex systems developed in Bach's partitas and fugues.

music during the climactic confrontation of two humans at the end of the film. The threatening hum foreshadows disaster long before we see the man and the violin music starts up over it as the woman runs for her gun to kill him. It seems that his invasion is connected with the wall and her response the only humane one.

In both the novel and the film *Erzählzeit* punctuates the *erzählte Zeit*, indicating a chronology of unfolding events, while enfolding them within the sense of a future. Chronological time is referenced at first in the crossing off of dates on a calendar, but as clocks break and a wristwatch is lost the time of day is increasingly measured by the cycles of daylight and the habitual roosting of the crows. Time is experienced as Bergsonian duration, expanding and contracting rather than proceeding as a succession of equidistant moments. Bergson's understanding of time is fundamental to Deleuze's view of cinema not as representation but a new way of thinking.[23] Bergson's concept of *durée* developed from a phenomenon of human consciousness to encompass a more universal feature of the material world. He increasingly abandoned the separation of external space and internal human *durée*, also coming to see memory as something virtual, not limited to the human brain, and intimately linked to *élan vital* (the vital impetus in all living being that I have called *zoe*).[24] This expanded view of *durée* as a feature of the material world (rather than human consciousness) entails a suspension of the mind/matter distinction: matter tends towards entropy and stasis, creative life towards differentiation and heterogeneity, but both are "only differences in the relative contraction or relaxation of *durée*".[25] Bergson describes the creative force of *durée* in *Creative Evolution* as follows: "The universe *endures*. The more we study the nature of time, the more we shall comprehend that duration means invention, the creation of forms, the continual elaboration of the absolutely new."[26]

....

23 Deleuze 2005: 8.

24 "Put simply, memory is the coexisting virtual past, *durée* the flow of time whereby that virtual past presses forward into the actual present toward an open future, and élan vital [*sic*] is *durée* as it unfolds itself into the future in the various forms of the created and ever-creating universe" (Bogue 2003: 16).

25 Bogue 2003: 17.

26 Bergson 1944: 14.

A similarly expanding and contracting, materialist view of time may be glimpsed in the film, in which the voiceover often reflects on the nature of time.[27] The woman had always felt enslaved to clock time and finds its increasing irrelevance a relief (*DW* 64). She also speculates on how animals perceive time and on the greater immediacy with which they encounter reality, an eternity compressed into each moment (*DW* 241). Time sometimes seems to stand still, sometimes to pass with great speed; the film encapsulates this in a shot of the woman trudging slowly through the snow while the voiceover is puzzled by a note written by her former self: "[D]ie Zeit vergeht so schnell" (*DW* 236). In one memorable image time is like an immobile spider's web preserving every moment of her life for eternity, as if a metaphor for duration itself:

> Seit Luchs tot ist, empfinde ich das deutlich. Ich sitze am Tisch, und die Zeit steht still. Ich kann sie nicht sehen, nicht riechen und nicht hören, aber sie umgibt mich von allen Seiten [...]. Sie dehnt sich aus in die Unendlichkeit wie ein riesiges Spinnennetz [...] Ein graues, unerbittliches Netz, in dem jede Sekunde meines Lebens festgehalten liegt. Vielleicht scheint sie mir so schrecklich, weil sie alles aufbewahrt und nichts wirklich enden läßt. (*DW* 237)

For the narrator it is oppressive when duration contracts into consciousness and she sits engulfed by the pressure of memories of loss and despair. However, whenever she is liberated from memory she senses the relaxation of duration and a merging with the world around her, a state that is both blissful and fraught with danger. During her first summer on the mountain pasture she is released from memory and overwhelmed by the beauty of nature as never before, sensing the thrill of a new beginning (*DW* 175). One striking sequence in the film suggests the woman's urge to exchange her life of relentless effort for the entropy of inorganic matter. This occurs half way through the novel, in

---

27 Daniela Strigl's psychoanalytical interpretation of the novel associates time with *eros*, which is irrevocably consigned to the past, only returning in brief moments of intense "Lust am Leben" such as those experienced on the summer pasture (2019: 196). My Bergsonian reading associates time with posthuman *zoe* rather than *eros* rooted in subjective experience.

a section of narrative where the protagonist recalls closing her eyes and seeing only snow-covered mountains: "Es gab keine Gedanken, keine Erinnerungen, nur das große stille Schneelicht […] und das Verlangen, in die weiße schmerzlose Stille einzugehen, ist manchmal sehr groß" (*DW* 148–149). In the film this sense of dissipation in white light is presented in a sequence of almost abstract frames where we see the sun, then trees, as if through a snowstorm, for moments a complete white-out. The end of the sequence suggests this has been a dream (we see the woman being roused from sleep by the dog), but these snowstorm frames briefly immerse the viewer in contemplation of white light, snow, a forest in all their singularity, not organized in a narrative whole or presented as an individual experience. This seems to approach what Deleuze calls an "irrational cut", offering the viewer images "as such" rather than images of something from a particular point of view,[28] demonstrating the potential of cinema to point to a virtual "outside" of the world of actuality and effecting a slowing of duration in the texture of the film.[29]

The variable speeds of duration are encapsulated once more in the climactic, horrific killing at the end of the film, which is seen from oblique angles that give only glimpses of the axe-wielding man and the death of the animals. His blows are breath-takingly swift, while the woman's running to fetch her gun is in agonizing slow motion. This produces much more than dramatic effect: it underlines the radically different rhythms of life of what look like two humans, but who are alien to each other in the world of the film. This conflict is underpinned by the soundtrack, which for the first time overlays the pulsating electronic hum associated with the wall and the broken violin chords of the Bach partita in a cacophonous clash of sounds. In a film that makes such sparing use of non-diegetic sound, this sequence is all the more disturbing, suggesting an elemental battle between love and death rather than a human

....

28 Colebrook 2002: 33.

29 The radical potential of such effects is encapsulated in Rodowick's description of the "irrational interval" between images in avant-garde cinema as "an opening where principles of identity and transcendence give way to a virtuality, the possible emergence of new subjectivities and new forms of thought" (Rodowick 1997: 144).

survival story.[30] As it is never even clear whether the electronic hum of the wall is diegetic or not, the soundtrack suspends this very distinction between inside and outside the diegesis.

After the devastating loss of her animals, the last words of both novel and film suggest a sense of peace in the knowledge that life will endure, new life will emerge, in the future that approaches. This is not about the survival of the human race, human agency or progress, but the endurance of *zoe* and the emergence of the new:

> Jetzt bin ich ganz ruhig. Ich sehe ein kleines Stück weiter. Ich sehe, daß dies noch nicht das Ende ist. Alles geht weiter. Seit heute früh bin ich ganz sicher, daß Bella ein Kalb haben wird. Und, wer weiß, vielleicht wird es doch wieder junge Katzen geben. Stier, Perle, Tiger [kittens] und Luchs wird es nie wieder geben, aber etwas Neues kommt heran, und ich kann mich ihm nicht entziehen. (*DW* 275)

5   Conclusion

Re-reading Haushofer's novel after more than two decades, and viewing it through the lens of Pölsler's film, I also view it from a different point in my own duration and in my intellectual journey from feminist psychoanalytical criticism to Deleuzian New Materialism. The world has also moved on from the binary gender-awareness of the 1990s (when it was conceivable for Ullstein to have a series called "Die Frau in der Literatur") to the imperatives of climate crisis and Extinction Rebellion. At first I struggled, like Haushofer's narrator, to reconcile my old reading self with the one who reads and writes today, but rather than "correcting" my former response to the novel I simply add a

---

30   The woman has long since stopped thinking of humanity in terms of male and female, but of those who love and those who kill (*DW* 161). Her abhorrence of killing the wild deer whose meat keeps her and the dog alive never subsides, whereas her cousin Luise, whose husband owns the hunting lodge, was always a passionate hunter. This new taxonomy of humanity does not respect the gender binary.

perspective made more pressing by the context of this particular moment in the Anthropocene.[31] It is testimony to the complexity of Haushofer's work that this novel from 1963 continues to speak to the present in urgent and profound ways. Pölsler's film picks up on the novel's radical questioning of what it might mean to be human in a less anthropocentric world. He does so by means of cinema's resources to enable a less human-centred view of reality and to give rise to something new.

Works Cited

Primary Literature

HAUSHOFER, MARLEN (1990): *Die Wand* [1963]. Berlin: Ullstein.

Film

PÖLSER, JULIAN ROMAN (Dir.) (2012): *Die Wand*. Vienna: Coop99. Film.

Secondary Literature

ARENDT, HANNAH (1978): *The Life of the Mind: One/ Thinking. Two/Willing.* New York; London: Harcourt.

BERGSON, HENRI (1944): *Creative Evolution*. Trans Arthur Mitchell. New York: Random.

BOGUE, RONALD (2003): *Deleuze on Cinema*. New York: Routledge.

BRAIDOTTI, ROSI (2013): *The Posthuman*, Cambridge: Polity.

COLEBROOK, CLAIRE (2002): *Gilles Deleuze*. London and New York: Routledge.

CORNILS, INGO (2020): *Beyond Tomorrow: German Science Fiction and Utopian Thought in the 20th and 21st Centuries*. Rochester: Camden.

DELEUZE, GILLES (2005): *Cinema 1: The Movement Image*. Trans Hugh Tomlinson and Barbara Habberjam. London: Continuum.

....

31   See Catríona Ní Dhúill's metabolic reading of *Die Wand* in this volume as a similarly situated response to the novel.

HOFSTADTER, DOUGLAS (1990 [1979]): *Gödel, Escher, Bach: An Eternal Golden Braid*. London: Penguin.

LITTLER, MARGARET (1998): "The Cost of Loving: Love, Desire, and Subjectivity in the Work of Marlen Haushofer." *Other Austrians: Post-1945 Austrian Women's Writing*. Ed. Allyson Fiddler. Bern: Lang, pp. 211–224.

RODOWICK, D. N. (1997): *Gilles Deleuze's Time Machine*. Durham: Duke UP.

SIMARD, SUZANNE (2021): *Finding the Mother Tree: Uncovering the Wisdom and Intelligence of the Forest*. London: Allen Lane.

STRIGL, DANIELA (2000): *Marlen Haushofer. Die Biographie*. Munich: Claassen.

—, (2019): "'Es gibt keine vernünftigere Regung als die Liebe.' Zum Verhältnis von Eros und Zeit in den Romanen *Die Mansarde* und *Die Wand*." *Dekonstruktion der Symbolischen Ordnung bei Marlen Haushofer:* Die Mansarde *und* Die Wand. Ed. Sylvie Arlaud et al. Berlin: Frank & Timme, pp. 191–211.

WHEATLEY, CATHARINE (2013): "*The Wall. Austria/Germany 2011. Director Julian Roman Pölsler*". Review. *Sight&Sound*, pp. 90–91.

   © Frank & Timme   Verlag für wissenschaftliche Literatur

Sarah Neelsen

Marlen Haushofer als SF-Autorin? Science Fiction, String Figures und Speculative Feminism

Das unerklärliche Auftauchen einer durchsichtigen Wand ist, wie man weiß, die Ausgangssituation in Marlen Haushofers Bestseller *Die Wand*, aber auch weiterhin ein Rätsel für die Literaturwissenschaft. Die Inspirationsquelle für dieses „magische Monument"[1] bzw. diese „phantastische Bedingung"[2] konnte laut ihrer Biografin Daniela Strigl nicht ausfindig gemacht werden. Das SF-Album, das sie einem Nachbarjungen geliehen haben soll, und in dem eine ganze Stadt im Schutz einer Glaskuppel lebt, bleibt unauffindbar.[3] Doch selbst „wenn die konkrete Spur im Sand verläuft, ist Haushofers Science Fiction-Rezeption von Interesse",[4] fährt Daniela Strigl in ihrem Beitrag von 2004 fort. Die Literaturwissenschaftlerin entwirft demnach eine Interpretation des Romans als Kultur- und Zeitkritik im Kontext von Kaltem Krieg und Entwicklung der Neutronenbombe einerseits, von Wirtschaftswunder und aufblühender Konsumgesellschaft andererseits. Den Roman als apokalyptische Utopie be-

....

1   Stuhlfauth 2011: 22.

2   Fliedl 1986: 39.

3   Siehe Strigl: „[Haushofer] besaß eine reiche Sammlung aus den einschlägigen Reihen *Utopia* und *Terra* und versorgte den halbwüchsigen Sohn einer befreundeten Familie regelmäßig mit utopischem Lesestoff. Eben dieser heute ältere Herr erzählte mir, es hätte unter diesen Heften eine Geschichte mit dem Titel *Die gläserne Kuppel* gegeben. Sie hätte von einer Gruppe von Menschen gehandelt, die unter dem Schutz einer riesigen Glaskuppel eine Art Eiszeit überlebt. Drinnen herrscht Geborgenheit, draußen eine tödliche Kälte. Demnach war Marlen Haushofer von der Idee offensichtlich fasziniert und baute sie zu einer existentiellen Parabel im Gewand eines realistischen Berichts um. // Nun muß ich diese verführerische These leider revidieren: Bei meinen Nachforschungen bin ich bisher auf keinen Heftroman dieses Titels gestoßen" (Strigl 2004: n.pag.).

4   Strigl 2004: n.pag.

trachtend, ordnet sie ihn zum Schluss neben Thomas Bernhard, Hans Lebert und Albert Camus der existentialistischen Literatur zu.

Damit wird das Werk doch wieder ziemlich weit weg vom Einflussbereich der „Schundhefte" der SF-Literatur gerückt. Daniela Strigl teilt die Meinung des Science-Fiction-Experten,[5] der Haushofers Werk als „schwunglos und langweilig" eingeschätzt hatte, bestimmt nicht. Doch auch für Daniela Strigl bleibt Haushofer eine weitgehend realistische Autorin, was die übrigen Bände ihres Oeuvres zu bestätigen scheinen: „*Die Wand* fällt in mehrfacher Hinsicht aus dem Rahmen des übrigen Werkes [...] Im Unterschied zu ihren anderen Büchern *Eine Handvoll Leben*, *Die Tapetentür* und *Die Mansarde* schildert Haushofer hier nicht nur das melancholische Gefängnis des Individuums, sondern zugleich auch ein utopisches Experiment."[6] Ausgehend von Daniela Strigls Ansatz, Haushofers SF-Rezeption ernst zu nehmen, möchte ich im Folgenden genau diese vier Werke (*Eine Handvoll Leben* (1955), *Die Tapetentür* (1957), *Die Wand* (1963) und *Die Mansarde* (1969)) nach weiteren SF-Elementen untersuchen. Ich werde mich hierfür zunächst auf die Definition von „SF" bei Donna Haraway stützen und zeigen, inwiefern sie sich auf die Romane von Haushofer anwenden lässt. Damit möchte ich auch versuchen, das utopische Potential des Romanwerks zum Vorschein zu bringen.

1 Mehrdeutigkeit von SF bei Donna Haraway

In *Libère-toi cyborg* (2018) setzt sich die französische Literatur- und Kulturwissenschaftlerin Ïan Larue mit dem, was sie die „H-Liste" nennt, auseinander. Gemeint ist damit die auf den ersten Blick sehr bunte Bibliografie von Haraways *Cyborg manifesto* (1985),[7] die zum einen aus feministischen Texten und Gender Theorie und zum anderen aus amerikanischer Science-Fiction der 1970er und 1980er Jahre besteht, darunter Octavia Butler, *Survivor* (1979), John Varley, *Wizard* (1981), Joanna Russ, *The Female Man* (1975) und Anne

....

5   Franz Rainer Scheck (ohne Titel), *Science Fiction Times*, Mai 1969, zitiert nach Strigl 2004.

6   Ebd.

7   Haraway 2016a: 76–90.

McCaffery, *Dinosaur Planet* (1978).[8] Ïan Larue würde die gängigen Vorurteile gegenüber SF gern überwinden:

> Peut-on accorder le moindre crédit à de vieux livres de science-fiction, ceux qu'on déniche dans les foires ou chez les bouquinistes, ornés de typographies hideuses et d'illustrations vulgaires, sexistes et pseudo-érotiques? A ces romans hâtivement traduits, faits pour être jetés sitôt consommés, qui glorifient des valeurs masculinistes et parlent d'un cosmos depuis longtemps passé de mode?[9]

> [Wie könnte man diesen alten Science-Fiction-Büchern, die man auf Messen oder im Second-Hand-Buchhandel findet, mit ihrer scheußlichen Typografie und vulgären, sexistischen und pseudoerotischen Illustrationen, auch vertrauen? Diesen hastig übersetzten, gleich nach dem Lesen wieder weggeworfenen Romanen, die chauvinistische Werte verherrlichen und von einem Kosmos erzählen, der längst aus der Mode ist?]

Sie räumt dennoch ein, dass dies nur gelingen kann, wenn ein Großteil des SF-Kanons dabei außer Acht gelassen wird, etwa jener sehr männliche und technologiezentrierte. Dafür geraten Werke ins Blickfeld, in denen bestehende Verhältnisse, etwa zu sich selbst, zu anderen Geschöpfen und der Umwelt im Allgemeinen auf den Kopf gestellt werden.[10]

----

8   Im Anhang ihres Buches gibt Larue nicht nur Haraways SF-Bibliographie wieder, sondern ergänzt sie durch Videoformate und plastische Werke, und erklärt des Weiteren, wo französische Übersetzungen erhältlich sind. Vgl. Larue 2018: 231–245.

9   Larue 2018: 13–14.

10 Larue 2018: 17–18: „Il s'agit d'autre chose: d'un nouveau rapport au monde qui bouleverse nos convictions sur la reproduction et la société, d'un changement radical par rapport à nos vieilles lunes rabougries" [Es geht um etwas anderes: um ein neues Verhältnis zur Welt, das unsere Überzeugungen über Fortpflanzung und Gesellschaft ins Wanken bringt, und um ein radikales Umkrempeln unserer verkümmerten Einbildungen]. Larue folgt hier der These von Helene Merrick, *The Secret Feminist Cabal. A Cultural History of Science-Fiction Feminism* (2009).

Doch, selbst wenn man den Fokus auf diese etwas andere SF-Literatur verlegt, scheint es weiterhin schwierig, im Romanwerk Haushofers SF-Elemente ausfindig zu machen. Vielleicht bedarf es hierzu einer etwas anderen Lesart. Betrachtet man beispielsweise die typische Raumkonstellation ihrer Werke, fällt auf, dass sie in der Regel als zweigeteilt beschrieben wird,[11] wozu eine „leitmotivische" Wand meist als „beliebtes Gestaltungsmittel" eingesetzt werde.[12] Man kann es aber vielleicht auch so sehen: In allen untersuchten Romanen besteht der Raum*konstellation* aus eher drei Elementen, nämlich einem Planeten und (meistens) zwei Satelliten: bürgerliche Welt + Jagdhütte und Almhütte in *Die Wand*, Familienhaus + Mansarde und Jagdhaus in *Die Mansarde*, Landhaus + Gästezimmer und Internat in *Eine Handvoll Leben* und Wohnung + Hospitalzimmer und Forsthaus in *Die Tapetentür*. Innerhalb dieser Konstellation kann es sogar vorkommen, dass sich die Hauptfigur auf dem Rücken eines fliegenden Hundes bewegt, wie Annette zum Beispiel:

und schon war Pluto erschienen, um sie zurückzuholen. Er verfiel jetzt in einen leichten Trab, und sie wurde ein wenig schwindlig davon [...] er schüttelte sich, und seine Mähne dampfte in der Sonne, die jetzt durch Nebel und weiße Wolkenhaufen brach.[13]

In den meisten Romanen verwandelt sich ein abgelegenes Zimmer (Gästezimmer, Mansarde) in eine Raumkapsel und erlaubt der Protagonistin eine Zeitreise zwischen verschiedenen Epochen ihres persönlichen Kosmos. Ähnliche Low-Tech-Fantasien sind auch bei älteren Vorgängern der deutschsprachigen SF-Literatur im Einsatz, etwa bei E. T. A Hoffmann: Im „Hotel zur Rose" gewährt eine Tapetentür im Zimmer des reisenden Enthusiasten Zugang zur Fremdenloge des Stadttheaters. So kann der Gast über einen schmalen Korridor in die Loge gelangen und nicht nur Mozarts *Don Giovanni* beiwohnen,

---

11 Siehe u.a. Predoiu: „Damit konturieren sich im Roman durch die über Nacht entstandene Trennwand zwei Welten" (Predoiu 2016: 9) oder „die Wand [...] stellt die Schwelle zwischen Vergangenheit und Gegenwart, zwischen Innen- und Außenwelt dar" (Predoiu 2016: 7).

12 Predoiu 2016: 6.

13 Haushofer [1957] 1983: 215. Im Folgenden im Fließtext mit der Sigle *DT* zitiert.

sondern auch das „Reich der Musik" betreten, wo ihm Donna Anna in Fleisch und Blut begegnet. Später in der Nacht, als die Aufführung schon längst vorbei ist, begibt er sich erneut in die Loge und richtet sich dort ein, um seinem Freund Theodor einen Brief über das eben Erlebte zu schreiben.[14]

Ïan Larue macht anhand der im Vergleich viel spektakuläreren Erfindungen der SF-Literatur aus den 1970er und 1980er Jahren klar, dass hinter dem Erfindungsreichtum, der bei Haushofer tatsächlich bescheidener ausfällt, mehr auf dem Spiel ist. Hier kommen Haraways Variationen auf den Begriff „SF" zum Tragen. Haraway schreibt in *Staying with the Trouble*: „An [sic] ubiquitous figure in this book is SF: science fiction, speculative fabulation, string figures, speculative feminism, science fact, so far."[15] Interessanterweise betrachtet Haraway „SF" in erster Linie nicht als literarisches Genre, sondern als Chiffre mit unterschiedlichen und sogar widersprüchlichen Bedeutungen: zugleich „fabulation" bzw. „speculation" und „science fact". Sie liest S-F sozusagen vor- und rückwärts: sowohl als *fiction inspired by science* als auch als *science based on fiction* [meine Formulierung]. Für sie ist Science-Fiction zum einen eine literarische Gattung, die sich thematisch um wissenschaftliche Experimente und technologische Erfindungen dreht, und zum anderen auch eine wissenschaftliche Gattung, deren Modelle und Theorien sich aus der literarischen Imagination speisen. Es handelt sich somit bei SF vor allem um eine Denkfigur.

Zuletzt kann man bemerken, dass Haraway sich zwar ein Stückchen weit von der ursprünglichen Definition von SF entfernt, doch ihre negativen Konnotationen beibehält und mit ziemlicher Ironie damit spielt. Sie bricht nicht nur ein Tabu, in dem sie daran erinnert, dass wissenschaftliche Theorien zunächst *fantasiert* werden, bevor sie belegt und in Fakten verwandeln werden. Sondern sie verweist auch auf den Anteil, den Spekulation und Bricolage daran haben, indem sie auf die *string figures* verweist, von denen im dritten Teil noch die Rede sein wird. In vielen Erdteilen sind sie ein (Kinder)Spiel und werden zu jenen kleinen Formen gerechnet, die als zweitrangige und minderwertige Kulturpraxen betrachtet werden, und zu denen nicht nur SF, sondern auch alle Kunstformen gehören, die von Haushofers Protagonistinnen ausgeübt werden:

....

14 Hoffmann 2006.
15 Haraway 2016b: 2.

Tagebuch, Zeichnen, Postkarten. Auch dieser Aspekt rechtfertigt den Versuch, Haraways Ansatz auf Haushofers Werk anzuwenden.

2   Die Wand mit Haraway gelesen

Die Begebenheiten des Romans *Die Wand* lassen sich mit den Begrifflichkeiten Haraways zusammenzufassen und damit auch neu einordnen.[16] Die Ich-Erzählerin lebt eindeutig in Zeiten, die man mit Haraway *the Trouble* nennen darf. Haraway verwendet ihn als Bezeichnung für die gestörte, bewegte, unsichere Zeit (*mixed-up times*), des „Anthropozäns" bzw. „Kapitalozäns".[17] Alle Arten sind der Spezies Mensch unterworfen und werden zusammen mit allen natürlichen Ressourcen solange ausgebeutet, bis sie in ihrem Fortbestehen gefährdet oder ganz ausgerottet sind. Diese Diagnose klingt bei Haushofer eindeutig mit: „Gasrohre, Kraftwerke und Ölleitungen; jetzt, da die Menschen nicht mehr sind, zeigen sie erst ihr wahres jämmerliches Gesicht. Und damals hatte man sie zu Götzen gemacht anstatt zu Gebrauchsgegenständen."[18]

Die Erzählerin verharrt auch tatsächlich im *Trouble*, so wie es Haraway in ihrem Band *Staying with the Trouble* (2017) bevorzugt. Anders als der zwanzigjährige Robinson von Defoe ist Robinsona eine vierzigjährige Frau, die an keinen Neuanfang glaubt, sondern zunächst nur versucht zu überleben. Sie kann ihre Vergangenheit verdrängen, weiß aber, dass es keine symbolische Wiedergeburt geben wird. Sie muss so, wie sie ist, und in den Umständen, wie sie sind, weiterleben. Sie hält sich an das Bestehende und versucht sich anzupassen.

Die Ich-Erzählerin lässt sich mit Haraway als „guman" bezeichnen. Das Wort leitet sie etymologisch von einer altenglischen Form ab, die sowohl „Mensch" als auch „Erde" bedeutet.[19] Es ist ein bodenständiges Wesen, das

---

16   Siehe auch Neelsen 2019.

17   Haraway 2016b: 47–51.

18   Haushofer [1963] 2017: 298. Im Folgenden im Fließtext mit der Sigle *DW* zitiert.

19   Haraway 2016b: 12: „My scholar-friends in linguistics and ancient civilizations tell me that this guman is adama/ adam, composted from all available genders and genres and competent to make a home world for staying with the trouble."

sich nach seinem Tod auch wieder in Erde verwandelt. Zu Lebzeiten steht ein „guman" in tiefer Verbundenheit zu anderen Lebewesen, wie Haushofers Figur in *Die Wand*: „Die Schranken zwischen Tier und Mensch fallen sehr leicht. Wir sind von einer einzigen großen Familie" (*DW* 315) oder „In jenem Sommer vergaß ich ganz, dass Luchs ein Hund war und ich ein Mensch" (*DW* 356). Die plötzlich wandelnde Identität der Erzählerin beginnt sich zwischen „halbwüchsige[m] Knaben" und „sehr alte[m] geschlechtlosen Wesen" zu bewegen (*DW* 108–109).

In Zeiten des drohenden Untergangs kann die Rettung, laut Haraway, nur von unerwarteten Bündnissen kommen, die Menschen mit Tieren eingehen, sogenannten „*multispecies worlds*".[20] Dabei geht es noch um viel mehr als nur um die „Liebe", die im Roman Haushofers und der Sekundärliteratur immer wieder in den Vordergrund gestellt wird. Liebe ist die gegenseitige Abhängigkeit, bzw. Verflochtenheit aller Lebewesen, die nur gemeinsam überleben können. Und sie ist ein Von-einander-lernen, das Haraway auch als „*becoming-with*" bezeichnet.[21] Tiger zeigt der Erzählerin auf der Alm, wie man Theater spielt, Luchs ist ihr mangelnder Orientierungssinn, die Katze ahnt, dass die Alm ihnen allen zum Verhängnis werden wird und kehrt zur Warnung zur Jagdhütte zurück.

Die durch die Annäherung mit den Tieren entstehende Familie wurde in der Sekundärliteratur oft als „Ersatzfamilie" bezeichnet, in der die Ich-Erzählerin die Mutterrolle einnähme. Nach Haraway steht anderes auf dem Spiel: Es geht darum, andere Familien zu gründen, „*making kin*".[22] Mit dem Wort „*kin*" ist tatsächlich die Familie im engsten Sinne gemeint, die Vereinigung von Blutsverwandten, bloß, dass es eigentlich nicht Verwandte im herkömmlichen Sinne sind. In ihren Träumen bringt Haushofers Erzählerin nicht nur Kinder, sondern auch Tiere zur Welt, und als Bella ihr Kalb bekommt, fühlt sich die Erzählerin ganz so, als „sollte sie selbst ein Kind bekommen" (*DW* 192). Der

....

20 Haraway 2016b: 13: „Ontologically heterogeneous partners become who and what they are in relational material-semiotic worldings. Natures, cultures, subjects, and objects do not preexist their intertwined worldings."
21 Haraway 2016b: 12.
22 Haraway 2016b: 99.

Hund Luchs wird zum Adoptivvater der Kätzchen und die alte Katze behandelt ihn manchmal „wie ein launenhaftes Weib seinen Tollpatsch von Ehemann" (*DW* 65).

Es geht tatsächlich nicht nur darum, Kinder durch Tiere zu ersetzen, sondern das Familienmuster durch eine Auflockerung der Rollen zu verändern.[23] Luchs ist manchmal Freund und Partner, aber auch ein Kind, das sich an der Pfote verletzt hat. Bella ist manchmal eine Waise, der man ein Zimmer im Stall einrichtet, manchmal eine Mutter, die für die ganze Familie sorgt. Haraway geht in ihrer feministischen Theorie noch einen Schritt weiter, in dem das Gründen neuer (Ersatz-)Familien die menschliche Fortpflanzung ersetzen soll (*„making kin not babies"*). Hier stoßen wir auf ein anderes gängiges Problem in der Sekundärliteratur zu Haushofer, nämlich dem Klischee einer „desexualisierten Hausfrauen- und Mutterrolle"[24] oder „einer ablehnenden Haltung gegenüber der körperlichen Liebe".[25] Die Vorliebe zur „Mutter-Kind-Beziehung [als] ideale[r] Beziehung",[26] um noch einmal Stuhlfauth zu zitieren, möchte ich in einem weiteren Schritt hinterfragen und revidieren.

3 *String Figures* in *Eine Handvoll Leben*

Wie im oben angeführten Zitat aus *Staying with the Trouble*, kann „SF" laut Haraway auch für *string figures* stehen, ein Spiel der Navajos, in dem eine Schnur zwischen beide Hände gespannt wird und in komplexe Muster gelegt wird. Es handelt sich um einen weit verbreiteten Zeitvertreib, doch sprechen die Indianer:innen ihm eine besondere Wirkung zu:

> These string figures are *thinking* as well as *making* practices, pedagogical practices and cosmological performances. Some Navajo thinkers describe string games as one kind of patterning for restoring *hózhó*, a

----

23 Siehe auch Stuhlfauth 2011: 51–60: „III.4.1 Eine tierische Ersatzfamilie", insbesondere 53.

24 Hofmann 2000: 204.

25 Stuhlfauth 2011: 40.

26 Stuhlfauth 2011: 41.

term imperfectly translated into English as "harmony", "beauty", "order", and "right relations of the world", including right relations of humans and nonhumans.[27]

String figures ließen sich ohne Weiteres in Haushofers Roman *Die Wand* identifizieren, zum Beispiel in den eben beschriebenen neuen „Familienverhältnissen", die die Erzählerin zu Nutz- und Haustieren knüpft. Dennoch möchte ich hier das Augenmerk auf die intimen Beziehungen zu anderen Lebewesen in *Eine Handvoll Leben* richten.

In diesem Roman, dem ersten den Haushofer 1955 veröffentlichte, wird eine sehr sinnliche Beziehung zwischen dem jungen Mädchen Elisabeth und seiner natürlichen, vor allem pflanzlichen Umwelt beschrieben: „Alle Gerüche, Geräusche, tausend kleine Erregungen zerrten an ihr und ließen sie erzittern, bis sie endlich dem Drängen nachgab und die Welt in sich einließ."[28] Als sie ins Internat geschickt wird und in Kontakt mit anderen Menschen – ausschließlich anderen Mädchen – gerät, und unter der Entfernung zur Natur leidet, findet sie dennoch rasch Ersatz dafür: „[E]inem dünnen, gefräßigen Mädchen [hatte] sie eine Woche lang ihr Jausenbrot überlassen, unter der Bedingung, dass sie sich abends gegen die untergehende Sonne stelle, die ihrem braunen Haar den rötlichen Ton welker Buchenblätter verlieh" (*HL* 57). Das romantische und schon ein wenig kitschig anmutende Bild, ist bemerkenswert, in dem es eigentlich ein gängiges Klischee der weiblichen Schönheit umkehrt, nämlich das in der Abendsonne feurig leuchtende Haar der Geliebten, sich vom natürlichen Hintergrund abhebend und gleichzeitig in farblicher Harmonie mit ihm verschmelzend. Hier liegt das Internat in der Stadt und es ist keine Naturkulisse abgesehen von der untergehenden Sonne vorhanden. Das schimmernde Haar der Freundin dient demnach vielmehr als Ersatz für die geliebten Buchenblätter, denen die Protagonistin, seitdem sie das ländliche Elternhaus verlassen musste, nachtrauert.

Ihre allmählich anschwellende, pflanzenbezogene Erregung gipfelt in der Blumenorgie von Fronleichnam im dritten Kapitel des Romans. Elisabeth hat

....

27 Haraway 2016b: 9–29, insbesondere 14.
28 Haushofer [1955] 1991: 36. Im Folgenden im Fließtext mit der Sigle *HL* zitiert.

von Schwester Martha die Erlaubnis bekommen, sich im Badezimmer um die Blumen, mit denen das Kloster ausgeschmückt werden soll, zu kümmern. Sie zieht die Vorhänge zu und widmet sich ganz den acht mit Sträußen gefüllten Blechwannen. Dabei widersteht sie nur mit Mühe und Not dem Drang „die Herzen der Pfingstrosen zu zerbeißen" (*HL* 60) und lässt sich „ein einziges Mal dazu hinreißen, eine weiße Blüte auf das rotgefiederte Herz zu küssen" (*HL* 61), bevor sie von Käthe überrascht wird, die sie ihrerseits küssen möchte.

Käthes Rivalin im jugendlichen Liebesdreieck, nämlich Margot, die ebenfalls um die Gunst Elisabeths buhlt, erleidet an diesem Tag einen Schwächeanfall, der sie unmittelbar aus dem Gebet (ihrer „gotischen Pose" (*HL* 63)) in die Pfingstrosen fallen lässt. Nicht im Stande, ihr Verlangen mit ihren strengen Gläubigkeit zu vereinen, entschließt sich Margot dazu „das Fleisch abzutöten", wozu sie „im elterlichen Garten ihre Arme und Beine mit Brennnesseln [schlägt]" (*HL* 72). Spätestens bei dieser Szene drängt sich eine Parallele zu den jüngsten ökosexuellen Experimenten von Annie Sprinkle und Beth Stephens auf. Letztere – Haraways Kollegin an der University of California – erzählt, sie habe bei einem Workshop in der Nähe von Colchester sich auf einen Versuch mit einer Australischen Sex-workerin eingelassen, der darin bestand, in Turnschuhen und Sonnenbrille (ohne weitere Bekleidung) durch ein Brennnesselfeld zu laufen: „After a day our bodies were still hot pink and felt electric. It was like jumping into ice cold water and you don't know where the bottom will be. I really felt alive. Also, you know that stinging nettle is medicinal, and good for arthritis."[29] Sprinkle und Stephen wurden vor allem nach ihrer Teilnahme an der *dokumenta* 14 (2017) berühmt und unterhielten sich 2021 für den *Routledge Companion to Contemporary Art, Visual Culture, and Climate Change* mit dem chinesischen Video-Künstler Bo Zheng. Der Videokünstler produziert seit 2016 in Hong Kong Werke, die unter dem Titel *Pteridophilia* erotische Begegnungen zwischen Mensch und Farn (*Pteridophyta*) zeigen. Bo deutet darauf hin, dass sein Interesse an Biophilie darin gründe, dass *eco-porn* die Aufmerksamkeit auf andere Formen der Fortpflanzung lenke. Wir erinnern uns, dass die Erzählerin von *Die Wand* beim Anblick von Bella und Stier auf der Alm „den Kreislauf von Zeugen und Gebären" bedauerte (*DW* 314). Stellt

---

29 Bo, Stephens und Sprinkle 2021: 171.

man diese Szene gegen die aus *Eine Handvoll Leben* wird deutlich, dass im Romanwerk – betrachtet man es als Ganzes – Eros unter vielen verschiedenen Gesichtspunkten beleuchtet wird.

Abschließend zu diesem dritten Punkt, würde ich die Szene vor den acht Blechwannen gern mit ähnlichen ontologischen Experimenten aus *Die Wand* (z.B. die Improvisation mit Tiger vor der Almhütte) zusammenlegen und als *string figures* verstehen, die Menschen und Tiere, sowie Menschen und Pflanzen in neuen Mustern miteinander verbinden. Tatsächlich unterläuft Haushofer in dem, was ich die „Blumenorgie" genannt habe, auch den christlichen Hypotext der Szene. An dem Tag, an dem der Eucharistie gedacht wird (Fronleichnam), ersetzt die Autorin für ihre junge Protagonistin Brot und Wein, bzw. den Leib Christi, durch das Herz einer Blume. In der Tiefenstruktur des Textes wird also sehr wohl ein Kampf zwischen zwei Weltordnungen, zwei eschatologischen Modellen ausgetragen.

4   *Speculative Feminism* in *Die Mansarde*

Das unerklärliche Auftauchen einer durchsichtigen Wand oder der Flug auf dem Rücken eines gelben Hundes sind nicht die einzigen typischen SF-Elemente in Haushofers Romanwerk. Die Erzählerin der *Mansarde* empfindet eines Tages im Innersten ihrer selbst das Regen „eines fremden Wesens",[30] so die wohl metaphorisch gemeinte Beschreibung ihrer plötzlichen Taubheit. Doch was anfangs vielleicht als Metapher gedacht war, gewinnt im Laufe des Romans immer deutlicher Kontur. „Ich bin ein Ungeheuer" (*DM* 97) stellt sie eines Tages fest. Wieder lassen sich fließende Übergänge zu Klassikern der SF-Literatur mit ihren unzähligen Variationen auf Aliens erkennen. Diese möchte ich in Verbindung mit Haraways *Speculative Feminism* besprechen, verstanden als die Erfindung neuer, gattungsübergreifender Identitäten und demnach als Übersteigerung eines früheren Selbst.

Im Vergleich zu *Die Wand* und in Hinblick auf die Emanzipation beider Protagonistinnen wirkt Haushofers letzter Roman viel resignierter. Obwohl die

....

30 Haushofer [1969] 2005: 60. Im Folgenden im Fließtext mit der Sigle *DM* zitiert.

Beziehung zu Hubert nur noch auf der Erinnerung ihrer glücklichen „Vorzeit"
beruht, meint die Erzählerin: „Und weil ich sein Gesicht auch im Schlaf mag
und in völlig entleertem Zustand, bilde ich mir ein, ihn zu lieben. Jedenfalls
ist er der einzige Mensch, den ich längere Zeit ertragen kann. Natürlich ist
es gut, dass er fast den ganzen Tag außer Haus ist" (*DM* 109). Als befreiende
Momente wirken u.a. das Putzen des Bücherkastens,[31] wie das Wüten gegen
Staub und Unordnung im Allgemeinen, aber auch die „Mansardengedanken"
(*DM* 66), bzw. die abendlichen Aufenthalte der Zeichnerin in ihrem Arbeits-
zimmer. Ich habe die Dachkammer als Raumkapsel bezeichnet, da dort die
anonym zugesendeten Tagebuchseiten gelesen werden, wodurch die Erzählerin
in die Zeit ihres Aufenthaltes im Jagdhaus versetzt wird. Hier interessiert mich
aber tatsächlich weniger das Lesen als das Zeichnen, das von der Erzählerin
selbst und von ihrem Mann scheinbar eher als belangloses Hobby betrachtet
wird. Gemalt werden Insekten und Vögel, viele davon werden sofort wieder
verworfen oder verschwinden in der Schublade. Der letzte Versuch ist allerdings erfolgreich, löst sogar eine Form von Wohlbefinden aus: „Als ich mit
den Umrissen fertig war und sah, dass alles stimmte, war ich sehr glücklich,
so glücklich wie schon lange nicht" (*DM* 215). Während die genau Spezies
lange Zeit unentschieden bleibt, stellt sich am Ende heraus, dass es ein Drache
geworden ist, „Zwitterwesen per se: zugleich Vogel und Reptil" (*DM* 117). Liest
man diese Szene parallel zur Anfertigung des autobiografischen Berichts in
Die Wand oder dem Durchblättern von Postkarten aus der Familiensamm-
lung in *Eine Handvoll Leben*, drängt sich der Verdacht auf, es handle sich auch
beim Zeichnen um eine autobiografische Produktion, etwa ein Selbstbildnis als
Drache. Das „Ungeheuer", das die Erzählerin in sich spürte, ist ans Tageslicht
getreten.[32] Daniela Strigl spricht von der „Lösung, [der] *Er*lösung durch das
Bild des Drachen".[33]

Das Zeichnen in der Mansarde mag man als sehr abgeschwächtes Echo des
utopischen Experiments in *Die Wand* betrachten, doch geht der letzte Roman

....

31 Strigl 2019: 198. Daniela Strigl bezeichnet die Szene als „Schulbeispiel für die von Simone de
Beauvoir analysierte masochistische Befriedigung der ‚manischen Hausfrau'".
32 Siehe auch Neelsen 2021.
33 Strigl 2019: 206.

in Sachen Verwandlung einen Schritt weiter. In *Die Wand* schwankte die Identität der Protagonistin zwischen jungem Knaben und geschlechtslosem Wesen. Sie identifizierte sich vielleicht in Gedanken mit der Krähe, beließ es aber bei einer Analogie. In *Die Mansarde* hingegen entpuppt sich die Erzählerin als Hybrid, vollzieht tatsächlich ihre Verwandlung in ein fabelhaftes Wesen. Und diese Schlüsselszene, mit der der Roman endet, ändert rückblickend auch seine Interpretation.

Um das zu untermauern, mache ich einen Umweg über einen Text der belgischen Philosophin Vinciane Despret aus dem Band *Autobiographie d'un poulpe et autres récits d'anticipation* (2021). Despret gehört mit Isabelle Stengers und Bruno Latour zu den wichtigsten europäischen Vermittler:innen und Fortführer:innen von Haraways Werk, die ihrerseits wiederholt auf ihre Werke verweist.[34] In ihrem Essayband imaginiert Despret, wie in künftigen Zeiten die Literaturwissenschaft von der sogenannten „Theorlinguistik" abgelöst würde, eine Disziplin, die sich mit den künstlerischen Produktionen von Tieren und anderen Lebewesen beschäftigt.[35] Der Essay „Autobiographie d'un poulpe" handelt so von der menschlichen Entzifferung und Deutung der fragmentarischen Autobiografie, die ein Krake mit der eigenen Tinte auf Tonscherben gezeichnet hat.

Zu lange sei das künstlerische Talent von Tieren negiert worden, heißt es im Text. Jahrzehnte lang haben Biologen irrtümlich angenommen, dass Kraken ihre Tinte nur zu Tarnungszwecken ausstoßen, während jede Tintenwolke ästhetische Qualitäten besitze. Unterschiedliche Farben seien Ausdruck unterschiedlicher Gemütszustände und erlaubten es Kraken, die Form anderer

---

34 Haraway 2016b: 126–133.

35 Despret 2021: 11: „Thérolinguistique (n.f.): le terme ‚thérolinguistique' a été forgé à partir du grec *thèr*, ‚bête sauvage'. Il désigne la branche de la linguistique qui s'est attachée à étudier et à traduire les productions écrites par des animaux (et ultérieurement par des plantes), que ce soit sous la forme littéraire du roman, celle de la poésie, de l'épopée, du pamphlet, ou encore de l'archive" [Therolinguistik (feminin): das Wort ‚Theorlinguistik' kommt vom Griechischen *thèr*, ‚Wildtier'. Es bezeichnet den Zweig der Linguistik, der sich der Untersuchung und Übersetzung schriftlicher Erzeugnisse von Tieren (und später von Pflanzen) widmet, sei es in Form von Romanen, Lyrik, Pamphleten oder Archivmaterial]. Dabei stützt sich Despret ihrerseits auf einen Text von Haraway bzw. Ursula Le Guin, „The Author of the Acacia Seeds and Other Extracts from the *Journal of the Association of Therolinguistics*". Siehe Haraway 2016b: 121.

Tiere anzunehmen und somit ihre Angreifer zu täuschen. Damit brächten sie übrigens erst recht ihr eigenes innerstes Selbst zum Vorschein. Die Kontur anderer Lebewesen verhelfe ihnen zur Selbstverwirklichung. Damit sei das „chromatische Geplauder" der Kraken eigentlich als autobiografische Produktion zu betrachten.[36] Kehrt man zurück zu Haushofers *Mansarde*, kann der Roman rückblickend als autobiografische Produktion eines Drachen (der Erzählerin) gesehen werden. Der Text ließe sich somit in die Nachfolge von *Die Wand* einreihen, mit einer ähnlich zwiespältigen Schlussfolgerung über Emanzipation: als die Zerrissenheit zwischen dem Wunsch „frei und einsam durch die Wälder [zu] streifen" und der Sehnsucht „geliebt und gestreichelt zu werden" (*DM* 93).

5 Schluss

Ich habe mich im Vorangegangenen auf vier Romane, bzw. vier Schlüsselmomente in diesen Romanen konzentriert, die alle zum hier definierten Repertoire der SF-Literatur gerechnet werden können. Haushofer muss beim Schreiben wenn nicht konkrete Autor:innen so zumindest bekannte SF-Motive vor dem inneren Auge gehabt haben. Diese Szenen mögen momentane Ausbrüche aus einem ansonsten realistischen Rahmen sein, oder – und das war hier meine These – Hinweise auf eine komplexere Auseinandersetzung mit dem, was SF auch sein kann: ein ontologisches Experimentieren.[37] Um das zu zeigen, habe ich alle vier Szenen auf dem Hintergrund von Donna Haraways Definition von SF untersucht, wobei es weniger darum ging, Haushofers Romanwerk tatsächlich dem literarischen Genre der SF-Literatur zuzuschreiben, als mit Denkfiguren wie den *string figures* etwas anders darzustellen und auch ihr utopisches Potential sichtbar zu machen. Selbst wenn ihre Werke in technologischer Hinsicht keinen Erfindungsreichtum anstreben, weisen sie eine recht große Vielfalt an *„multispecies worldings"* auf. Der hier versuchte Querschnitt durch das Romanwerk hat die Sonderstellung von *Die Wand* relativiert, in-

---

36 Despret 2021: 74–76.
37 Haraway 2016b: 98.

    © Frank & Timme   Verlag für wissenschaftliche Literatur

dem in *Eine Handvoll Leben* schon ziemlich ausgereifte Kreuzungen zwischen Mensch und Pflanze und in *Die Mansarde* eine spätere Vervollkommnung der Hybridisierung menschlicher und tierischer Identitäten herausgearbeitet wurden. Wie Sylvie Arlaud zu einer anderen Frage gezeigt hat, sollten in der Sekundärliteratur intratextuelle Verweise von einem Roman zum anderen mehr berücksichtigt werden.[38]

Der vorliegende Versuch Haushofers Texte *neu* zu lesen, bestand etwa nicht darin, unzeitgemäße, radikalfeministische, amerikanische Ansätze in ein Werk hineinzutragen. Im Gegenteil rechtfertigt die gemeinsame Inspirationsquelle von Haushofer und Autor:innen wie Haraway, nämlich SF-Literatur der 1950–1980er Jahre, dass man sie in Berührung bringt, damit sie einander gegenseitig beleuchten. Dieser literaturgeschichtliche Ansatz, der sich des sehr prekären SF-Archivs bedient,[39] weist eine spannende Umkehrung der Verhältnisse zwischen Naturwissenschaften und Literatur auf: Während SF-Literatur im herkömmlichen Sinne Mitte des 20. Jahrhunderts die Zukunft von Technik und Wissenschaft vorspielte, erweisen sich im 21. Jahrhundert u.a. Biologie und Ethologie als wegweisend für die Zukunft der Literatur oder besser gesagt der „Therolinguistik". Auch in dieser Hinsicht hat Haushofers Autobiografie eines Drachen einen wichtigen Beitrag zu leisten.

Bibliographie

Primärliteratur

DEFOE, DANIEL (2012): *Robinson Crusoe*. London; New York: Penguin.

HAUSHOFER, MARLEN (1991 [1955]): *Eine Handvoll Leben*. München: dtv.

—, (1983 [1957]): *Die Tapetentür*. München: Knaur. Print. Frauen und Literatur.

—, (2017 [1963]): *Die Wand*. Berlin: List.

—, (2005 [1969]): *Die Mansarde*. Berlin: List.

....

38 Siehe hierzu Arlaud 2019.

39 Larue 2018: 231–245.

HOFFMANN, E.T.A. (2006): „Don Juan" [1813]. *Fantasie-Stücke*. Ed. Hartmut Steinecke unter Mitarbeit von Gerhard Allroggen und Wulf Segebrecht. Frankfurt/M: Deutscher Klassiker, S. 83–97.

Sekundärliteratur

ARLAUD, SYLVIE (2019): „Im Lauf der Zeit werde ich mir schon auf alle Schliche kommen. Das Verwischen als Aufdecken der Spuren in Marlen Haushofers Romanen *Die Wand* und *Die Mansarde*." *Dekonstruktion der symbolischen Ordnung bei Marlen Haushofer*. Ed. Sylvie Arlaud et al. Berlin: Frank & Timme, S. 173–190. Forum: Österreich.

ARMENGAUD, FRANÇOISE, und DOMINIQUE BOURQUE (Hg.) (2016): *Penser la langue, l'écriture, le lesbianisme. Entretiens avec Michèle Causse*. Montréal: Les éditions sans fin.

BO ZHENG, BETH STEPHENS und ANNIE SPRINKLE (2021): „A Conversation between three Ecosexuals." *The Routledge Companion to Contemporary Art, Visual Culture, and Climate Change*. Ed. T. J. Demos, Emily Eliza Scott und Subhankar Banerjee. New York: Taylor & Francis, S. 164–172. http://zhengbo.org/texts/2021_ZSS.pdf (letzter Zugriff: 12.7.2021).

CHARBONNEAU, PATRICK (1989): „Portrait de femme en céleste dragon. Les images de Marlen Haushofer dans ses récits et romans." *Germanica* 5, S. 55–81.

DESPRET, VINCIANE (2021): *Autobiographie d'un poulpe et autres récits d'anticipation*. Arles: Actes Sud. Pour une nouvelle alliance.

FLIEDL, KONSTANZE (1986): „Die melancholische Insel." *Adalbert-Stifter-Institut des Landes Oberösterreich. Vierteljahresschrift* 35.1/2, S. 35–52.

HARAWAY, DONNA (2016a): „The Cyborg Manifesto" [1985]. *Manifestly Haraway*. Minneapolis: University of Minnesota Press, S. 3–90.

—, (2016b): *Staying with the Trouble*. Durham und London: Duke UP.

HOFMANN, MICHAEL (2000): „Verweigerte Idylle: Weiblichkeitskonzepte im Widerstreit zwischen Robinsonade und Utopie. Marlen Haushofers Roman *Die Wand*." *Eine geheime Schrift aus diesem Splitterwerk enträtseln … Marlen Haushofers Werk im Kontext*. Ed. Anke Bosse und Clemens Ruthner. Tübingen: Francke, S. 193–205.

LARUE, İAN (2018): *Libère-toi cyborg! Le pouvoir transformateur de la science-fiction féministe*. Paris: Cambourakis, Sorcières.

NEELSEN, SARAH (2019): „Zwei weibliche Robinsonaden? Eine vergleichende Lektüre von Marlen Haushofers *Die Wand* und *Die Mansarde*". *Dekonstruktion der symbolischen Ordnung bei Marlen Haushofer*. Ed. Sylvie Arlaud et al. Berlin: Frank & Timme, S. 127–142. Forum: Österreich.

—, (2021): „De drôles d'oiseaux." *Thomas Bernhard*. Ed. Dieter Hornig und Ute Weinmann. Paris: Editions de L'Herne, S. 189–194.

PREDOIU, GRAZZIELLA (2016): „Raumkonstellationen in Marlen Haushofers Roman *Die Wand*." *Germanistische Beiträge 38*, S. 66–88. http://uniblaga.eu/wp-content/uploads/2016/04/38.1.4.pdf (letzter Zugriff: 12.7.2021).

STRIGL, DANIELA (2000) „*Wahrscheinlich bin ich verrückt …*". *Marlen Haushofer – die Biographie*. München: Claassen.

—, (2019): „Zum Verhältnis von Eros und Zeit in den Romanen *Die Mansarde* und *Die Wand*." *Dekonstruktion der symbolischen Ordnung bei Marlen Haushofer*. Ed. Sylvie Arlaud et al. Berlin: Frank & Timme, S. 191–211. Forum: Österreich.

—, (2004): „*Die Wand* (1963) – Marlen Haushofers Apokalypse der Wirtschaftswunderwelt." *TRANS. Internet-Zeitschrift für Kulturwissenschaften* 15. http://www.inst.at/trans/15Nr/05_16/strigl15.htm (letzter Zugriff: 12.7.2021).

STUHLFAUTH, MARA (2011): *Moderne Robinsonaden. Eine gattungstypologische Untersuchung am Beispiel von Marlen Haushofers* Die Wand *und Thomas Glavinics* Die Arbeit der Nacht. Würzburg: Ergon.

MARLEN MAIRHOFER

„Es ist natürlich eine Agazie." Signifikante Genealogien in Marlen Haushofers *Die Mansarde*[1]

Marlen Haushofers letzter Roman *Die Mansarde* beginnt mit einer Szene im ehelichen Schlafzimmer. Die (namenlose) Protagonistin beschreibt eine sich wöchentlich wiederholende Auseinandersetzung mit ihrem Mann Hubert:

> Von unserm Schlafzimmerfenster aus sehen wir einen Baum, über den wir uns nie einig werden. Hubert behauptet, es sei eine Akazie. Er sagt Agazie, weil sein Vater, der aus Görz stammte, dieses Wort so aussprach. Ich weiß nicht, ob alle Leute aus Görz das tun oder ob es nur eine Eigenheit von Huberts Vater war.[2]

Es sind Passagen wie diese, die Haushofers Ruf als bieder zementierten: Ein launiger Blick in den repetitiven Alltag eines Paares, in dem selbst Konflikte dem immer gleichen Schema folgen. Die vermeintliche Akazie scheint dabei nicht mehr als ein austauschbarer Aufhänger des Geplänkels zu sein, das von einer Entfremdung und fehlender Harmonie zwischen den Figuren zeugt. Die Art und Weise, in der das Paar über den Baum spricht, die Funktionen und Eigenschaften, die ihm die Protagonistin zuschreibt und die bloße Tatsache, dass es sich um einen Baum handelt, lassen aber auch eine andere Lesart zu: Am Beginn von Haushofers Roman steht, so die These der folgenden Ausführungen, mehr als die Geschichte eines nebensächlichen Missverständnisses. Das Problem, das sich der Erzählfigur und Hubert stellt, ist kein botanisches –

....

1 Die folgenden Ausführungen sind einem Kapitel meiner Dissertation zu „Körper und Schrift bei Ingeborg Bachmann und Marlen Haushofer" entnommen, die derzeit an der Paris Lodron Universität Salzburg entsteht.

2 Haushofer 2013: 5. Im Folgenden im Fließtext mit der Sigle *DM* zitiert.

Marlen Mairhofer

hier kollidieren zwei grundlegend verschiedene Zeichensysteme; im subtilen Ringen um Definitionsmacht werden zentrale Motive des Romans im ersten Kapitel antizipiert. Anstatt „jenseits der Bilder" zu suchen, soll so Konstanze Fliedls Forderung, deren „Kontextfunktion auf der Ebene der Texte selbst" ernst zu nehmen, Rechnung getragen werden: „Mit Bildern rätselhafter Zeichen sind diese [Texte, MM] ihren Deutern schon zuvorgekommen".[3]

Schon in einem früheren Roman, der *Tapetentür* (1957), betrachtet die Erzählerin Annette eine Kopfweide, die regelrecht verzweifelt zu versuchen scheint, etwas anderes als ihr Signifikat auszudrücken.[4] Immer wieder verlieren Haushofers Figuren die Fähigkeit, der Welt um sich herum Sinn abzugewinnen. Dieses Unvermögen erstreckt sich nicht nur auf artifizielle Zeichensysteme, sondern auch auf natürliche, oft entnehmen die Figuren „[d]ie nicht mehr entschlüsselbaren Zeichen [...] dem reichen Fundus melancholischer Naturbilder".[5] Ob Haushofer, von 1940 bis 1944/45 Studentin der Germanistik in Wien und Graz,[6] in der *Mansarde* bewusst einen Baum zum Streitfall erklärt, muss offenbleiben; auszuschließen ist es jedenfalls nicht. Aus sprachgeschichtlicher Sicht ist der Baum das Zeichen schlechthin: Ferdinand de Saussure erläutert am Beispiel „arbor" erstmals die zwei Seiten des sprachlichen Zeichens. Seine Zeichentheorie beruht bekanntlich auf der Annahme, dass das Zeichen arbiträr ist und seine Bedeutung ausschließlich über die Differenz zu allen umliegenden Elementen gewinnt. Diese Arbitrarität setzt sich auf der Ebene von Signifikat und Signifikant, Inhalts- und Ausdrucksseite des sprachlichen Zeichens, fort. Ihr Zusammenhang beruht ausschließlich auf (historischer) Konvention – es gibt keinen durch den Gegenstand motivierten Grund, weshalb eine bestimmte Gruppe von Pflanzen „Bäume" heißt. Das Signifikat ist, wie de Saussure mehrfach betont, ausschließlich die geistige Repräsentation eines Gegenstandes, nicht der Gegenstand selbst: „Das sprachliche Zeichen

3 Fliedl 1986: 37.
4 Siehe Haushofer 2006: 131.
5 Fliedl 1986: 50.
6 Siehe Strigl 2012: 121–146.

 © Frank & Timme   Verlag für wissenschaftliche Literatur

verbindet nicht eine Sache und einen Namen, sondern eine Vorstellung und ein Lautbild."[7]

Dass der Baum für Hubert eine Akazie sein muss, hat der Protagonistin der *Mansarde* zufolge ausschließlich sentimentale Gründe, die in Huberts Familiengeschichte fußen: Er muss „Agazie" sagen, „weil sein Vater, der aus Görz stammte, dieses Wort so aussprach" (*DM* 5), er muss Akazien sogar „lieben" (*DM* 5), „weil sein Vater, der alte, damals junge Ferdinand, in einer Akazienallee zu lustwandeln pflegte" (*DM* 5), obwohl Hubert „überhaupt nichts von Bäumen [versteht]" (*DM* 5). Die Protagonistin weiß um den Ernst dieser patrilinearen Erbfolge. Sie insistiert nicht auf ihrer Sichtweise, weil „[d]as mit der Akazie [...] ihn gewiß kränken [würde], wie alles, was sich irgendwie auf seinen Vater bezieht" (*DM* 6). Dass Hubert, wie sie feststellt, „insgeheim ein bißchen Ahnenkult [betreibt]" (*DM* 6), ist dabei noch milde ausgedrückt. Seit Jahren versucht er, den Vater auf einer Kriegsfotografie im Heeresgeschichtlichen Museum zu identifizieren: „‚Hast du ihn heute erkannt?‘ [...] ‚Beinahe bin ich jetzt überzeugt‘, sagte Hubert. ‚Es ist unverkennbar seine Haltung. Aber ganz sicher kann ich natürlich nie sein.‘ – ‚Nein‘, sagte ich, ‚ganz sicher wirst du nie sein.‘ Dann redeten wir nicht weiter darüber" (*DM* 19). Es ist bezeichnend, dass Haushofer, sonst für ihre Austriazismen bekannt, hier die mehrdeutige Form „sicher sein" (das sowohl „Gewissheit haben" als auch „in Sicherheit sein" bedeuten kann) anstelle der in Österreich gängigen reflexiven Form „sich sicher sein" wählt.

Im (Tauf-)namen setzt sich Huberts Vater im nächsten Glied der familiären Kette, im Namen des gemeinsamen Sohnes, fort: „Ferdinand [der jüngere, MM] ist nämlich ein Erbe" (*DM* 11). Diese Erbschaft bezieht sich nicht bloß auf sein Vermögen oder den Vornamen; der junge Ferdinand ist eine regelrechte Verkörperung seines Großvaters, dem er stärker ähnelt als seinen eigenen Eltern (*DM* 12). Die Tochter Ilse und die Protagonistin selbst sind aus dieser Erbfolge ökonomisch wie symbolisch ausgeschlossen. Ohnehin ist Ilse durch und durch eine Nachgeborene: Nach dem traumatischen Gehörsverlust der Protagonistin zur Welt gekommen, ist sie nicht Teil des „inneren Kreises" (*DM* 13), sondern von Beginn an eine Außenstehende. Die familiäre Grundstruktur

---

7   de Saussure 2016: 27.

bleibt, trotz überzähliger Figur, innerhalb des ödipalen Dreieckes.[8] Ilse ist ihren Eltern und ihrem Bruder gleichermaßen fremd, und wohl genau deshalb als einzige unbeschwert. Huberts Mutter, der Ferdinand seine finanzielle Unabhängigkeit verdankt, vermacht Enkelin und Schwiegertochter rein gar nichts – „nicht einmal ein Schmuckstück" (*DM* 11). Matrilineare Erbfolgen werden also auch dort, wo sie möglich wären, sofort unterbrochen, oder bleiben jedenfalls im Immateriellen, wenn es etwa heißt, dass Ilse der Mutter der Protagonistin gleiche (*DM* 12).

Hubert dagegen ist, chronologisch gesehen, von Vätern umstellt. Die Konstellation, die Haushofer hier entwirft, ist nicht nur aufgrund ihrer motivischen Dichte außerordentlich komplex, sondern auch deshalb, weil konkrete Verwandtschaftsbeziehungen in jenen symbolischen Funktionen erkennbar werden, die das Verhältnis der Figuren zum Zeichen bzw. der Deutungshoheit darüber strukturieren. Auf die grundlegende Natur dieses Zusammenhangs verweist schon Freud, dessen Theorie vom Ödipuskomplex wesentlich auf der (wahrgenommenen) Anwesenheit oder Abwesenheit eines Signifikanten (Penis) beruht.[9] Diese These wird von Jacques Lacan aufgegriffen und weiterentwickelt, der ab den 1950er Jahren beginnt, vom *Nom-du-père* (dem *Namen-des-Vaters*, später im Plural: den *Namen-des-Vaters*) zu sprechen.[10] Im Zentrum seiner späten Ausführungen zum *Namen-des-Vaters* steht bei Lacan die Frage nach der sprechenden Instanz: „[J]enseits von dem, der anstelle des Anderen spricht und der das Subjekt ist, was gibt es da, von dem das Subjekt die Stimme hernimmt jedesmal, wenn es spricht?"[11] Den Ort, von dem aus das Subjekt sprechen kann, bezeichnet er als *Name-des-Vaters* (der, je nach Kontext, sowohl als Instanz als auch als biologischer Vater bzw. in Personalunion gedacht werden muss). Wesentlich ist dabei, dass Lacan die Wichtigkeit des

---

8   Gleichzeitig spiegelt das Verhältnis der Geschwister die emotionale Distanz zwischen den Eltern: „Ferdinand hält Ilse für ein kleines Dummchen, was sie gewiß nicht ist, und Ilse hält Ferdinand für einen sonderbaren Kauz, was von ihrer Sicht aus verständlich ist" (*DM* 13).

9   Siehe Freud 2006. Auch im antiken Mythos von König Ödipus, der unwissentlich seinen Vater erschlägt und seine Mutter ehelicht, findet sich ein regelrechtes Netzwerk der Themenkomplexe Genealogie, Geschlecht, Sehen/Erkennen und Benennen.

10   Lacan 2013: 7–9.

11   Lacan 2013: 81.

Zusammenhangs von Sprache und Autorität für die Entwicklung des Subjekts (an)erkennt und davor warnt, das sprechende Subjekt mit der Instanz, die dieses Sprechen ermöglicht, gleichzusetzen. Hubert etwa spricht in erster Linie aus einer Genealogie heraus, die bis in seine Mundhöhle reicht und dort, wenn er anstelle von „Akazie" „Agazie" sagen muss, seinen Zungenschlag erfasst. Wenn Hubert aber im wahrsten Sinne des Wortes mit dem Mund seines Vaters spricht – er sieht vor allem seiner Mutter ähnlich, „nur den Mund hat er vom alten Ferdinand, und das ist schon sehr viel" (*DM* 42) – spricht Hubert hier überhaupt noch, oder nicht vielmehr sein Vater? Die Autorität, mit der Hubert seine Bezeichnung des Baumes als einzig richtige behauptet, entstammt (jedenfalls nach Wahrnehmung der Erzählerin) ausschließlich seiner Funktion als Sohn. Als Akt der Benennung mit Anspruch auf Richtigkeit und Eindeutigkeit ist Huberts Sprechhandlung zutiefst phallogozentrisch. Der Text stellt das durchaus humorvoll aus: „Hubert richtet sich im Bett auf und sagt: ‚Es ist natürlich eine Agazie'" (*DM* 6). Hubert kommt damit nicht nur die erste direkte Rede des Romans zu, er erigiert bei seiner Ausführung regelrecht.

Derartige Gesten liegen der weiblichen Hauptfigur des Romans denkbar fern. Sie weiß, dass in der Wiederholung des Ehestreits auch ein ludisches Moment liegt: „Es ist ein Sonntag im Februar, und diese kleine Szene spielt sich jeden Sonntagmorgen ab. An einem Wochentag haben wir natürlich keine Zeit, uns derartigen Spielen hinzugeben" (*DM*).[12] Anders als Hubert verweigert sie eine definitive Antwort auf die Gattungsfrage. Für die Ich-Erzählerin bleibt der Baum ein offenes, polysemantisches Feld: „„Es ist natürlich eine Agazie.' – ‚Erle oder Ulme', sage ich starrsinnig" (*DM* 6). Im Verlauf des Kapitels greift sie Huberts Bezeichnung freimütig auf und nennt den Baum in Gedanken „Akazie, Erle oder Ulme" (*DM* 8). Das bedeutet aber nicht, wie man annehmen könnte, dass sie alle drei Bezeichnungen als potenziell richtig anerkennt – ganz im Gegenteil:

Für mich ist der Baum eine Ulme oder Erle, was beweist, daß auch ich nicht sehr viel von Bäumen verstehe, obgleich ich auf dem Land aufge-

....

12 Angesichts der auffälligen Abwesenheit (ehelicher) Sexualität im Roman könnte man auch spekulieren, inwieweit das Signifikanten-Spiel an Stelle des Liebesspiels gerückt ist.

wachsen bin. Es ist eben schon lange her, und wer weiß, wo ich damals
meine Augen hatte. Ich lege auch keinen Wert darauf, die Namen zu
wissen, die im Naturgeschichtsbuch stehen. „Schönbaum" genügt mir
vollkommen als Bezeichnung. Manche Vögel heißen bei mir Rotfüße
oder Grünfedern, und jedes Säugetier, dessen Name mir unbekannt ist,
heißt Pelztier, langohriges, dickschwänziges, rundschnauziges, seiden-
weiches Pelztier. Den so Benannten macht das gar nichts, sie reichen
keine Ehrenbeleidigungsklagen ein, und auch dem Baum dort drüben
ist es einerlei, wie ich ihn nenne. Also soll er eine Ulme oder Erle sein.
(*DM* 6)

Hinter dem Einspruch der Protagonistin steht mehr als bloßer Antagonismus.
Wenn ihr Verhältnis zur Umwelt durch eine eigene Nomenklatur gekennzeichnet ist, erscheinen ihr Erle, Ulme oder Akazie als gleichermaßen falsch. Dabei
hätte auch sie sich, so der Subtext des vorhergehenden Zitats, wie Hubert auf
ihre Kindheit beziehen können, um die semantische Leerstelle zu füllen. Dass
sie es nicht tut, zeigt, dass die Ehepartner in einem unterschiedlichen Verhältnis zur eigenen Vergangenheit stehen. Während die Familiengeschichte
Huberts in ihren Grundzügen schon auf den ersten Seiten des Romans verhandelt wird, wird die Herkunft der Erzählerin zunächst kaum thematisiert.
Die Vergangenheit der Protagonistin findet erst nach und nach, in Form kurzer
Erinnerungen, Eingang in den Text. Die Bemerkung, „auf dem Land aufge-
wachsen" zu sein, bezieht sich in erster Linie auf die Kindheitslandschaft, das
großväterliche Gut in Rautersdorf.[13] Auch aus dieser Erbfolge bleibt die Protagonistin ausgeschlossen – die Hinterlassenschaft des Großvaters geht an dessen
letzten überlebenden Sohn, den (gehbehinderten und alkoholkranken) Onkel
der Hauptfigur: „Mein Großvater hätte mir gern alles, was er besaß, vermacht,
aber das war natürlich unmöglich. Ich hätte es auch nicht gewollt, selbst ein
lahmer Sohn bleibt ein Sohn, und das sah mein Großvater auch ein" (*DM*
44). Die Erzählerin ist so allumfassend erbschaftslos, dass sogar das einzige
Erbstück, das ihr unmissverständlich zugestanden hätte, verloren geht. Ihr
Vater hatte ihr eine Korallenkette geschenkt:

13   Zur Bedeutung der Großväter in Haushofers Werk siehe Dallinger 2010.

Die Kette war ein stacheliges Ding, und ich verlor sie später. Ich war damals vielleicht sechs Jahre, und mein Vater war schon sehr krank. Er wusch die Kette und seine Hände, ehe er sie mir um den Hals legte. Davon fühlte sie sich feuchtkalt an, und mich schauderte. Ich sah, daß er mich gern aufgehoben und geküßt hätte, seine grünen Augen sahen sehr hungrig aus. Ich spürte, daß etwas mich ergreifen und festhalten wollte, und lief davon […] Wie gesagt, die Kette verlor ich später. Ich hatte immer einen Hang, Dinge zu verlieren, auch Menschen, das geschah ganz leicht und spielend. (*DM* 41)

Führt der Text Huberts Bezeichnung des Baums als „Agazie" unmissverständlich darauf zurück, dass er, anstatt in fremden, in familiären Zungen spricht, ist der Zeichenbegriff der Protagonistin über die Abwesenheit der Eltern strukturiert. Ihre Kindheit ist von einem Berührungsverbot geprägt, der Vater ist tuberkulosekrank und muss daher von seiner Tochter ferngehalten werden. Aus Sorge, das Kind anstecken zu können, vermeidet auch die Mutter beinahe jeglichen Körperkontakt: „[A]ls ich klein war, machte es mich ganz verzweifelt, daß sie mich nie zu sich ins Bett nahm […] Darin waren beide sehr vorsichtig, sie wollten mich nicht in ihr Leben, oder vielmehr ihren Tod hineinziehen. Ich bin nie von meinen Eltern geküßt worden, und meine Mutter wusch sich dauernd die Hände" (*DM* 40). Die Erzählerin erinnert sich, den Vater abgelehnt und ihm die Schuld für die emotionale Abwesenheit der Mutter gegeben zu haben. Doch auch nach dessen Tod im achten Lebensjahr der Protagonistin ändert sich wenig. Die Mutter ist selbst erkrankt, verfällt zusehends und stirbt wenig später (*DM* 39–40). Ihr Austausch mit dem Kind spart beinahe den ganzen Körper, besonders aber den Mund, die Artikulationsorgane, aus[14] – es ist, als ob die Erzählerin nie in die (bei Lacan traditionell väterliche) symbolische Ordnung eingeführt worden wäre.[15] Die Mutter ist ständig darum bemüht, jegliche Übertragung, sei es akustisch, medizinisch oder sogar (psycho-)ana-

---

14 An anderer Stelle heißt es dazu: „Vielleicht hätte er [der Vater, MM] mich gern gestreichelt und geküßt […] Es gehört sehr viel Disziplin dazu, ein Kind nicht zu streicheln und zu küssen" (*DM* 49).

15 Siehe Evans 2017: 275–277.

lytisch, zwischen Vater und Tochter sowie Tochter und sich selbst zu unterbinden. Medial betrachtet ist der Kontakt zwischen Eltern und Kind beinahe vollständig blockiert. Als gemeinsamer Code steht, mit wenigen Ausnahmen, nur der antiseptische Blick zur Verfügung. Kommunikation wird in der *Mansarde* als hochgradig viraler Akt dargestellt, die Grenzen zur Krankheit sind fließend.[16] Die Folgen einer Infektion lassen sich an Hubert ablesen, dessen Sprache tatsächlich vom Vater auf den Sohn übertragen wurde. Der Moment, in dem der Vater der Protagonistin sich seiner Tochter doch körperlich annähert, wird dementsprechend auch als unheimlich, als versuchte Einverleibung und Festsetzung („ergreifen und festhalten") erlebt. Sie flieht nicht nur aus der Situation, sie weist, indem sie sie verliert, auch die (Signifikanten-)Kette, die sich um ihren Hals schließt, zurück – und mit ihr jegliche Eingliederung in die Genealogie. Die Kette, das macht Haushofer durch die Wiederholung der Formulierung deutlich, verschwindet nicht bloß, sie *geht* nicht *verloren*: die Tochter *verliert* sie – ein aktives Verlieren ist, im grammatikalischen Sinne, im Deutschen nicht möglich. Geht man davon aus, dass Zeichensysteme erblich sind, dazu aber einerseits des zwischenmenschlichen Austauschs und andererseits der Annahme, des Antritts dieser Erbschaft, bedürfen, wird verständlich, warum die Erzählerin auch als Erwachsene fortfährt, Tiere und Pflanzen in einer Privatsprache zu bezeichnen. Dem entspricht auch der Umstand, dass die Protagonistin den gesamten Text hindurch namenlos bleibt. So trägt sie weder Spuren ihres Mädchennamens, der der Vatername gewesen wäre, noch jene des Familiennamens Huberts, der wiederum dessen Vatername ist.

Dennoch entkommt die Protagonistin der genealogischen Ordnung nicht vollständig. Zwar erbt sie nicht, wie Hubert, den Mund des Vaters, aber seine „hungrigen" Augen (*DM* 43). Konsequenterweise zieht der Baum vor dem

---

16 Der Konnex Kommunikation-Infektion-Attraktion findet sich auch im Werk Ingeborg Bachmanns, besonders im etwa zeitgleich zur *Mansarde* entstandenen Roman *Malina* (1971). Die Liebe der Hauptfigur zu Ivan hat nicht nur sprichwörtlich etwas Krankhaftes: Ivan fungiert als Pharmakon (im griechischen Doppelsinn von Gift und Arznei); die Ich-Figur möchte die Welt pandemisch mit ihrer Liebe infizieren. Ich habe versucht, diesen Zusammenhang, insbesondere auch in Hinblick auf Bachmanns „*Male oscuro". Aufzeichnungen aus der Zeit der Krankheit. Traumnotate, Briefe, Brief- und Redeentwürfe* an anderer Stelle auszuführen. Vgl. Mairhofer 2019.

Fenster in erster Linie ihren Blick auf sich.[17] Der Reiz des Baumes scheint für die Erzählerin gerade in seiner Unlesbarkeit zu liegen. Ausgerechnet im Sommer, „[s]obald er austreibt und sich mit Laub bedeckt, wird er unsichtbar" (*DM* 6). Vorder- und Hintergrund erweisen sich als relativ, wenn der Himmel, vor dem der Baum „flach wie eine Zeichnung, ein Bild" (*DM* 8) steht, zwischen den Ästen „aufzuquellen" (*DM* 8) beginnt. Anthropomorphisierung und Künstlichkeit gehen nahtlos ineinander über, denn auch der zweidimensionale Baum „hält [...] in unzähligen silbergrauen Fingern den Himmel gefangen" (*DM* 8). In bestimmten Lichtverhältnissen kann sich die Erzählerin überhaupt „nicht vorstellen, daß er ein wirklicher Baum ist" (*DM* 13), weil er „nicht wie ein organisches Wesen" (*DM* 14) wirkt, sondern wie „ein Kunstgegenstand, glashart und glänzend" (*DM* 14). Der Baum ist für die Protagonistin einer beständigen Metamorphose unterworfen, die ihn mit so vielen potenziellen Bedeutungen füllt, dass er letztlich leer bleibt. Diese Leere ist nicht Ausdruck eines Mangels, sondern entspricht eher einer leeren Leinwand vor dem Setzen des ersten Pinselstrichs: Der Baum bleibt reine Projektionsfläche. Das muss er auch, um der Protagonistin als ein Katalysator dienen zu können, der ihre „Wünsche, [...] Beunruhigungen, Ärgernisse und Verstimmungen" (*DM* 8) aus ihr „herauszieht" (*DM* 8).

Resultat dieses Prozesses der Anerkennung der Prozesshaftigkeit (sprachlicher) Zeichen ist der von der Protagonistin so innig ersehnte traumlose Schlaf. Hubert, der den Baum in dem Moment, in dem er ihn sieht, begrifflich festsetzen muss, Signifikat an Signifikant und sich an seine Vergangenheit rückbindet, kann diesen Prozess hingegen nie abschließen: In der Aussprache von „Akazie", in dem Versuch, seinen Vater auf der Kriegsfotografie zu identifizieren, selbst in seinem Faible für die Lektüre historischer Schlachtbeschreibungen lebt Hubert in einem ungebrochenen Wiederholungszwang.

....

17 Interessant ist, dass der Text die Einseitigkeit dieses Blicks explizit macht, wenn die Erzählerin feststellt: „Er weiß nicht, daß es mich gibt" (*DM* 6).

Marlen Mairhofer

Bibliographie

Primärliteratur

HAUSHOFER, MARLEN (2006): *Die Tapetentür*. 10. Aufl. München: dtv.
—, (2013): *Die Mansarde*. 5. Aufl. Berlin: Ullstein.

Sekundärliteratur

DALLINGER, PETRA-MARIA (2010): „‚Ich möchte wissen, was der Großvater nicht kann.‘ Begegnungen mit Großvätern, Vätern und Onkeln im Werk von Marlen Haushofer.“ *Ich möchte wissen, wo ich hingekommen bin! Marlen Haushofer 1920–1970*. Hrsg. von Christa Gürtler. Linz: Stifter-Haus, S. 119–136.

EVANS, DYLAN (2017): *Wörterbuch der Lacan'schen Psychoanalyse*. 2. Aufl. Wien/Berlin: Turia + Kant.

FLIEDL, KONSTANZE (1986): „Die melancholische Insel. Zum Werk Marlen Haushofers.“ *Vierteljahresschrift des Adalbert Stifter Institut* 35, S. 35–51.

—, (1994): „Marlen Haushofer.“ *Deutsche Dicher des 20. Jahrunderts*. Hrsg. von Hartmut Steinecke. Berlin: Schmidt, S. 624–634.

FREUD, SIGMUND (2006): „Einige Psychische Folgen des anatomischen Geschlechtsunterschieds.“ 5. Aufl. Sigmund Freud. *Schriften über Liebe und Sexualität*. Frankfurt/Main: Fischer, S. 169–182.

LACAN, JACQUES (2013): „Einführung in die Namen-des-Vaters.“ Jacques Lacan. *Namen-des-Vaters*. Wien/Berlin: Turia + Kant, S. 63–102.

MAIRHOFER, MARLEN (2019): „Infizierte Narrative. Geschlecht, Sexualpathologie und Autofiktion bei Ingeborg Bachmann.“ *Limbus* 12, S. 99–113.

SAUSSURE, FERDINAND DE (2016 [1916]): *Grundfragen der allgemeinen Sprachwissenschaft. Eine Auswahl*. Ed. Oliver Jahraus. Stuttgart: Reclam.

STRIGL, DANIELA (2012): *Wahrscheinlich bin ich verrückt. Marlen Haushofer – die Biographie*. Berlin: List.

© Frank & Timme   Verlag für wissenschaftliche Literatur

HELMUT GRUGGER

Erzähltheoretische Überlegungen zu *Himmel, der nirgendwo endet* im Kontext des autobiografischen Schreibens

„Die Kindheit war nicht sanft und idyllisch, sondern der Schauplatz wilder, erbitterter Kämpfe unter der Maske rosiger Wangen, runder Augen und unschuldiger Lippen. So mörderisch waren diese Kämpfe, daß die meisten Menschen sie entsetzt zu vergessen suchten und sich einbildeten, sie seien nach Jahren oberflächlicher Spiele und leichtgestillter Tränen erst zum wirklichen Leben erwacht."[1]

1   Der fulminante Auftakt

Mittels eines ebenso einprägsamen wie aussagekräftigen Bildes fokussiert der fulminante Auftakt von *Himmel, der nirgendwo endet* (1966) auf die erlebte Ohnmacht der hier zweieinhalbjährigen Hauptfigur, wobei der unmittelbare Beginn zunächst harmlos anmutet:

Das kleine Mädchen, von den Großen Meta genannt, sitzt auf dem Grund des alten Regenfasses und schaut in den Himmel. Der Himmel ist blau und sehr tief. Manchmal treibt etwas Weißes über dieses Stückchen Blau und das ist eine Wolke. Meta liebt das Wort Wolke. Wolke ist etwas Rundes, Fröhliches und Leichtes. (*H* 7)[2]

....

1   Haushofer 2005: 40.

2   *Himmel, der nirgendwo endet* wird hier und im Folgenden mit Hilfe der Sigle *H* zitiert.

In diesen ersten Zeilen, die im Übrigen auf authentische Erlebnisse zurückgehen,[3] entfalten sich gleich mehrere Aspekte des Romans: erstens eine Erzählstimme, die stets nahe an der Erlebniswelt des Kindes bleiben wird. Zweitens ein scheinbar harmloses Spiel mit der Imagination und dem Schönen – der Kraft der Natur, der Worte sowie in diesem Beispiel auch der Farben –, das sich über eine fantastische kindliche Welt entfaltet. Und zum dritten ein Kippen dieses Schönen in sein Gegenteil, wie sich an der Fortführung der Stelle zeigt, denn Meta „kann nicht über den Faßrand blicken: eingefangen, festgehalten und eingesperrt zu werden ist das Schlimmste, was es gibt. Sie würgt an einem Brocken aus Schmerz und Wut, der immer wieder vom Magen in die Kehle steigt und sich nicht schlucken läßt" (*H* 7). Was bleibt ihr, der strafweise im Fass sitzenden Protagonistin, zur Bewältigung ihrer Situation? Sie ist zurückverwiesen auf ihre Imagination, auf die Bausteine der dichterischen Welt: die Belebung der Gegenstände, das Spiel, die Fantasie, die Freiheit – der Himmel wird zu einer „tiefblaue[n] Gasse, *die nirgendwo endet*" (*H* 8, Herv. HG).[4]

Später, nach dem Einsetzen von erster Dunkelheit und Angst und dem Verstummen des Fasses, das sich ganz in sein altes Holz verkrochen habe, hört Meta vom Erfolg sprechende Stimmen. Man dürfe dem Kind eben nicht alles hingehen lassen: „[J]etzt ist sie endlich brav" (*H* 10). Es sind dies äußere, fremd bleibende erzieherische Stimmen, die sich der Rezeption erschließen, aber nicht der Hauptfigur, zumindest nicht im selben Sinn, denn die „weiß nicht, wovon sie reden" (*H* 10), und kann die an ihr verübte Maßnahme nicht einordnen. Das Kameraauge der Erzählinstanz erlaubt hier, wie an manchen Stellen des Romans, einen kurzen Blick ins Außen, ohne ihn festzuhalten.

Der fulminante Auftakt ist mit dem raffinierten Ende, das auf die Abtrennung von Metas bisherigem Leben durch den Internatseintritt fokussiert, über das Thema der Separation verbunden, die im Ausklang ihren Höhepunkt erreicht: Während die Zweijährige der Romaneröffnung mit der Gewalt einer feindlich gestimmten Umwelt ringt, ist das am Beginn der Pubertät stehende

....

3 Vgl. Strigl 2002: 24.

4 Wer „Gasse" durch (Aus-)Weg ersetzt und Fantasieproduktion durch Schreiben, wird hier einen ikonisch gefassten Schlüssel zu Poetik und Werk der Autorin erkennen, unterstrichen durch die Hervorhebung der Stelle als Romantitel.

Mädchen des Romanschlusses durch nicht kommunizierbare Erfahrungen von den Nächsten und damit von der im Buch ausgeschilderten Wirklichkeit des Kindes abgetrennt und findet zudem nicht mehr den Anschluss an die belebte Dingwelt und die Natur. Durch die traumatische Dimension beider Erfahrungen und das deutliche Gefühl des Abgetrennt-Seins – der Einsamkeit – verweisen diese zwei Schnittstellen des Romans auf das Gesamtwerk der Autorin prägende Thematiken. Wer will, kann – freilich überspitzt, aber doch verdeutlichend – von Ur-Szenen ihres Schreibens und dessen Problemstellung sprechen.

2 Eigenheit und Eigenwilligkeit als Teil der Erzählkonstruktion

Im Zentrum des autofiktionalen Textes steht, gemäß seiner Konstruktionsweise, das sich über die Jahre (fast unmerklich) wandelnde kindliche Ich Metas, von dem aus erzählt wird, das sich vom Geschehen abgrenzt, es einteilt, erlebt und fühlt und dessen Wahrnehmung die Erzählweise und den Inhalt des Erzählten bestimmt, um sich so in seiner Eigenheit zu äußern. Allerdings geht es mit Meta dennoch nicht um eine Reflektorfigur nach Franz K. Stanzel,[5] oder zumindest nicht im eigentlichen Sinn, da die Welt zwar über die Perspektive Metas erfasst, aber dennoch über eine Erzählstimme vermittelt wird. Nur ist diese narrative Instanz kaum von Metas Welt abtrennbar und bleibt fast durchgehend auf die Wahrnehmungsweise der sich wandelnden Protagonistin beschränkt. Wenn sich auch das Sie der Hauptfigur nicht unmittelbar durch das Ich ersetzen lässt – ein entscheidendes Kriterium Stanzels für eine Reflektorfigur –, so ist doch das gleitende Ich Metas das unverkennbare Zentrum des Romans.

Vom ersten Moment an, wenn Meta im Fass feststeckt, geht es um die Eigenheit eines sich von den Großen abgrenzenden, frühen reflexiven Ich, wenngleich die kleinkindliche Perspektive Zeit als ewig wahrnimmt und sich die besondere Gedankenwelt einer Zweijährigen widerspiegelt. Selbst dort,

---

5   Vgl. Stanzel 2008: 16.

wo die Komplexität der Sprache über das Alter hinausreicht, dient dies zur bestmöglichen Erfassung aus der Perspektive der Figur in ihrer Zeit. Wie lässt sich nun diese Eigenheit Metas über den Roman hinweg genauer charakterisieren? Zum einen geht es um das Gefühl des Kindes, das sich nicht selten als unpassend empfindet und empfinden muss: Eigenheit als Eigenwilligkeit, der zunächst „die Großen" im Allgemeinen gegenüberstehen und später die Mutter im Speziellen. Um diese Eigenheit kämpft Meta, aber diese sie – von der Ur-Szene im Fass an – ausgrenzende Eigenheit und Eigenwilligkeit bekämpft sie auch, und zwar in unterschiedlichen Formen der Selbstverletzung (s.u.).

Dann, zum anderen, geht es um die Eigenheit, die durch die traditionelle Differenz von erzählendem und erlebendem Ich beschrieben werden kann. Üblich im Genre der Autobiographie/Autofiktion ist eine Dominanz des erzählenden Ich, auch wenn diese nicht immer spürbar ist:[6] es weiß mehr, versteht besser, kann das Geschehen einordnen und zieht aus seiner überlegenen Perspektive heraus die Fäden. In *Himmel, der nirgendwo endet* wird dagegen fast jede Art von Antizipation und Rückblick tunlichst vermieden und so ist ein kommentierendes Alter Ego zur erlebenden Protagonistin kaum auszumachen. Von Anfang bis Ende erleben wir als Rezipierende also die Welt eines Mädchens vom ausgehenden Kleinkindalter bis zum Beginn der Pubertät aus dessen Perspektive,[7] innerhalb des gegebenen Zeitraums und Orts des Geschehens. Das Forsthaus, die ländliche Gegend, das Internat am Ende und die Atmosphäre der aus der Figurenperspektive erzählten Nachkriegszeit, die für die Lesenden längst zur Zwischenkriegszeit geworden ist, bleiben von den Entstehung- und Schreibbedingungen des Romans in den 1960er Jahren scharf getrennt.

Im Umfeld des eben Geschilderten liegt ein entscheidender Aspekt nicht nur des Romans, sondern der Schreibweise seiner Verfasserin insgesamt: Haushofer erzählt wiederholt Geschichten, denen ihre eigene, geschlossene Welt gelassen wird: auf der Ebene der Figur, des erzählten Ortes und der erzählten Zeit.

....

6   Zur Begriffsbestimmung vgl. Gronemann 2019: 241.

7   Hubert Fichtes *Versuch über die Pubertät* (1974) rückt, wie viele autofiktionale Projekte, den Zeitraum ins Zentrum, wo Haushofers Roman endet. Die frühen Jahre werden zumeist aus der Perspektive des Rückblicks oder als Teil des größeren Ganzen erzählt und kaum je – wie bei Haushofer – als in ihrem Wert gleichrangig oder sogar übergeordnet.

Das ist analog der Fall in ihrer ersten selbständigen Publikation, der Erzählung *Das fünfte Jahr* (1952), in ihrem frühen Roman *Eine Handvoll Leben* (1955) und in der erfolgreichen Novelle *Wir töten Stella* (1958), in ihrem so intensiv rezipierten Erfolgsroman *Die Wand* (1963) sowie in ihrem letzten Roman *Die Mansarde* (1969). Nur für den leicht atypischen Text *Die Tapetentür* (1957), der weniger als Bild gefasst ist, ließe sich argumentieren, dass das Geschehen durch die unterschiedlichen Stränge der Tagebuchnotizen aufbricht. Von den genannten Texten verzichtet aber nur *Das fünfte Jahr* – und damit der zweite Text zu einer frühkindlichen Erfahrungswelt – so wie *Himmel, der nirgendwo endet* konsequent auf eine zweite Ebene der Reflexion.

So einfach die Reduktion auf die Erlebniswelt und ihre Perspektive erscheinen mag, so sehr handelt es sich doch um eine Besonderheit, durch die sich das autobiographische Schreiben weder in der Zeitgenossenschaft des Textes noch danach auszeichnet. Ganz im Gegenteil, sind doch gerade autobiographische Romane voller Querverweise und Wechselspiele differenter Perspektiven (eines sich beobachtenden Ich). Als Lesende von *Himmel, der nirgendwo endet* kennen wir, ganz im Sinne des eben Gesagten, nicht einmal den Namen des Kindes und wissen nur, wie es genannt wird: Meta, nach einer Figur aus ihrem Lieblingsmärchen (*H* 51), so wie die Autorin selbst ihren Vornamen dem Märchen vom Machandelbaum, „Haushofers erklärte[m] Lieblingsmärchen" verdankt.[8] Dass der Roman so konsequent an der überaus instabilen Fantasiewelt des Kindes festhält, an den ihm eigenen Reflexionen und Vorstellungen, verleiht ihm einen besonderen Wert, der den kommenden Ich-Erzählungen der 1970er- und 1980er Jahre entgegensteht: das kindliche Ich in seiner Eigenart entgegen den Reflexionen auf aus der Erziehung Gewordenes, entgegen psychoanalytischem Ich-Werden oder dem Ich als Symbol oder auch Einschreibungsort von Disziplinierung und kultureller Fehlentwicklung.

---

8   Strigl 2002: 28. Im Roman wirkt die Namensgebung allerdings nicht ganz überzeugend, da Meta von Anfang an (als Zweijährige) von „den Großen" so genannt wird. Eine Meta kommt im bekannten Märchen *Stumme Liebe* von Johann Karl August Musäus vor.

3   *Das fünfte Jahr* als Referenztext. Andeutung zur Stellung im Werk

Nicht nur das empfundene Ungenügen an sich selbst, das Meta durchdringt und das mit unterschiedlichen Formen von Selbstverletzung verbunden ist, erinnert an die frühe Novelle *Das Fünfte Jahr*, in dem das zurückgewiesene frühkindliche Ich Marilis einer ablehnenden Großmutter gegenübersteht. Haushofer kehrt Mitte der 1960er Jahre mit ihrem autobiographischen Kindheitsroman zum Erzählverfahren dieses Erstlings zurück, in dem sie sich ebenfalls strikt an der Perspektive des Kindes orientiert.

Auch *Das fünfte Jahr* ist hermetisch abgeschlossen, was, mit dem Blick auf die übrigen Romane, natürlich und ganz besonders auch für *Die Wand* gilt,[9] für die Haushofer bezeichnenderweise von der Entfaltung eines Bildes spricht,[10] was zugleich aber, wie bereits ausgeführt, eine grundsätzliche Leitlinie ihrer Poetik darstellt. Marilis kindliche Welt in *Das fünfte Jahr* wird – dem Titel entsprechend – für den Verlauf von vier Jahreszeiten in einem bestimmten, eng begrenzten Raum ausgeschildert. Wie in *Himmel, der nirgendwo endet* ist das Kind Teil einer dysfunktionalen Familie, wobei in der Novelle eine Generation zur Gänze abwesend ist, vor allem als Folge des Ersten Weltkriegs. Der Vater Marilis wird nicht einmal erwähnt, die Lesenden erfahren über die strikt kindliche Perspektive nur von den verstorbenen Kindern der beiden Großeltern mütterlicherseits, bei denen Marili aufwächst.

Sie lernt an ihrer Großmutter, der als Gegenüber teils eine ähnliche Rolle zukommt wie der Mutter in *Himmel, der nirgendwo endet*, den Begriff der Reue kennen, nicht als kognitives Konzept, sondern auf eine ihrem Alter entsprechende Art und Weise: seinen Geschmack und seine Größe, ohne mehr als

....

9   Wolfgang Bunzel liest *Die Wand* und *Himmel, der nirgendwo endet* als die Zivilisation hinterfragende Klammer um das Werk Haushofers und grenzt sie, anschließend an Elke Brüns (1998), von den „realistischen Abbildungen gescheiterter Lebensentwürfe" in den übrigen Romanen und in der Novelle *Wir töten Stella* ab, was nicht ganz aufgeht (Bunzel 2000: 104). Denn zumindest ebenso markant erscheinen die Differenz zum Erfolgsroman in der poetischen Verfahrensweise, durch die der autofiktionale Text eine Klammer mit *Das fünfte Jahr* bildet, sowie seine enge Beziehung zu *Eine Handvoll Leben*, nicht nur über die Internatsthematik.

10   Vgl. Brandtner und Kaukoreit 2012: 26.

zu erahnen, was mit Reue gemeint sein könnte. Bei der Großmutter steht der Begriff vor allem für eine Form des Umgangs mit Trauer, in Umrissen wird ein massives Verlusttrauma skizziert, und zwar, der Erzählweise entsprechend, aus der Perspektive des es wahrnehmenden Kindes. Die zahlreichen signifikanten Episoden der Novelle verdichten sich zu einem Gesamt, aus dem besonders die schließende Episode auf dem Friedhof hervorsticht. Die Großeltern leben im Verlust ihrer Kinder und das Schicksal der Enkelin ist es, kein Ersatz für sie sein zu können, so wie Meta – freilich aus anderen Gründen – nicht das gewünschte Kind ihrer Mutter sein kann. Marili beißt in einem einprägsamen Bild in eine Trauerweide, um die Bitternis im Mund zu spüren: Es gibt Geschichten, die zu groß sind für die Großmutter und auch für sie, die ihre Auswirkungen zu spüren bekommt.

Zwar fehlt hier der fulminante Auftakt, aber wie *Himmel, der nirgendwo endet* beginnt auch *Das fünfte Jahr* mit dem erzählperspektivisch signifikanten Eintauchen in das kindliche Gefühl des Ewigen. Während Marili meint, es werde für immer Winter bleiben, bedrückt Meta die Vorstellung, für immer im Fass eingesperrt zu sein. Die sich ausdehnende Zeitwahrnehmung wird dabei mit keinem Wort diskutiert, sondern jeweils über die Figur aufgezeigt. Wenn dann in *Das fünfte Jahr* im Spätherbst die entsetzt weinende (Magd) Rosa geschildert wird, so in charakteristischer Weise für das von Haushofer in den beiden Texten angewandte Erzählverhalten. Da das Kind nicht weiß warum, erfahren auch die Lesenden nichts über den näheren Grund von Rosas Entsetzen.

Über die dominante Perspektive der Hauptfigur verbindet sich in den beiden Texten die spezifisch kindliche Wahrnehmung der Realität mit einer ebenso zentralen wie vielschichtigen Positionierung von Fiktion, von Fantasieproduktion, die bereits den fulminanten Auftakt von *Himmel, der nirgendwo endet* prägt (s.o.). Besonders im Roman, aber auch bereits in der Novelle, kommt ihr eine Doppelfunktion zu: Sie zeigt sich als negativ überwältigend ebenso wie als positiv bereichernd – zum einen festgemacht an der Figur des Marili Geschichten erzählenden Großvaters, zum anderen am über den Krieg erzählenden, literatur- und fantasieaffinen Vater, mit dem Meta gemeinsam die

Feldzüge immer wieder durchlebt.[11] In beiden Texten findet sich eine markante belebte Welt des Wohnraums, so ein ablehnendes Zimmer in *Das fünfte Jahr* und ein zahlreiche Bedeutungen aufnehmendes Haus im Roman, das diese Ambivalenz der Fantasie besonders deutlich ausdrückt und zugleich eine Brücke zur Literatur herstellt: „Meta liebt und fürchtet das Haus, das eifersüchtig jeden Gedanken aus ihrem Kopf zieht und ihr beim Lesen über die Schulter blickt und mitbuchstabiert" (*H* 198). Besonders gegen Ende des Romans dehnen sich Metas imaginäre Figuren im Haus immer weiter aus, womit nicht zuletzt ein Wechsel von der unmittelbaren Lebenswelt in die literarische (der Schriftstellerin) markiert ist. Aber auch das „Exotische und Originelle, das Skurrile und Tragische in ihrer Verwandtschaft",[12] ausgedrückt an den Gästen im Forsthaus in den Sommerferien, sowie die geliebten Bücher, besonders von Dickens und Kleist – mit David Copperfield als Vertrautem und Penthesilea als das Kind erschreckender Identifikationsfigur –, sind Teil des Porträts der Schriftstellerin als (Klein-)Kind.[13]

Mitunter ist es erhellend, auf die ersten Titel autobiographischer Texte zu blicken: Thomas Bernhard notierte zunächst *Erinnern* als Name seines Projekts und Marlen Haushofer nannte ihren Roman, der dem komplexen Prozess des Erinnerns à la Proust und Bernhard die Unmittelbarkeit des Vergangenen gegenüberstellt, um das Geschehene in seiner Zeit zu erfassen, zunächst schlicht *Das Haus* (als Ausdruck des raumzeitlichen Referenzpunktes).[14] Erinnern, eines *der* dominanten Themen in ihrem Werk, ist hier ersetzt durch die Präsenz der Vergegenwärtigung.

In *Das fünfte Jahr* neigt sich die Fantasieproduktion in eine Richtung, die zeitgenössisch in mehreren Anläufen als ekklesiogene Neurose konzipiert wird. Marili erleidet Ängste aus der Konfrontation mit dem Gekreuzigten, den die

....

11 Auch wenn Onkel Eugen in der *Tapetentür* Annette vom armen Bruckmüller im Russland des Jahres 1915 erzählt, wird das für die Hauptfigur zu einer Keimzelle der Welt der Narration, in der sie lebt: „Wie kam es nur, daß diese[] Schemen und so viele andere Schemen für sie viel wirklicher waren als die Leute, die sie täglich grüßte?" (Haushofer 2021: 159).

12 Schmidjell 1990: 5.

13 Deutlich ist die lebenszeitliche Differenz zu James Joyces berühmtem Muster *A Portrait of the Artist as a Young Man* (1916).

14 Vgl. Strigl 2002: 271.

Großmutter mit einer imaginären Schuld des Kindes verknüpft. Seine bild-
haft-körperlich Darstellung verbindet sich für das Kind mit dem Erzählten,
um Schrecken zu erzeugen. In ihrer Intensität sind diese Ängste durchaus mit
den Gespenstern des Forsthauses zu vergleichen, über deren Fortbestehen es
im *Nachruf für eine vergeßliche Zwillingsschwester* ironisch heißt, daß „sie sich
seit ihrer Kindheit nachts vor Gespenstern fürchtete" und in einem Blockhaus
im Wald „bestimmt schon in der dritten Nacht den Verstand verloren hätte vor
Schrecken über unerklärliche Geräusche im Kamin".[15] Was in Marilis Fantasie
in verdichteter Form und für die erzählte Zeit von einem Jahr aufgeworfen ist,
wird im Roman über ein knappes Jahrzehnt entfaltet und in unterschiedlichen
Entwicklungsschritten porträtiert, sodass *Himmel, der nirgendwo endet* nicht
nur viele Facetten aufzeigen, sondern auch immer wieder auf Krisen imagi-
närer Angst und insgesamt auf die imaginative Kindheit einer Schriftstellerin
verweisen kann.

Im Unterschied zu den beiden eben diskutierten Texten arbeitet Haushofer
für die Darstellung der Erwachsenenwelt mit mehreren Ebenen, sodass dort die
zentralen Erfahrungen aus unterschiedlicher (reflektorischer) Nähe und Ferne
beleuchtet werden. In *Eine Handvoll Leben* verwendet sie eine aktuell häufig
genutzte und im gegenwärtigen Erinnerungsdiskurs intensiv diskutierte Variante, wenn sich die Protagonistin – in einem stringent organisierten Text – mit
Hilfe von das Vergangene dokumentierenden Fotos in den Prozess reflexiver
Vergegenwärtigung begibt.[16] In *Die Tapetentür* , wo die Auseinandersetzung
mit Verlusterfahrungen und, wie so oft bei Haushofer, Einsamkeit eine zentrale
Rolle spielen, werden Schreibprozess und Erinnerung wie folgt thematisiert:

> Sie nahm das Tagebuch aus der untersten Lade, die sie immer versperr-
> te, und starrte auf die letzte Eintragung. Hatte wirklich sie selbst das
> geschrieben? Es mutete sie so fremd an. Es lag wohl daran, daß man

---

15 Haushofer zit. nach Schmidjell 1990: 44.

16 Vgl. für Generationenromane Grugger und Holzner 2021. Festzuhalten und weiter zu er-
    forschen ist, dass die Erinnerungsthematik einen Grundpfeiler von Haushofers Schreibens
    darstellt.

nicht zugleich erleben und schreiben konnte und jede Aufzeichnung über Erlebtes sich sogleich in Reflexion verwandelte.[17]

Damit ist zugleich ausgeführt, warum *Himmel, der nirgendwo endet* als Darstellung des kindlichen Ich in seiner Eigenheit anders als die Texte zu Erwachsenen (und analog zu *Das fünfte Jahr*) nicht in der Ich-Form verfasst sein kann, sondern eine der Hauptfigur folgende und aus ihrer Perspektive erzählende narrative Instanz benötigt. Auch in *Wir töten Stella* entsteht die reflexive Spannung – analog zu *Eine Handvoll Leben* – aus der Doppelung der Gegenwart Annes und ihres Blicks zurück: aus dem Ereignis und seinen Konsequenzen. In *Die Wand* und *Die Mansarde* arbeitet die Autorin – wie bereits in *Die Tapetentür* – mit schriftlichen Aufzeichnungen, wobei *Die Mansarde* die doppelte Zeitebene nutzt, um das klar als Bruch ausgeschilderte Ereignis der Phase der plötzlich einsetzenden Taubheit der Ich-Erzählerin aufzuzeichnen, das die beiden Kinder in ein Davor (Sohn) und Danach (Tochter) abtrennt. *Die Wand* ist dagegen quasi synchron organisiert, wenn wie in Bram Stokers *Dracula* (1897) diaristisches Schreiben zur Bewältigungsstrategie (Objektivierung) des Erlebten wird, das meist unmittelbar in die Reflexion des Aufschreibens überführt wird. Es wäre fraglos lohnend, die genaue Strukturierung der Erwachsenen-Texte Haushofers über das Verhältnis von Geschehen und dessen Reflexion näher zu erforschen, gerade auch in Differenz zur radikalen Abwesenheit dieses Verhältnisses in *Das fünfte Jahr* und *Himmel, der nirgendwo endet.*

4   Zur Kontextualisierung des autobiographischen/ autofiktionalen Schreibens

Wer heute über die autobiographische österreichische Literatur der 1960er und vor allem 1970er Jahre spricht, wird zunächst an Barbara Frischmuths *Die Klosterschule* (1968) sowie an die bekannten autofiktionalen Zyklen von Thomas Bernhard (1975–1982), Elias Canetti (1977–1985) und Franz Innerhofer (1974–1982) denken, vielleicht auch an Teile von Peter Handkes *Wunschloses*

....

17   Haushofer 2021: 145.

Unglück (1972). Bedeutende Stichwörter für den gesamten deutschsprachigen Raum rund um das Jahr 1968 und in dessen Folge sind die Ablehnung von Fiktion und die Betonung des Ich. Bernward Vespers um 1970 verfasste und postum 1977 publizierte Schimpfschrift auf die bürgerliche Gesellschaft – auf die zu „Human Vegetables" reduzierten Bürger – *Die Reise* lehnt die Tradition mit dem dezidierten Hinweis ab, die Autoren hätten nichts über sich selbst zu Papier gelassen; Christa Wolfs *Kindheitsmuster* (1976) entwickelt verschiedene Stimmen eines (zeitlich) mehrdimensionalen Ich und Helga M. Novaks autobiographisches Schreiben in der DDR (1979–1982) sucht (in *Vogel federlos*) nach dem Platz des Ich im kritisierten sozialistischen Wir, während der Südtiroler Joseph Zoderer in *Das Glück beim Händewaschen* (1976) der isolierten Position des sozial ausgeschlossenen Ich im religiös-autoritären Schulleben im Schweizer Internat nachgeht. Alle genannten Texte verbindet die (psychoanalytisch geprägte) Frage des Ich-Werdens.[18]

Für die Entstehungszeit von *Himmel, der nirgendwo endet* heißt es hier umdenken, vielleicht mit Ausnahme von Frischmuth, die stilistisch an die Tradition anknüpft und in ihrem 1968 publizierten Text nicht im unmittelbaren Sog der autobiographieaffinen 1970er Jahre schreibt. Käthe Recheis *Schattennetz*, 1964 mit dem österreichischen Staatspreis ausgezeichnet, ist in der Schreibweise nahe bei Haushofer – im literarischen Klang –, von der unbedingten Forderung, Ich zu sagen, ist in beiden Texten noch keine Spur. Das teilen Haushofer und Recheis mit dem Wiederbeginn der österreichischen Literatur nach 1945, wo Ilse Aichinger in *Die größere Hoffnung* (1948) mit ihrem autobiographisch geprägten Schreiben zwar anders, teils aber wiederum ähnlich verfährt wie Haushofer: das Fantastische wird nicht ausgeklammert, sondern bildet ein wesentliches Element der Darstellung, Angst und Dunkelheit sind dominante Erfahrungen und es gibt auch hier keine Notwendigkeit, ein Ich in den Mittelpunkt zu stellen. Während es bei Recheis und Aichinger allerdings um ältere Kinder bzw. junge Erwachsene geht, nähert sich Haushofer dem vorpubertären Ich in allen seinen Facetten. Von allen genannten autobiographischen Texten – und nicht nur von diesen –, unterscheidet sich *Himmel, der nirgendwo endet* durch die bereits diskutierte Eigenheit oder eben die hermetische Abgeschlos-

---

18 Vgl. dazu den Abschnitt D.2 in Grugger 2018.

senheit von Figur, Zeit und Ort, durch das weitgehende Verzichten auf eine Ebene des Kommentars; als zeitgemäß lassen sich die immer wieder aufscheinenden Einwände gegen die herrschenden Erziehungsvorstellung bestimmen.

Zwar verfügen autofiktionale Texte in der Literaturgeschichte über eine ebenso lange wie reiche Tradition, ihre Bedeutung in der deutschsprachigen Literatur der zweiten Hälfte des 20. Jahrhunderts ist mit der doch geringeren in seiner ersten Hälfte dennoch kaum zu vergleichen, trotz der (internationalen) Wiederbelebung des autobiographischen Romans nach 1900.[19] Zu den bekanntesten Darstellungen von Kindheit und Jugend in der Zwischenkriegszeit zählen *Eine Kindheit* von Hans Canossa (1922), *Berliner Kindheit um Neunzehnhundert* von Walter Benjamin (postum 1950) sowie Ernst Tollers *Eine Jugend in Deutschland* (1933). Sie sind allesamt – ebenso wie die zeitlich näher gelegenen Aufzeichnungen Erich Kästners *Als ich ein kleiner Junge war* (1957) und Peter Weiss' (thematisch näherer) erinnerungsreflexiver *Abschied von den Eltern* (1961) – literarisch kaum mit den Versuchen von Aichinger, Recheis und Haushofer vergleichbar. Deren zumindest im Fall von Recheis und Haushofer oft grob unterschätzten[20] autofiktionalen Texten kommt in mehrfacher Hinsicht eine Pionierfunktion zu, die über das am Horizont aufziehende Dogma des Ich-Werdens signifikant hinausreicht.

5   Zu Sozialisation, den Akten der Selbstverletzung und zum Henkerspiel

Mit den zuvor genannten Einwänden gegen die herrschenden Erziehungsvorstellungen stößt der Roman in eine Richtung, die zunächst einmal deutlich auf den Zeitgeist trifft: „die Entfremdung von einem ungebrochenen kindlichen Ich"[21] versteht Strigl als „Grundtrauma" Haushofers und wichtiges Motiv, den

---

19   Vgl. Holdenried 2000: 210.

20   Sogar eine Forscherin wie Iris Denneler äußert Kitschverdacht und bleibt ausgerechnet bei ihrer Lektüre von *Himmel, der nirgendwo endet* an der Oberfläche des Textes (Denneler 2000: 96–97).

21   Strigl 2002: 276.

Roman zu schreiben. Peter Handke wird das Thema 1968 auf die Spitze treiben, wenn er in seinem Stück *Kaspar* eine Sprechfolterung beschreibt, die der Figur ihre Eigentlichkeit austreibe. Dahinter steht die Vorstellung eines außersprachlichen Wesens oder Kerns, das durch den Akt der Kulturisation entfremdet und zerstört wird. Ein halbes Jahrhundert davor hatte Kafka in seinem *Bericht für eine Akademie* (1917) den Affen Rotpeter darüber reflektieren lassen, dass eine Subjektposition jenseits des sozialisierten Ich nicht einmal vorstellbar sei. Wo ordnet sich hier Haushofers Roman ein? Im radikalen Versuch, der Eigentlichkeit des Kindes eine Stimme zu geben, die ihm möglichst entspricht und Literatur zu genau diesem Zweck zu nutzen, was das hermetisch Abgeschlossene erklärt. Damit geht der Roman über das aus der Erziehungsperspektive nahe liegende, auch von Bunzel[22] als Referenztext genannte Drama Handkes in seiner Komplexität doch deutlich hinaus.

Der zentrale Konflikt besteht in *Himmel, der nirgendwo endet* zwischen Meta und ihrer Mutter, der das Kind in einer ambivalenten Beziehung vor allem durch deren als überaus angenehm erlebten Geruch und durch die gemeinsame Angst um den Vater (angesichts der Gefahr durch Wilderer) verbunden bleibt und die nachts, bei Ängsten, sich als „lieb" erweisen kann: „Jetzt weiß sie endlich, was sie wirklich möchte: Mama in kleine Stücke reißen, sie schnell wieder zusammensetzen und ihr um den Hals fallen" (*H* 189). Es sind weniger die häufigen Ohrfeigen als die mütterlichen Stimmungsschwankungen, die den Leser auf die Spur bringen. Die Problematik reicht zumindest eine Generation zurück bis zu den Eltern der Mutter: zu einem Großvater, der sich selbst nicht wahrnimmt und dennoch nur auf sich bezogen lebt; der Kinder nur so lange erträgt, als sie passiv zuhören und keinen eigenen Willen spürbar werden lassen; ein Tyrann, der nicht immer so walten kann, wie er möchte. Und zu einer Großmutter, die Meta nur eine Geschichte erzählt, da sie keine andere kenne: der Wolf wird vom Fuchs verraten und es kommt zum ungesühnten Mord durch den Jäger. Was soll es bedeuten, dass sie dem Kind gegenüber die Geschichte als wahr bezeichnet? Wahr ist sie wohl nur in einer Hinsicht, und zwar als Anti-Märchen, als Ausdruck einer pervertierten, unzuverlässigen Realität, die das Leben der Großmutter umschattet. Bisweilen ist die Rede

....

22 Vgl. Bunzel 2000: 108.

davon, dass auf diesem Teil der Familie ein Fluch laste, wodurch die auch in *Das fünfte Jahr* präsente Thematik einer transgenerationalen Traumatisierung narrativiert wird.[23]

Das empfundene Ungenügen in dem Sinn, dass Metas Eigenart nicht den Erwartungen ihrer Umgebung – sprich ihrer Mutter – entspricht, führt zu einer ganzen Reihe von Selbstverletzungen. Das Kind fühlt sehr genau und ist in diesem Gefühl ein Stück weit ohnmächtig, dass es anders ist, als es sein sollte, als von ihm erwartet wird. In *Das fünfte Jahr* war Marili die falsche Person, weil sie nicht die verstorbene Mutter war oder eines der verstorbenen Kinder der Großmutter: *nicht so brav wie diese*. In *Himmel, der nirgendwo endet* ist sie es aufgrund ihrer Eigenart: weil sie so ist wie sie ist. In beiden Fällen geht es damit sichtlich um sich über mehrere Generationen erstreckende Themen.

Man muss eigentlich nicht sehr genau lesen, um Metas Akte der Selbstverletzung wahrzunehmen und Abstand von einer scheinbaren Kindheitsidylle zu gewinnen,[24] da im Roman zahlreiche Beispiele ausgeschildert sind. „Unbegreiflich, wie dieses Kind gegen sich selbst wütet" (*H* 113), meint die Mutter. Meta kämpft mit bloßen Händen gegen Brennnessel, ohne den Schmerz zu spüren. Sie läuft barfuß und zur Bewunderung der Erwachsenen über Stoppelfelder, ohne auf den Schmerz zu achten. Mit ihrem Bruder Nandi spielt sie Spiele, bei denen sie gefoltert wird. Sie beobachtet interessiert, wie eine Bremse sie sticht und fünfmal aussaugt. Und schließlich schneidet sie sich mit dem Messer in den Arm, weil sie sich schuldig am elterlichen Streit fühlt: es wäre besser für die Eltern, wenn sie nicht auf der Welt wäre. Inhaltlich geht es darum, dass der Vater es nicht möge, wenn die Mutter Meta ohrfeigt. Dieser Mann werde nie sein Kind verprügeln, wie ihr Vater es getan habe, so hatte sie – oder die mit ihr zusammenfließende Erzählstimme – bereits davor die Gedanken

....

23 Vgl. zum theoretischen Hintergrund der Darstellung von transgenerationaler Traumatisierung am Beispiel von Julia Francks einschlägigem Roman *Die Mittagsfrau* (2007) Grugger 2021: 897–901.

24 Manuela Reichart spricht im Nachwort zu *Die Tapetentür* nur sehr leicht relativierend vom „frühe[n] Kinderglück", geschildert in einer „warmherzigen Kindergeschichte" (zit. nach Haushofer 2021: 194), das durch den Eintritt ins Internat beendet wird. Während Letzteres fraglos einen Bruch darstellt, verweist bereits der eingangs im Motto dieses Beitrags zitierte „Schauplatz wilder, erbitterter Kämpe unter der Maske rosiger Wangen" auf die Problematik einer solchen Darstellung.

der Mutter rekonstruiert. Im Anschluss verbindet Meta sich die Wunde mit einem schmutzigen Taschentuch, lässt sich am Abend unter einem Vorwand verarzten und erduldet den nun heftigen Schmerz des Jods. Meta kämpft den Kampf zwischen Vernunft und Dunkelheit und kämpft dabei immer wieder gegen ihr Selbst.

Eine zweite besonders entscheidende Szene nach dem Eingesperrt-Sein im Fass am Beginn stellt das Henkerspiel dar, in dem die Selbstverletzung präsent bleibt, aber Teil eines komplexen Geschehens wird. Zum genaueren Verständnis ist es wichtig, dass die Szene sich erst vollends erschließt, wenn die im Roman später folgende Beschreibung des Schlachtens eines Schweins mit bedacht wird: grauenhafte Geräusche, die verdeutlichen, dass „auf dieses Todesröcheln […] kein Himmel folgen" kann (*H* 102). Denn die Ereignisse verbinden sich im Kopf des Kindes; in seiner Wahrnehmung wird das Schwein „zum Tode verurteilt" (*H* 100), ganz so wie es ihm selbst ergangen war.

Aber der Reihe nach: Die Episode des Henkerspiels beginnt mit der Ankunft Saschas, der viel älter sei als Meta und Primus im Gymnasium; militärisch erzogen, gehorche er aufs Wort. „*Trotzdem* mag Meta ihn gern" (*H* 83, Herv. HG). Das Geschehen klingt zunächst harmlos, was durchaus charakteristisch nicht nur für diesen Roman, sondern für das Erzählen traumatischer Erfahrungen insgesamt ist: „Nicht immer ist Sascha so guter Laune, manchmal hat er einen wilden Tag" (*H* 85). Er fesselt die Kinder und bringt sie in die Werkzeugkammer, um das Spiel beginnen zu lassen und sie „unglaublicher Verbrechen" zu bezichtigen, „zum Beispiel in der Nachbarschaft den Stier geraubt zu haben" (*H* 85). Meta *will* spielen, ihr ganzer Charakter sei daraufhin angelegt, so weiß die Erzählstimme, die von Anfang an einen Blick auf das subjektive Gefühl des Verantwortlich-Seins freigibt, auf die dem Kind gestellte Falle: „Ihre Fesseln schneiden tief ins Fleisch, aber sie erträgt den Schmerz heldenhaft" (*H* 85–86). Sascha inszeniert einen Gerichtsprozess, lässt Meta und Nandi wiederholt allein in der Werkzeugkammer, gibt sich als Wächter aus, als „unbestechliche Amtsperson" und zugleich als „Henker" (*H* 86). Meta, selbst bereits zunehmend verunsichert, tröstet „den wimmernden Nandi" (*H* 86) mit dem Gedanken, es wäre doch alles nur ein Spiel. Wenn sie nicht mehr sicher ist, ob sie den Gemeindestier nicht wirklich gestohlen hat, mag man darin noch Metas überbordende Fantasie erkennen oder bereits das traumatische

Erfahrungen oft begleitende Gefühl des Unwirklichen, das sich zunehmend intensiviert: „Ist es wirklich nur ein Spiel? […] Und wer sitzt in Wahrheit vor der Tür, Sascha oder der Henker?" (H 86). Die Gedanken verdichten sich; ein hölzernes Schwert wird sichtbar.

Nandi wird schließlich „wegen großer Jugendlichkeit" nur verwarnt, „wirft noch einen scheuen Blick zurück und saust dann auf seinen runden Beinen davon, so schnell er kann" (H 87). Meta, nun „ganz allein mit dem Henker", wird „als rückfällige Gewohnheitsverbrecherin zum Tod durch das Schwert verurteilt" (H 87). Und sie will nur noch „so schnell wie möglich geköpft werden, denn die Fesseln tun jetzt schon sehr weh" (H 87). Der Text macht sukzessive deutlich, wie für Meta das vermeintliche Spiel Schritt für Schritt zur grausamen Realität wird – jenseits von Regeln, die basale Orientierung und Sicherheit erlauben: „An dieser Stelle werden immer die Schweine geschlachtet. Jetzt wird man auch sie schlachten […] Vielleicht ist das gar nicht Sascha, der hinter ihr steht und das Schwert durch die Luft sausen läßt. Plötzlich fängt ihr Herz wild zu rasen an. Es glaubt also nicht mehr an das Spiel" (H 87–88). Was in der Szene des Henkerspiels thematisiert wird, ist ein literarisch nicht nur in der Zeitgenossenschaft Haushofers eher selten thematisiertes Phänomen: subtile psychische Gewalt von Kindern an Kindern, die zu traumatischen Ereignissen werden können, wenn die älteren die jüngeren in die Orientierungslosigkeit führen und die jüngeren den älteren ohnmächtig ausgesetzt sind. Vollends deutlich wird das Ausmaß der durchlebten Angst erst durch die Schilderung der unmittelbaren Reaktionen auf das Spiel, an denen sich auch die durch die Scheinhinrichtung ausgelöste Dissoziation zeigt:

> Meta fängt an zu zittern und muß sich in das Gras legen. Voll Entsetzen hört sie sich winseln wie einen kleinen Hund. Ihre Kehle macht das Geräusch und sie kann gar nichts dagegen tun. Ganz langsam wird sie wütend […] Wenn sie groß ist, wird sie ihn auch fesseln und ihm den dicken Kopf abschneiden, und dann wird er winseln wie ein kleiner Hund. (H 88)

Nachdem über Tante Wühlmaus ein Blick von außen ermöglicht wird: „Meta, warum bist du so grün, ist dir nicht gut?" (H 88), lesen wir von der Flucht zur

Literatur, zum geliebten *David Copperfield*, und vom Versuch zu vergessen, was geschehen ist: „Ihr Herz schlägt jetzt für den kleinen David, und ihre Hand schiebt seine schwarzen Locken aus der Stirn" (*H* 89). Literatur erweist sich auch in dieser Szene als ein Ausweg, der im Kontext traumatischer Erfahrungen allerdings nicht nur bei Meta wiederholt in die Ambivalenz führt.[25]

Das Henkerspiel ist für die Konzeption des Romans in zumindest zweifacher Hinsicht aussagekräftig: Zum einen ist die realistisch erzählte Position Metas geschildert, selbst die Verantwortung für ihr Zugefügtes zu übernehmen, und zum anderen verweist die Unmöglichkeit, das Geschehene zu thematisieren, das durchaus der Zeit und den Verhältnissen entspricht, auf ihre familiale Situation und greift auf den Kommunikationsbruch am Ende (Internatserfahrungen) voraus. Was besonders auffällt, ist die Präzision der Schilderung genau aus der Perspektive des Erlebten – mit einem Hauch von außen in dem Moment, wo eben kommentiert wird, dass Meta ihrem Drang nach spielen muss. Aber selbst das schreibt sich in die unmittelbare Situation ein und ist als Reflexionsprozess der Figur dargestellt.

6   Schluss

Der Roman schließt konsequenterweise mit dem Ende der Kindheit, mit den spürbar werdenden Veränderungen des Körpers. In aller Intensität wird die Hölle des Internats als Sinnbild der Zerstörung alles Vertrauten evoziert, ohne jedoch ausgeschildert zu werden. Dabei wird die mit dem Eingeschlossen-Sein im Fass zu Beginn des Romans visualisierte Separation Schritt für Schritt in die schließende Unmöglichkeit der Kommunikation überführt.[26] Besonders der Verlust des Magischen, der Bedeutung der Gegenstände und der Natur,

....

25 Vgl. Grugger 2018: 61.

26 Brüns sieht die Verbindung zwischen Anfang und Ende des Romans in der Enge (des Fasses und des Internats) (Bruns 1998: 28). Dass die Ur-Szene nicht als Strafe erlebt werde, weil Meta mithilfe ihrer „animistischen Welterfahrung" ihre Umwelt belebe (ebd.), nimmt allerdings nicht in den Blick, dass sie immer wieder „an einem Brocken aus Wut und Schmerz" (*H* 7) würgt, was den Animismus – wie später die Literatur – zu einem Antwortversuch auf eine unerträgliche Situation macht.

wird vom in die Pubertät eintretenden Kind als unwiederbringlich erkannt. So ist der Zauber früherer Orte nicht mehr unmittelbar spürbar, sondern nur noch als Erinnerung, und die einstige Intensität der Dinge geht, so ist aus dem Geschilderten zu folgern, ins literarische Schreiben über.

Marlen Haushofer selbst hatte *Die Wand* als ihr Opus magnum charakterisiert – das, so die Autorin, am einfachsten zu schreibende Buch[27] – und die Rezeption ist ihr darin zweifellos gefolgt. Das in ihm literarisch entfaltete Bild radikaler Separation garantiert bis heute das Interesse an Haushofer sowie ihre anhaltende Aktualität. Die Wiederentdeckung ihrer übrigen Texte im Werkkontext zeigt allerdings auf, was die Lektüre der Autorin zudem zu bieten hat, besonders auch strukturell. Ihrem autofiktionalen Kindheitsroman *Himmel, der nirgendwo endet* kommt hier eine besondere Stellung zu, nicht nur weil der Text sich eigenwillig von den Autobiographien der Folgezeit abhebt, sehr eindrückliche Sprachbilder entfaltet und der kindlichen Eigenheit ihren literarischen Raum gibt, sondern auch aufgrund seiner spezifischen Konstruktionsweise und seiner nicht zu unterschätzenden Bedeutung für das Verständnis von Autorin und Werk.

Bibliographie

Primärliteratur

HAUSHOFER, MARLEN (1999): *Himmel, der nirgendwo endet*. München: dtv.
—, (2003): *Wir töten Stella. Das fünfte Jahr. Novellen*. Berlin: Ullstein.
—, (2005): *Eine Handvoll Leben. Roman*. 8. Aufl. München: dtv.
—, (2008): *Die Wand. Roman*. Stuttgart: Klett.
—, (2019): *Die Mansarde. Roman*. Berlin: Ullstein.
—, (2021): *Die Tapetentür. Roman*. Mit einem Nachwort von Manuela Reichart. 2. Aufl. Wien. Zsolnay.

---

27 Vgl. Strigl 2002: 247.

Sekundärliteratur

BRANDTNER, ANDREAS und VOLKER KAUKOREIT (2012): *Marlen Haushofer. Die Wand. Erläuterungen und Dokumente.* Stuttgart: Reclam.

BRÜNS, ELKE (1998): *Außenstehend, ungelenk, kopfüber weiblich. Psychosexuelle Autorpositionen bei Marlen Haushofer, Marieluise Fleißer und Ingeborg Bachmann.* Stuttgart: Metzler.

BUNZEL, WOLFGANG (2000): „„Ich glaube, es hat niemals ein Paradies gegeben". Zivilisationskritik und anthropologischer Diskurs in Marlen Haushofers Romanen *Die Wand* und *Himmel, der nirgendwo endet.*" *„Eine geheime Schrift aus diesem Splitterwerk enträtseln …". Marlen Haushofers Werk im Kontext.* Hrsg. von Anke Bosse und Clemens Ruthner. Tübingen: Francke, S. 103–119.

DENNELER, IRIS (2000): „„Lauter Katzengeschichten‘? Die Kinderbücher der Marlen Haushofer." *„Eine geheime Schrift aus diesem Splitterwerk enträtseln …". Marlen Haushofers Werk im Kontext.* Hrsg. von Anke Bosse und Clemens Ruthner. Tübingen: Francke, S. 81–99.

GRONEMANN, CLAUDIA (2019): „Autofiction." *Handbook of Autobiography/ Autofiction. Volume I: Theory and Concepts.* Hrsg. von Martina Wagner-Egelhaaf. Berlin/Boston: De Gruyter, S. 241–246.

GRUGGER, HELMUT (2018): *Trauma – Literatur – Moderne. Poetische Diskurse zum Komplex des Psychotraumas seit der Spätaufklärung.* Wiesbaden: Metzler.

—, (2021): „Julia Francks Erfolgsroman *Die Mittagsfrau* (2007) und die Frage der transgenerationalen Traumatisierung." *Der Generationenroman.* Bd. 2. Hrsg. von dems. und Johann Holzner. Berlin/Boston: De Gruyter, S. 889–904.

GRUGGER, HELMUT und JOHANN HOLZNER (Hrsg.) (2021): *Der Generationenroman.* 2 Bände. Berlin/Boston: De Gruyter.

HOLDENRIED, MICHAELA (2000): *Autobiographie.* Stuttgart: Reclam.

SCHMIDJELL, CHRISTINE (1990): „Marlen Haushofer. 1920–1970. Katalog." *Zirkular.* Jg. 39. Sonderheft.

STANZEL, FRANZ K. (2008): *Theorie des Erzählens.* 8. Aufl. Göttingen: Vandenhoeck & Ruprecht.

STRIGL, DANIELA (2002): *Marlen Haushofer. Die Biographie.* 2. Aufl. München: Claassen.

THOMAS KRONSCHLÄGER

Marlen Haushofer für alle Alter.
Eine Rekontextualisierung aus der Perspektive der Kinder- und Jugendliteraturforschung

1 Einleitung

Anlässlich des großen Haushofer Jubiläumsjahres 2020 fordert das hochkarätig unterzeichnete Steyrer Manifest, dass das Werk Marlen Haushofers „jene Würdigung und Pflege erfährt, die ihrem literarischen Rang entspricht".[1] Doch wie erinnern wir uns an Marlen Haushofer? Wie würdigen wir ihr Werk, so dass es dem literarischen Rang entspricht? Und wie ist dieser literarische Rang genau beschaffen? In diesem Beitrag möchte ich zeigen, dass eine Neuperspektivierung Marlen Haushofers als eine Autorin für alle Alter ein wichtiger Bestandteil ihres literarischen Ranges sein könnte.

2 Für den literarischen Rang halbiert

In einem Zeitalter der sich verschiebenden Kanontektonik, der Dekanonisierung von Klassikern und der Rekanonisierung einzelner Autor*innen kann der literarische Rang nicht allein durch ästhetische Fragestellungen bestimmt werden. Die Frage nach der Kanonisierung stellt Aleida Assmann in Zusammenhang mit dem kulturellen Gedächtnis. Dieses ist dem Spannungsfeld Kanon und Archiv unterworfen, das Assmann auch als Dehnung des Gedächtnisses und Kontraktion bezeichnet.[2] Kurzum, im Archiv ist alles, was nicht verloren ist, im Kanon ist das Auserwählte: „Der Kanon ist immer höchst selektiv und

....

1   Steyrer Manifest: o.S.
2   Vgl. Assmann 2006: 21.

beruht auf dem Prinzip des Ausschlusses."[3] Die Frage aber, was es ist, was hier ausgewählt und was ausgeschlossen wird, kann auf unterschiedlichen Ebenen betrachtet werden. Die feministische Kanonkritik hat sich anfangs mit der Frage der schreibenden Personen befasst, vielfach wurden Frauen nicht auserwählt und viel von Frauen verfasste Literatur gelangte nicht einmal ins Archiv, weil sie nie publiziert wurde, weil wir – um ein Konzept Virginia Woolfs aufzugreifen – Miss Shakespeare nie gekannt hätten.[4] Doch auch wenn Autoren – hier ganz bewusst gesetzt – kanonisch sind, gilt dies noch lange nicht für all ihre Werke. Da spreche ich nicht nur von Goethes naturwissenschaftlicher Literatur, sondern auch sein Longseller, das Versepos *Hermann und Dorothea*, ein Werk, das sich nach manchen Angaben bis in die 50er Jahre des 20. Jahrhunderts besser verkaufte als *Faust* – kann heute nicht mehr wirklich als Teil des Gebrauchskanons bezeichnet werden. Insofern geschieht es durchaus immer wieder, dass nur bestimmte Werke und damit nur bestimmte Bilder von Autor*innen kanonisch werden, während der Rest im Archiv ruht.

Um die Voraussetzungen für die Kanonisierung – nichts anderes fordert schließlich das Steyrer Manifest – zu verstehen, ist es hilfreich, sich kritisch mit der Geschichte des Kanons auseinanderzusetzen: Seit Goethes und Schillers Werkpolitik funktioniert Kanonisierung von Autor*innen im deutschsprachigen Raum zu einem großen Teil über Kanonisierung eines bestimmten Bildes von Autor*innenschaft, eines Bildes, das die schreibende Person greifbar macht und daher notwendigerweise Werke ausschließt, die dieses Bild trüben könnten.

Genau dies zeigt Ingeborg Dusar. Sie vergleicht die Kanonisierung Marlen Haushofers mit jener Ingeborg Bachmanns und arbeitet mit Foucault das Prinzip des Werkzusammenhangs als entscheidend für eine Unterscheidung heraus. Dieser Werkzusammenhang ist gegeben durch konstantes Wertniveau, begrifflichen Zusammenhang und stilistische Einheit.[5] Es begünstigt also Kanonisierung, wenn ein einheitliches und fassbares Bild entsteht, die Wirkweise der Werkpolitik. Dass dies besonders für schreibende Frauen gilt, ist hier nicht

....

3   Assmann 2006: 32.
4   Vgl. Woolf [1929] 2001: 51–70.
5   Vgl. Dusar 2000: 231.

nur ein Nebenaspekt. Haben Schriftsteller viele Möglichkeiten, Bilder zu besetzen, gibt es – besonders in der Literatur der Nachkriegszeit – wenig „Bildplatz" für Schriftstellerinnen. Dusars Vergleich zufolge ist Marlen Haushofer nicht so leicht auf einen Nenner zu bringen wie Ingeborg Bachmann. Dafür führt sie auch außerliterarische Gründe wie die Lebensumstände der beiden Autorinnen an, aber natürlich geht auch der Werkzusammenhang mit dem Schaffen von Kinder- und Jugendliteratur einher:

> Ihr Beschluß, […] wieder Kinderbücher zu schreiben, […] mutet in diesem Kontext zunächst vernünftig an, zumal die Kinderbücher eine mehr als willkommene Einnahmequelle bedeuteten. Angesichts der Befürchtung, ihren pessimistischen Erzählungen könne eine schroffe Ablehnung zuteilwerden, erscheint das Kinderbuch als der angemessene Fluchtweg aus der Sackgasse. Berücksichtigt man jedoch die Tatsache, daß es sich dabei um eine wenig angesehene und überdies „weiblich" konnotierte Gattung handle, so wird die Ambivalenz von Haushofers Vorhaben sichtbar.[6]

Diese klare Entwertung der Kinderliteratur in Dusars Argumentationsgang bezieht sich natürlich nicht auf die Bücher selbst; sie sind nur – um hier zu extrapolieren – für die Kanonisierung Haushofers wertlos, wenn nicht sogar hinderlich. Dabei ist Haushofer in der österreichischen Literatur der Nachkriegszeit diesbezüglich keine Ausnahmeerscheinung: Dass diese Art des Ausschlusses nicht nur für Marlen Haushofers Kinder- und Jugendliteratur wirksam geworden ist, zeigte Ernst Seibert bereits 1996. Er listet einige Autor*innen, darunter auch Gertrud Fußenegger und Johannes Mario Simmel, auf, die er als halbierte Autor*innen bezeichnet: „Die genannten Literaturschaffenden werden somit zu halbierten Autoren, deren Kinderbuchschaffen ihres literarischen Ranges wegen jedenfalls in der österreichischen Literaturwissenschaft immer noch unterschlagen wird."[7]

....

6 Dusar 2000: 245.
7 Seibert 1996: 109.

Diese Halbierung geht so weit, dass Leser*innen der *Wand* den Namen Haushofer, der ihnen in der Kindheit wohl vertraut war, nicht wiedererkennen, wie Daniela Strigl im Vorwort zu ihrer Biographie Marlen Haushofers anführt: Eher glauben wir an eine Namensgleichheit, denn daran, dass die Verfasserin der *Wand* auch *Brav sein ist schwer* geschrieben hat,[8] was besonders frappiert, sind diese Romane doch nicht nur intertextuell eng miteinander verwoben (wie Ernst Seibert 1999 ausführlich nachweist)[9] sondern auch thematisch sehr eng miteinander verknüpft. Um also einer reduktionistischen Interpretation Haushofers vorzubeugen, schlägt Seibert eine synoptische Interpretation vor, die neben thematischen Aspekten auch formale Ähnlichkeiten in die Betrachtung einbezieht, ein Ansatz, der notwendigerweise intertextueller Natur sein muss: Der einzelne Text tritt in den Hintergrund, das Werk wird zum Untersuchungsgegenstand.[10] Seibert beklagt auch den Widerhall dieser vereinheitlichenden Bestrebungen in der Forschung:

Die Vernachlässigung der Kinderbücher in den Biographien und auch in sonstigen Beiträgen zu Haushofer erscheint umso mehr als eine bewußte Verengung der werkgeschichtlichen Perspektive, als in ihrem gesamten Werk das Kindheitsmotiv dominiert und gerade bei ihr die Kinderbücher sowohl ihrer Anzahl als auch ihrer motivgeschichtlichen Verschränkung mit den Erwachsenenbüchern nach eben nicht als eine Quantité négligeable, vielmehr als ein integrierender Bestand des Gesamtwerkes betrachtet werden müssen.[11]

Dass hier die Fragen nach der Anzahl der Werke einerseits und nach Inhalt und Form zusammenkommen, zeigt, dass Ansätze zu einer Neuperspektivierung bereits gegeben sind.

....

8   Vgl. Strigl 2000: 9.
9   Vgl. Seibert 1999: 53.
10   Vgl. Seibert 1996: 112.
11   Seibert 1999: 48–49.

3   Einordnung: Kinderliteratur, Jugendliteratur, Cross-Over und All-Ages-Literatur

Vielleicht kann der gegenwärtige Diskussionsstand der Kinder- und Jugendliteraturforschung zu einer Neuperspektivierung beitragen. Sprach Seibert vor beinahe 30 Jahren mit Hans-Heino Ewers schon von doppelsinnigen Büchern, also von Texten, die sich an Kinder und Erwachsene gleichzeitig richten,[12] ließe sich heute statt von Mehrfachadressierung oder Doppelsinnigkeit eher von Cross-Over bzw. All-Ages-Literatur sprechen. Diese meist synonym verwendeten Begriffe werden häufig mit literarischen Massenphänomenen wie Joanne K. Rowlings Romanreihe *Harry Potter* oder Philip Pullmans *His Dark Materials* assoziiert.[13] Der hauptsächliche Unterschied zwischen Mehrfachadressierung und All-Ages-Literatur liegt darin, dass nicht binär zwischen Kindern und Erwachsenen unterschieden wird, wie das bei der Mehrfachadressierung noch der Fall war. Ein Beispiel für Doppelsinnigkeit findet sich in Michaels Endes Roman *Der satanarchäolügenialkohöllische Wunschpunsch*, wo der böse Zauberer Beelzebub Irrwitzer sich und seiner Tante Tyrannia Vamperl „Luzifers Salto Dimensionale" spritzt, was Kinder lautlich und wegen der Begrifflichkeiten amüsiert, und Erwachsene, die mit den Initialen LSD etwas anderes verbinden, aus anderen Gründen zum Lachen bringt. Dieser doppelte Sinn ist natürlich nicht immer wie hier so stark unterschiedlich, aber dennoch ist diesem Begriff unterschiedliches Verstehen inhärent. Bei All-Ages-Literatur, wie eben den *Harry Potter*-Romanen, kommen wohl auch unterschiedliche Perspektiven zum Tragen, aber diese Unterschiede sind individuelle Unterschiede zwischen Leser*innen, nicht die geteilten Unterschiede zwischen Generationen. So kommen allgemein menschliche Themen wie Liebe, Freundschaft, Vertrauen, Tod etc. in diesen Texten vor und diese Themen werden von Leser*innen aller Alter rezipiert. Natürlich blicken wir mit steigendem Lebensalter anders auf diese Themen und lesen diese Texte daher anders, aber eben nicht fundamental anders wie bei der oben angesprochenen Doppeladressierung. Dass dies auch

....

12   Vgl. Seibert 1996: 111.
13   Vgl. Blümer 2020: 9.

avant la lettre für Haushofers Werk zutrifft, möchte ich an Linien durch ihr Werk und dann anhand einzelner Texte zeigen.

Haushofers kinder- und jugendliterarisches Schaffen wurde von der zeitgenössischen Kritik durchaus wahrgenommen. So erhielt sie für drei ihrer Kinderbücher (*Brav sein ist schwer* (1965), *Müssen Tiere draußen bleiben?* (1967) und *Schlimm sein ist auch kein Vergnügen* (1970)) den Kinderbuchpreis der Stadt Wien.[14] Kathrin Wexberg, die sich mit den Manuskripten der Kinderbücher befasst, merkt an, dass Marlen Haushofer zu Lebzeiten mit Kinderbüchern erfolgreich war, nach ihrem Tod diese jedoch nahezu vergessen seien und die Werke für Erwachsene im Zentrum stünden.[15] Diese temporale Spaltung in eine lebende Kinderbuchautorin und eine tote Autorin für Erwachsene ist in dieser Absolutheit sicherlich schwer zu argumentieren. Schwierig wird dies alleine schon, weil das Definieren von Kinder- und Jugendliteratur überaus komplex ist. Üblicherweise kommen dabei, wie Kümmerling-Meibauer kritisiert, literaturhistorische, pädagogische, soziologische und rezeptionsgeschichtliche Aspekte gemischt zum Einsatz.[16] Außen vor gelassen wird üblicherweise Literatur *von* Kindern – wenn wir von einigen Anthologien und dem *Tagebuch der Anne Frank* absehen. Kinderliteratur ist auch nicht Literatur *über* Kinder – das wäre Kindheitsliteratur, wie wir sie gerade im österreichischen Kontext genreprägend von Ilse Aichingers *Die größere Hoffnung* kennen,[17] Kinderliteratur – und da sind wir bei der am breitesten vertretenen Auffassung – ist Literatur *für* Kinder. Hans-Heino Ewers (2012) verfolgt in diesem Zusammenhang einen Korpusansatz und spricht von intendierter Kinder- und Jugendlektüre, also all jene Texte, die Kinder und Jugendliche nach Meinung bestimmter Akteursgruppen lesen sollen.[18] Dieser Ansatz, nach dem Alter der intendierten Leser*innenschaft einzuteilen, wird immer wieder für die etwas willkürlich scheinende Grenzziehung kritisiert, findet jedoch durch seine Klarheit Anklang. Danach wäre Literatur für Menschen bis zu 12 Jahren Kinderliteratur,

....

14 Wexberg 2010: 104.

15 Wexberg 2010: 104.

16 Kümmerling-Meibauer 2020: 5.

17 Vgl. Lexe und Seibert 2020: 75.

18 Vgl. resümierend Kümmerling-Meibauer 2020: 4.

für jene zwischen 12 und 18 Jahren Jugendliteratur, für jene zwischen 18 und 25 Jahren Adoleszenzliteratur, wenn sich die Texte mit der Krise der Adoleszenz befassen.[19]

Ein anderes Kriterium, das immer wieder herangezogen wird, ist das der Einfachheit. Kinderliteratur müsse thematisch und in der Wahl der literarischen Mittel einfach sein, und abgeschlossen, also keinesfalls mit einem offenen Ende aufhören. Dieser Logik folgend verböte sich moderne und ganz sicherlich postmoderne Kinder- und Jugendliteratur. Gerade Kinderliteratur soll einfach sein – sprachlich, thematisch und narratologisch. Ein lauter Gegner dieser Auffassung ist Andreas Steinhöfel. Er kritisiert in seiner 2011 an der Universität Oldenburg gehaltenen Poetikvorlesung die an ihn immer wieder herangetragene Forderung nach Einfachheit, in dem er sagt: „Lesen bedeutet mitunter auch: Anstrengung. Wer sich nicht streckt, wird nicht erwachsen. Wenn ich richtig informiert bin, ist außerdem noch kein Kind an einem Nebensatz gestorben.“[20] Und zu der thematischen Einfachheit, die allzu häufig in einer eher reduktionistischen Auffassung von „Lebensweltbezug" gefordert wird, meint er: „Was die Kinder- und Jugendliteratur immer gebraucht hat, was sie auch weiterhin braucht, sind Beschreibungen nicht nur alltäglicher, sondern *allmenschlicher* Erfahrungen über bloß dem Zeitgeist gezollte politische, ökonomische, soziale Umstände hinaus.“[21]

4 All-Ages-Phänomene bei Marlen Haushofer

Und diese allmenschlichen Erfahrungen, die Steinhöfel hier anspricht, finden wir – um den Bogen wieder zurückzuschlagen – bei Marlen Haushofer. Gerade in Haushofers Werk gibt es thematische Konstanten, die sich in ihrer Kinderliteratur ebenso finden wie in ihrer Erwachsenenliteratur. Doch diese Unterscheidung ist an sich sehr problematisch. Sicherlich ließen sich die einzelnen Werke in irgendeiner Form gewissen Lesealtern zuteilen: Wir könnten

....

19 Kümmerling-Meibauer 2020: 4.

20 Steinhöfel 2012: 178.

21 Steinhöfel 2012: 183.

sicherlich unter Heranziehung von Protagonistinnenalter und paratextuellen Merkmalen Kinderliteratur (*Bartls Abenteuer* (1964), *Wohin mit dem Dackel* (1967), *Brav sein ist schwer, Schlimm sein ist auch kein Vergnügen, Müssen Tiere draußen bleiben?*), Jugendliteratur (bspw. Das Hörspiel *Der Knabe im Dschungel*), Adoleszenzliteratur (*Eine Handvoll Leben* (1955)) und Erwachsenenliteratur identifizieren, ebenso könnten wir mindestens zwei Langtexte als Kindheitsliteratur (*Das fünfte Jahr, Himmel, der nirgendwo endet*) klassifizieren. Doch auch, wenn das durchaus möglich ist, so würde doch ein wesentlicher Aspekt des Haushoferschen Schaffens verloren gehen, nämlich jener, dass Haushofers Texte eben allmenschlich sind. Und das bedeutet nichts weniger, als dass Menschen aller Altersgruppen ihre Texte mit Gewinn lesen können, auch und gerade jene Texte, die als kinderliterarisch verbrämt sind. Das möchte ich im Folgenden an zwei Konstanten zeigen.

4.1   Erziehung zur Anpassung

Iris Denneler führt aus, dass einige der Erzählungen des Bandes *Begegnung mit dem Fremden* aufgrund des Alters der Protagonist*innen, des einfachen Tons und des Duktus als „Kindergeschichten" zu klassifizieren wären.[22] Sie zeigt das anhand einer inhaltlichen Ebene, nämlich anhand der Normvermittlung, die Haushofers Texte durchziehen und argumentiert, dass Haushofers Texte immer Kasus und Memorabile zum Inhalt haben:

> In *Wir töten Stella, Der Wassermann* oder *Die Wand* geschieht ein Mord, in *Himmel, der nirgendwo endet* wird ein Mädchen zur Anpassung erzogen, in *Die Tapetentür* haben wir eine Beichte, ein Gewissensbuch vor uns liegen – Verhaltensregeln, Konventionen, Normen bestimmen das Denken und Handeln der Protagonistinnen. Einübung resp. Kritik von Normen heißt aber auch, daß Erziehungsfragen in Haushofers Texten eine beachtliche Rolle spielen. Genau dies ist eine der Gemeinsamkeiten mit der Kinder- und Jugendliteratur, die allerdings – und die

---

22 Denneler 2000: 81.

Rezeptionssituation belegt dies ganz deutlich – von der hohen Literatur abgegrenzt wird.[23]

Dass diese Abgrenzung von Haushofers Kinderliteratur von ihrer Erwachsenenliteratur schon formal schwierig ist, konnte oben bereits gezeigt werden. Aber auch inhaltliche Aspekte sprechen klar dagegen, dass eine solche Grenzziehung möglich ist. Eine Konstante in Haushofers Werk ist das Spannungsverhältnis zwischen Individuum und Gesellschaft. Dieses Spannungsverhältnis wird in sehr vielen Texten unterschiedlich dargestellt, mit unterschiedlichen Problemstellungen und unterschiedlichen Ausgängen. Denneler führt dies mit Blick auf die kinderliterarischen Texte aus, in denen dieses Spannungsverhältnis symbolisch immer wieder als „Drinnen" und „Draußen" aufgeführt wird.[24] Dabei kehrt sie den erzieherischen Aspekt besonders hervor. Doch dieses Erziehen ist nicht bloß ein Anerziehen von Verhaltensmustern oder Normen, wenngleich beides eine große Rolle spielt, es ist vielmehr ein Erziehen zur aktiven Selbstaufgabe, ein Erziehen zum Anpassen.

Gerade in *Brav sein ist schwer* und *Schlimm sein ist auch kein Vergnügen* zeigt sich dieser Prozess der Anpassung. Ist der ältere Bruder Fredi in *Brav sein ist schwer* schon von Beginn an damit beschäftigt, seinen kleinen Bruder zu zähmen, so tut er dies in erster Linie, um nicht schuld an seinem „Schlimmsein", also großer Lautstärke, zerrissener Kleidung und gestohlenem Essen zu sein, so internalisiert er die Regeln mit zeitlichem Fortschritt immer mehr, bis er am Ende von *Schlimm sein ist auch kein Vergnügen* sogar die Großmutter als leichtsinnig bezeichnet, weil sie nach dem Zähneputzen noch Zuckerl verteilt: Die Anpassung ist also hier so weit vorangeschritten, dass er sogar die normsetzende Instanz (auch wenn der Großvater da klar stärker als Instanz markiert ist) auf Regelübertritte hinweisen zu müssen glaubt. Dies zeigt sich auch beim Vergleich der beiden Buchcover: Von verschrammten Knien und rosigen Bäckchen und einem bei einer gewissen Ernsthaftigkeit doch freien Blick wandelt sich der in beiden Romanen als Erzähler auftretende Protagonist Fredi in einen Buben, der lange Hosen trägt und brav mit verschränkten

---

23 Denneler 2000: 81.
24 Denneler 2000: 91.

Armen dasteht. Wie um das noch deutlicher zu machen, strickt seine etwa gleichaltrige Kusine Micky hier im Vordergrund. Sein jüngerer Bruder Buz ist unverändert frei, er hat sich nicht gewandelt und trägt sogar an derselben Stelle ein Pflaster. Lise aber, die kleinere Schwester von Micky hat brav geflochtene Zöpfe und sieht ebenfalls äußerst friedlich aus.

In einem Text mit einem adoleszenten Protagonisten zeigt sich Erziehung zur Anpassung jenseits bloßer Verhaltensnormen: In dem Fernsehspiel *Der Knabe im Dschungel* wird der Protagonist Thomas Rosner von seiner Schwester über das Handeln der Eltern im Krieg aufgeklärt: Der Vater hat Morde befehligt, die Mutter eigenhändig ein kleines Kind wenigstens schwer verletzt, wenn nicht getötet. Im Laufe von einer Spielzeit von weniger als einer Stunde wird aus einem offenen, ehrlichen und allseits interessierten Jungen ein junger Mann, der ausweichend antwortet, seine Fragen nicht ausspricht und somit angepasst ist. Zuerst wirft er seiner Schwester noch vor: „Du redest wie die Erwachsenen. Gehörst du denn auch schon zu ihnen? Wenn nicht, was nimmst du sie in Schutz? Was hast du mit ihnen gemeinsam, du hast doch noch nichts verbrochen?"[25] und resigniert am Ende des Gesprächs mit „Nein; in Zukunft werden wir uns unterhalten wie die Großen – blah, blah, blah –, nur dass die Zeit vergeht, und wir werden Kaffee trinken und Zigaretten rauchen" (*KD* 82). Die Anpassung hier geht über die Ebene des Verhaltens hinaus, Thomas internalisiert Denkmuster, lernt Konventionen des Erwachsenseins kennen und Hoffnungslosigkeit tritt anstelle der kindlichen Hoffnung. Mit zunehmendem Protagonist*innenalter wird die Erziehung zur Anpassung also komplexer.

Ähnlich entfremdet ist sich Meta in *Himmel, der nirgendwo endet*, als sie nach dem ersten Internatsaufenthalt zu Besuch in ihrem Elternhaus ist. In den Sommerferien, als sie zum zweiten Mal aus dem Internat zurückkehrt, merkt sie aber, dass ein Prozess der Ablösung begonnen hat, dass sie ihre Kindheit verloren hat und alle Handlungen, die früher Bedeutung hatten, nun bedeutungslos geworden sind:

> Sie spielt nur Traurigsein, weil sie es eigentlich sein müßte. In Wirklichkeit spürt sie gar nichts [...] Das Verlangen zerrt an ihr, ihr Gesicht an

---

25 Haushofer 1991b: 80. Im Folgenden im Fließtext mit der Sigle *KD* zitiert.

     © Frank & Timme   Verlag für wissenschaftliche Literatur

den Stein zu pressen und den alten Moosgeruch zu riechen. Aber schon ist es vorüber, sie weiß, sie möchte es nur tun, weil sie es so oft getan hat. Kälte breitet sich in ihr aus und ein leeres Gefühl wie Hunger.[26]

Erziehung zur Anpassung durchlebt auch Elisabeth in „Die Beichte" (1985), wo durch eine Beichte die jugendliche Schwärmerei aufgelöst wird. Diese Anpassung ist eine doppelte: Wurde Elisabeth der Geographielehrer Dr. Engelhart ausgetrieben, weil sie plötzlich sein Aussehen anders wahrnimmt, so hat sie dadurch doch gleichzeitig akzeptiert, wie Männer aussehen, sobald sie sie begehren darf:

> Mitleidlos nahm ich ihn unter die Lupe und entdeckte hundert Mängel. Und an einem heißen Junitag schwand der letzte Rest meiner Verehrung, als er nämlich den Rock auszog und ich feststellen mußte, daß er Hosenträger trug [...] Du lachst, meine Liebe, aber damals war ich wirklich so dumm, oder vielleicht war es gar nicht so dumm, und ich habe mich nur im Leben an den Hosenträger gewöhnt.[27]

Das Grauen vor der Erziehung zur Anpassung, vor dem Verlust der Individualität, dem eigenen Geschmack und Urteil kann als eine Konstante des Haushoferschen Schaffens beschrieben werden, ein Grauen, das an Leser*innen aller Alter vermittelt wird. Denneler machte hier noch einen klaren Unterschied zwischen den kinderliterarischen Texten und jenen, die sie als an Erwachsene gerichtet klassifizierte:

> Die Kinder- und Jugendliteratur war für Marlen Haushofer nicht nur eine willkommene Abwechslung [...], sondern ein kontrapunktischer Auftakt: Die Möglichkeit, im kindlichen Ton und Fabulieren ihrer Gestalten einen Teil ihres Ungehorsams zu behaupten und auszuleben, das „arme" Tier in ihr zur Sprache zu bringen. Nicht negative Ironie, Einbrüche des Absurden kennzeichnen ihre Kinderbücher, sondern

---

26 Haushofer 1969: 219.
27 Haushofer [1985] 1991a: 58.

positives Standpunktbeziehen als souveräne Befreiung gegenüber den Katastrophen des bürgerlichen Lebens. So sind ihre Jugendbücher [...] selbstbewußter als das übrige Werk.[28]

Auch wenn diese Argumentation bestechend ist, so lässt sich die eindeutige Unterscheidung, die hier insinuiert wird, wohl kaum aufrechterhalten.[29] Sicherlich ist die Utopie in den Texten, die kindliche Protagonist*innen haben, näher,[30] aber gerade an den Erzählungen zeigen sich die von Denneler angesprochenen Merkmale deutlich: Erziehung zur Anpassung ist nichts, was nur in Haushofers Kinderliteratur vorkommt, sondern eben eine Konstante. Gerade mit jugendlichen oder adoleszenten Leser*innen (wie Student*innen) einen vergleichenden Blick auf diese Texte zu werfen, kann bis heute zu einem Ausloten von Perspektiven der Gender Equality im Alltag führen. Dabei kann eine Lektüre der hier genannten Texte mit jener einzelner Kurzgeschichten, z.B. „Ein gemütlicher Abend zu Hause" (1985) oder „Das Myrtenbäumchen oder die leichtfertige Mathilde" (1956) Leser*innen anregen, eigene Verhaltensweisen und – das ist das Besondere – die Genese dieser Verhaltensweisen zu hinterfragen.

4.2   Ausloten und Überschreiten von Grenzen

Eine weitere Konstante ist jene der Grenzüberschreitung. Diese finden wir sowohl auf formaler als auch auf inhaltlicher Ebene. Immer wieder wird über die angebliche Einfachheit der Haushoferschen Literatur gesprochen. Markus Bundi schreibt Haushofer in seinem Essay *Begründung eines Sprachraums* zu, dass ihr gelungen sei, die Dinge *scheinbar* einfach zu machen. Das zeigt er an den komplexen Rahmungen des kurzen Textes „Der Mann und sein Hund". Hier wird zuerst die Schreibsituation geschildert, dann spannt ein Märchenbeginn den nächstkleineren Rahmen auf, dann wird eine parabelartige Ge-

....

28   Denneler 2000: 98.

29   Saletta unterscheidet noch zusätzlich zwischen klassischer und unkonventioneller Kinderliteratur bei Marlen Haushofer (Saletta 2010: 29).

30   Dallinger führt anhand einer Untersuchung der Vater- und Großvaterfiguren die Unterscheidung von Denneler noch weiter aus (Dallinger 2010: 132).

schichte erzählt, die offen und also ohne Lehre ausgeht. Daraufhin kommt sie wieder zurück in die Schreibsituation, wo plötzlich zwei unmotivierte Männer auftreten, die jeweils ein Ende vorschlagen und dann liefert ein bislang nicht in der Handlung vorgekommenes Mädchen eine dritte Perspektive, nur, damit die Autorin den Schluss ihren Leser*innen überlässt: „Und so weiß ich bis jetzt nicht, wie die Geschichte eigentlich ausgegangen ist. Vielleicht findet einer meiner Leser einen Schluß, der dem Mann und dem Hund gleichermaßen gerecht wird."[31] Der durch den Märchenbeginn erwartbare runde und klare Abschluss („und wenn sie nicht gestorben sind [...]") findet explizit nicht statt.[32] Die Analyse zeigt – einfach ist der Text nicht beschaffen. Ähnliche Rahmungsvorgänge und Einbettungen finden sich im Text „Der Wassermann", sowohl in der Prosaerzählung (1956), die einfach anmutet, als auch in der komplexeren Hörspielfassung (1991).[33] Aber auch *Brav sein ist schwer* weist keine geringe formale Komplexität auf, wie Daniela Strigl anmerkt: „Bei aller Heiterkeit mutet Marlen Haushofer ihren kindlichen Lesern nicht nur die Unterscheidung von subjektivem und objektivem Standpunkt zu, sondern auch Gestalten, die traurig, einsam und verschroben sind, die altern müssen."[34]

Dieses Ausreizen zeigt sich inhaltlich auch an der Erzählung „Die Geschichte vom Menschenmann" (1966): In dieser, an die Genesis erinnernden Geschichte eines Paares beobachtet die Frau die Entwicklung der (männlichen) Zivilisation an ihrem männlichen Gegenpart mit Geduld – bis sie den Mann einer hungrigen Wölfin verfüttert.[35] Es ist eine Geschichte, die das Problem der Zivilisation im Keim erstickt. Auch dieser Text ist äußerst schwer einzuordnen, seine Adressierung nicht überzeugend bestimmen. Leichter lässt sich der Text in die hier dargestellte Konstante des Werkzusammenhangs einreihen als ihn in eine der beiden (oder drei, wenn wir Saletta folgen) Literaturen der Haushofer einzuordnen.

....

31 Haushofer [1985] 1991c: 143.

32 Vgl. Bundi 2019: 27–50.

33 Haushofer 1991d.

34 Strigl 2000: 271.

35 Ein ähnliches Setting, wenngleich mit anderer Perspektive und ohne Grenzüberschreitung, findet sich in Mark Twains *Diaries of Adam and Eve*.

Besonders deutlich wird die Verknüpfung der formalen und inhaltlichen Grenzüberschreitung anhand der Erzählung „Das fünfte Jahr".[36] Schon rein äußerlich ist festzustellen, dass es sich hier um eine Erzählung von eigentümlicher Länge handelt. Mit rund 50 Seiten ist sie wesentlich länger, als Erzählungen üblicherweise sind. Neben dieser Überschreitung ist die Adressierung dieses Textes besonders schwierig: Erwachsenenliteratur aus der Perspektive eines so kleinen (und vor allem nicht altklugen) Kindes ist äußerst selten und Kinderliteratur, in der so viel detaillierte Landschafts- und Tierbeschreibung vorkommt, ist ebenfalls eher selten. Inhaltlich werden hier beständig Grenzen überschritten: Marili will werden wie ihr Großvater, sie will explizit die Grenzen der dargestellten weiblichen Geschlechtsrolle überschreiten, wie Strigl bereits ausführt,[37] weil sie nicht so werden will wie die Großmutter und auf Stricken keine Lust hat. Weiters verprügelt sie einen älteren Buben, weil dieser beiläufig erwähnt, dass er Katzen ertränken will und wird dafür zwar nicht explizit gelobt, aber doch implizit durch ein gemeinsames Geheimnis vor der Großmutter dafür belohnt. Ihr gewaltvolles Verhalten wird, unüblich für Kinderliteratur auf keine Art und Weise problematisiert (*FJ* 31–32). Natürlich kann dieser Text als Kindheitsliteratur gelten, aber die kindliche Perspektive ist sehr überzeugend, so dass hier meines Erachtens ein All-Ages-Text vorliegt, der formale und inhaltliche Grenzen klar überschreitet.

Auch an einem bislang eher wenig beachteten Teil von Haushofers Werk lassen sich die All-Ages-Qualitäten des Haushoferschen Schaffens zeigen: die Märchen. Wiewohl in der breiten Öffentlichkeit oft als Kinderliteratur wahrgenommen, sind gerade deutschsprachige Märchen selten „einfach" oder „leicht" und werden gegenwärtig häufig für Erwachsene vor allem aus feministischer Sicht neu bearbeitet, wie bspw. bei Angela Carters *The Bloody Chamber and Other Stories* oder Karen Duves *GRRRRIMM*. An Haushofers drei Märchen *Das Waldmädchen*, *Das Nixenkind* und *Der gute Bruder Ulrich* werde ich noch einmal zusammenfassend die angesprochenen Aspekte zeigen: In der posthum erschienenen Erstausgabe von 1972 für Leser ab 8 Jahren empfohlen, erinnert ihr Duktus ganz deutlich an Grimmsche Märchen. Auch finden die Texte einen

....

36 Haushofer [1952] 1992. Im Folgenden im Fließtext mit der Sigle *FJ* zitiert.

37 Strigl 2000: 53–54.

Abschluss, ein klares Ende, wenn dieses jeweils auch sehr stark konstruiert wirkt. Es sind Geschichten der Erziehung zur Anpassung und gleichermaßen deren Verluste – das Waldmädchen, das von einem Prinzen geheiratet wird und sich nur schwer an das Leben im Schloss gewöhnen kann – wird zur Mutter und damit angepasst. Auf die Frage ihres Mannes, ob sie mit dem Neugeborenen nicht doch in den Wald gehen möchte, antwortet die Königin „Nein, denn jetzt bin ich hier zuhause."[38]

Auf die Thematik der Anpassung im zweiten Märchen *Das Nixenkind* verweist auch Markus Bundi. Ein Müllerpaar, das kein Kind bekommen kann, nimmt das ungewollte Kind einer Nixe auf. Nach einer Zeit holt sich diese ihr Kind zurück und bemüht sich, es an das Leben unter Wasser anzupassen: „Sie wird sich noch an mich gewöhnen, dachte die Nixe, und sie fing die schwarze Wasserschlange, die mußte Mariechen Geschichten erzählen, bis es eingeschlafen war."[39] Gleichzeitig hat aber die Nixe bei den Menschen gelebt und sich an diese angepasst: „Ich bin krank geworden, dachte sie. Ich habe zu lange bei den Menschen gelebt. Und sie presste die Hand auf die Brust, auf die Stelle, wo die Träne der Müllerin hingefallen war."[40] Sie bringt das Kind zu seiner Stiefmutter zurück, es kommt zu einem Wiedersehen und die Kleinfamilie ist glücklich, während die Nixe weder ganz ein anarchisches Wasserwesen bleibt, noch an der Mutterschaft und den Konventionen der Landbewohner teilnehmen kann. Diese doppelte Form der (gescheiterten) Anpassung ist durchaus mehrdeutig, in der Tradition des Motivs der Nixen und Undinen bleibt der Konflikt letzlich unauflösbar. Das dritte Märchen ist ebenso komplex: Zwei Jungen wachsen bei einer Amme im Wald auf, der eine ist der Königssohn, der andere der Sohn der Amme. Der Prinz wird durch politische Verschiebungen wieder zum König, der andere bleibt im Wald wohnen. Im Laufe des Lebens nimmt der König seinem Bruder alles, was ihm selbst fehlt, seine Schönheit, seine Frau, und schließlich sein Leben, denn er schickt den Tod stellvertretend zu ihm. Dann aber wird er trübsinnig und beginnt sein Schicksal zu beklagen und im Sterben versöhnt er sich mit seinem Bruder Ulrich, der schon geduldig

....

38 Haushofer 2020c: 21.
39 Haushofer 2020b: 33.
40 Haushofer 2020b: 35.

auf ihn wartet. Der Prozess der Erziehung zur Anpassung ist hier nur auf den ersten Blick gelungen: Erziehung zur Anpassung verweist gerade auf die mit diesem Prozess verbundene selbsttätige Unterordnung. Diese ist hier nicht zu finden. Der König erkennt nur durch körperliches Unwohlsein (ein kaltes Herz) und durch ein Naturwunder (er hat das Herz des toten Bruders mit einem Ebereschenstock durchstoßen lassen und dieser Stock beginnt plötzlich zu blühen), dass er unrecht gehandelt hat und die Wandlung scheint daher nicht glaubwürdig. Dass es sich hier um das Scheitern eines Erziehungsprozesses einer männlichen Figur handelt, ist dabei sicherlich signifikant, ebenso sind die Normdispositive hier weniger klar verteilt, weil die Mutter ihren Sohn immer wieder davon überzeugt, dem Königssohn alles zu geben. Es bietet sich hier also eine andere Lesart an: Widerstand gegen die Erziehung zur Anpassung kann gelingen, wenn man männlich und mächtig ist.

Dass in Märchen gestorben wird, dass Schwangerschaft und Kinderlosigkeit thematisiert werden, ist nichts Neues. Auffällig an Haushofers Märchen ist hier das Nicht-Moralische ihrer Märchen. Der „böse" Prinz wird nicht bestraft, sondern durch die Vereinigung mit seinem Bruder gleichsam erlöst. Saletta liest diese drei Märchen als Parabeln von Mutterschaft und zieht eine Parallele zwischen der Schwierigkeit Haushofers mit der Unkonventionalität des beruflichen Schreibens und der (wissenschaftlichen) Schwierigkeit, ihr kinderliterarisches Schaffen zu definieren.[41] Diese Definitionsschwierigkeit entsteht jedoch in erster Linie durch die Abgrenzung. Nehmen wir den Werkzusammenhang in den Blick, so zeigen sich Konstanten eher als Brüche. Neuere Ansätze sind da möglicherweise produktiver: Bundi versteht Haushofers Märchen beispielsweise als das Ausreizen einer gegebenen Form, inklusive Grenzüberschreitung. Familienbande und vermeintliche Idylle sind prädestiniert, um im Märchen beleuchtet, neu ausgeleuchtet zu werden. Das Märchen meint auch immer Heimat insofern, als es ein Zuhause widerspiegelt, weswegen es als Form an seine Grenzen gerät, wenn sich das Unheimliche nicht mehr bannen lässt.[42]

41 Saletta 2010: 83.
42 Bundi 2019: 105.

5   Fazit

Marlen Haushofer ist im Bereich der Kinder- und Jugendliteraturforschung nie als kanonische Kinderbuchautorin wahrgenommen worden. Einträge in Lexika verzeichnen ihr Nicht-Erwachsenen-intendiertes Werk bestenfalls als „erfolgreich" oder als „Nebeneinkunftsquelle". Die andere Hälfte der halbierten Autorin stand in der Frage um ihren literarischen Rang immer im Vordergrund. Das ist – wie eingangs gezeigt – nichts Besonderes. Dass Marlen Haushofers Kinderliteratur oft als Nebenprodukt angesehen wird, die uns nur dazu dient, der „wirklichen" Literatur näherzukommen, sagt einiges über den Stellenwert der Kinder- und Jugendliteratur in der Literaturwissenschaft und in der Literaturkritik aus. Das wiederum sagt einiges über unsere Haltung zu Kindern aus. An dieser Stelle möchte ich noch einmal Andreas Steinhöfel bemühen, der die Hierarchieunterschiede zwischen Kinderautor*innen und Erwachsenenautor*innen moniert und festhält: „Die Werke des Kinder- und Jugendbuchautoren stehen im öffentlichen Ansehen bestenfalls so hoch, wie das Publikum, für das er sie schreibt."[43] Und, an anderer Stelle weiter: „Im selben Maße, in dem Kinder und Jugendliche für geistig so beschränkt oder minderbemittelt gehalten werden, dass man ihnen Literatur wie Medizin verabreichen muss [...] im selben Maße ist auch der Autor angesehen, der für diese Jugendlichen schreibt: Der Einäugige unter den Blinden."[44]

Auch Steinhöfels Metapher ist eine der Halbierung, der halbe Blick wird nur Autor*innen zugetraut, die für Kinder- und Jugendliche schreiben. Wie aber gehen wir also mit einer Autorin um, deren literarisches Schaffen nicht eindeutig das eine oder das andere ist? Marlen Haushofers Werk ist ebenso unangepasst, wie es manche ihrer kindlichen Protagonistinnen (es sind vor allem junge Mädchen) sind, es überschreitet inhaltliche und formale Grenzen. Wenn Kanonisierung selektiv ist, und für das Erinnern im kulturellen Gedächtnis bestimmte Eigenschaften und Qualitäten ausgewählt werden müssen, so könnte eine Besonderheit bei Marlen Haushofer sein, dass sie nicht neben ihren Kinderbüchern auch für Erwachsene geschrieben hat oder neben der

---

43   Steinhöfel 2012: 180.
44   Steinhöfel 2012: 184.

ernsten Literatur auch für Kinder schrieb, sondern vielleicht lässt sich Marlen Haushofer neu perspektivieren, als eine Autorin für alle Alter.

Bibliographie

Primärliteratur

AICHINGER, ILSE (1986 [1948]): *Die größere Hoffnung*. Frankfurt/M.: Fischer.

CARTER, ANGELA (2006 [1979]): *The Bloody Chamber and Other Stories*. London: Vintage.

DUVE, KAREN (2014): *Grrrimm*. München: Goldmann.

ENDE, MICHAEL (2016 [1969]): *Der satanarchäolügenialkohöllische Wunschpunsch*. Stuttgart: Thienemann-Esslinger.

HAUSHOFER, MARLEN (1992 [1952]): „Das fünfte Jahr". *Schreckliche Treue. Erzählungen*. Hamburg/Düsseldorf: Claassen, S. 5–54.

—, (1965): *Brav sein ist schwer*. Wien: Jugend und Volk.

—, (1966): „Die Geschichte vom Menschenmann." Marlen Haushofer. *Lebenslänglich*. Graz/Wien/Köln: Stiasny, S. 81–85.

—, (1969): *Himmel, der nirgendwo endet*. Hamburg/Düsseldorf: Claassen.

—, (1973 [1970]): *Schlimm sein ist auch kein Vergnügen*. Wien: Jugend und Volk.

—, (1991a [1985]): „Die Beichte". *Begegnung mit dem Fremden. Erzählungen*. Hamburg/Düsseldorf: Claassen, S. 56–59.

—, (1991b [1985]): „Der Knabe im Dschungel. Fernsehspiel." *Die Überlebenden. Unveröffentlichte Texte aus dem Nachlaß. Aufsätze zum Werk*. Ed. Christine Schmidjell. Linz: Landesverlag, S. 61–90.

—, (1991c [1985]): „Der Mann und sein Hund". Marlen Haushofer. *Begegnung mit dem Fremden. Erzählungen*. Hamburg/Düsseldorf: Claassen, S. 140–143.

—, (1991d): „Der Wassermann. Hörspiel". *Die Überlebenden. Unveröffentlichte Texte aus dem Nachlaß. Aufsätze zum Werk*. Hrsg. von Christine Schmidjell. Linz: Landesverlag, S. 91–111.

—, (2020a [1972]): „Der gute Bruder Ulrich." *Der gute Bruder Ulrich. Märchen-Trilogie*. Innsbruck und Wien: Limbus, S. 39–50.

   © Frank & Timme   Verlag für wissenschaftliche Literatur

—, (2020b [1972]):„Das Nixenkind." *Der gute Bruder Ulrich. Märchen-Trilogie.* Innsbruck/Wien: Limbus, S. 23–37.

—, (2020c [1972]):„Das Waldmädchen." *Der gute Bruder Ulrich. Märchen-Trilogie.* Innsbruck/Wien: Limbus, S. 7–21.

TWAIN, MARK (2001): *The Diaries of Adam and Eve. Translated by Mark Twain.* San Francisco: Fair Oaks.

WOOLF, VIRGINIA (2001 [1929]): *A Room of One's Own.* Ontario: Broadview.

Sekundärliteratur

ASSMANN, ALEIDA (2006): „Kanon und Archiv – Genderprobleme in der Dynamik des kulturellen Gedächtnisses." *A Canon of Our Own? Kanonkritik und Kanonbildung in den Gender Studies.* Hrsg. von Marlen Bidwell-Steiner und Karin Wozonig. Innsbruck: Studienverlag, S. 20–34.

BLÜMER, AGNES (2020): „Crossover-Literatur." *Handbuch Kinder- und Jugendliteratur.* Hrsg. von Tobias Kurwinkel und Philipp Schmerheim. Heidelberg: Springer, S. 9–13.

BUNDI, MARKUS (2019): *Begründung eines Sprachraums. Ein Essay zum Werk von Marlen Haushofer.* Innsbruck/Wien: Limbus.

DALLINGER, PETRA-MARIA (2010): „„Ich möchte wissen, was der Großvater nicht kann'. Begegnungen mit Großvätern, Vätern und Onkeln im Werk von Marlen Haushofer". *Marlen Haushofer 1920–1970. Ich möchte wissen, wo ich hingekommen bin!.* Hrsg. von Christa Gürtler. Linz: StifterHaus, S. 119–133.

DENNELER, IRIS (2000): „„Lauter Katzengeschichten?' Die Kinderbücher der Marlen Haushofer." *„Eine geheime Schrift aus diesem Splitterwerk enträtseln ..." Marlen Haushofers Werk im Kontext.* Hrsg. von Anke Bosse und Clemens Ruthner. Tübingen/Basel: Francke, S. 81–99.

DUSAR, INGEBORG (2000): „Marlen Haushofer versus Ingeborg Bachmann. Fragen der Kanonisierung in der Literaturkritik." *„Eine geheime Schrift aus diesem Splitterwerk enträtseln ..." Marlen Haushofers Werk im Kontext.* Hrsg. von Anke Bosse und Clemens Ruthner. Tübingen/Basel: Francke, S. 231–56.

KÜMMERLING-MEIBAUER, BETTINA (2020): „Begriffsdefinitionen." *Handbuch Kinder- und Jugendliteratur*. Hrsg. von Tobias Kurwinkel und Philipp Schmerheim. Heidelberg: Springer, S. 3–8.

LEXE, HEIDI und ERNST SEIBERT (2020): „Geschichte der Kinder- und Jugendliteratur in Österreich." *Handbuch Kinder- und Jugendliteratur*. Hrsg. von Tobias Kurwinkel und Philipp Schmerheim. Heidelberg: Springer, S. 75–79.

ESTER SALETTA (2010): *„Ein kleines Juwel." Die italienische Rezeption Marlen Haushofers. Mit besonderer Berücksichtigung ihres Kinderbuchs* Brav sein ist schwer. Wien: Praesens.

SEIBERT, ERNST (1996): „Interpretation von Kinderliteratur. Marlen Haushofer – die Rekonstruktion einer kindlichen Ontologie". *ide* 4, S. 109–118.

—, (1999): „Einfachheit und Komplexität in der Literatur Marlen Haushofers". *Jahrbuch für Kinder- und Jugendliteraturforschung 1997/98*. Hrsg. von Hans-Heino Ewers et al. Stuttgart: Metzler, S. 48–60.

STEINHÖFEL, ANDREAS (2012): „Machen Sie mal einen Punkt – Zum Einfluss vom Rand." *Poetikvorlesung zur Kinder- und Jugendliteratur 2009–2011*. Hrsg. von Ute Dettmar und Mareile Oetken. Oldenburg: BIS-Verlag der Carl von Ossietzky Universität Oldenburg, S. 177–207.

Steyrer Manifest. https://stifterhaus.at/fileadmin/Steyrer_Manifest (letzter Zugriff: 6.10.2021).

STRIGL, DANIELA (2000): *Marlen Haushofer. Die Biographie.* München: Claassen.

WEXBERG, KATHRIN (2010): „,Nichts bleibt, wie es ist.' Die Kinderbücher von Marlen Haushofer." *Marlen Haushofer 1920–1970. Ich möchte wissen, wo ich hingekommen bin!*. Hrsg. von Christa Gürtler. Linz: StifterHaus, S. 101–15.

EMILY JEREMIAH

An Unjust Story: Complicity and Affect in Marlen Haushofer's *Wir töten Stella*

The work of Marlen Haushofer has sometimes been viewed as marginal, domestic and "feminine"; upon its initial reception it was seen as "Hausfrauenprosa" and as "bourgeois, banal, and harmless".[1] Haushofer wrote at the kitchen table and experienced a tension between writing and domestic and familial duties.[2] Space, and indeed constraint, are significant tropes in her work. Franziska Frei Gerlach notes: "Es sind immer wieder Räume, von denen Marlen Haushofer erzählt". Moreover, she points to the titles of Haushofer's works, *Die Tapetentür, Die Mansarde* and *Die Wand* in this connection.[3] Christa Gürtler observes comparably: "Die Dialektik von Ein- und Ausschluss durchzieht alle Texte von Marlen Haushofer, die Frauen sind eingeschlossen in ihren privaten Zimmern, Mansarden, Häusern. Wände markieren die Grenzen zwischen ihnen und der Außenwelt."[4] In *Die Wand*, most notably, the central figure is cut off from the rest of the world, which has apparently been frozen in time. Anna Mitgutsch notes the importance of the figure of the woman at the window in Haushofer's work: observant, yet not participating in the world.[5]

....

1   Gürtler 2010: 8, Kecht 2007: 83. See also Gerlach 1998: 155.
2   Daniela Strigl notes that this tension was productive: "Als Schreibende am Küchentisch so etwas wie die Gegenfigur zu Ingeborg Bachmann, ist es Marlen Haushofer gelungen, die gesellschaftlichen Widersprüche der ersten Nachkriegsjahrzehnte wie auch die Widersprüche der eigenen Existenz zwischen Provinz und Hauptstadt, zwischen Zahnarztgattin und Künstlerin, für ihr Werk produktiv zu machen" (Strigl quoted in Kaindlstorfer 2020). See also Strigl 2007: 162.
3   Gerlach 1998: 158.
4   Gürtler 2010: 9.
5   Mitgutsch 2010: 51.

The narrator of *Wir töten Stella*, the focus of this chapter, indeed frequently stands at the window. As critics such as Gerlach and Maria-Regina Kecht have noted, Anna, the narrator-protagonist of this text, is complicit in what she describes: the killing of the titular Stella. She recounts how she allowed the girl to lodge with her family, which consists of her and her husband Richard and their two children, Wolfgang and Annette. Richard seduces and then abandons Stella, who consequently commits suicide. Here I will focus on the questions of complicity, memory and consciousness and on body and affect, also highlighting the affective power of the text itself, in particular through a discussion of the process of translation. In *The Cultural Politics of Emotion* Sara Ahmed suggests: "Emotions shape the very surfaces of bodies, which take shape through the repetition of actions over time, as well as through orientations towards and away from others."[6] Throughout Haushofer's text emotions are understood as bodily, as we shall see. Ahmed also asks: "How are emotions bound up with stories of justice and injustice?"[7] This is a question to which I return in my conclusion.

1   Complicity, Memory and Consciousness

Gerlach notes of *Wir töten Stella*: "Eindringlich beschreibt die Novelle die Verstrickung weiblichen Rollenverhaltens in die Reproduktion patriarchaler Gewaltzusammenhänge und die tragende Funktion von Illusionen dabei."[8] Haushofer's reading of Simone de Beauvoir may well have informed this nuanced depiction of bad faith.[9] Kecht notes comparably that Haushofer "presents a scathing picture of femininity in the patriarchal order of the 50s", in which women become "accomplices in the perpetuation of corrupt structures and strategies of domination".[10] Critics have pointed to the ambivalent, and dubious,

---

6   Ahmed 2004: 4.
7   Ahmed 2004: 193.
8   Gerlach 1998: 194.
9   Kecht 2007: 89; Strigl 2007: 193. See also Beauvoir 1997.
10   Kecht 2007: 98.

status which Anna occupies: Gerlach suggests, "Anna steht in ihrer Mittäterschaft in einer ambivalenten Position zwischen Täter und Opfer", while Kecht observes: "Anna [...] participates in the tacitly choreographed destruction of the other."[11] As these critics note, then, Anna is enmeshed in a social order which is built on tyranny and exploitation: public and private are intertwined.

Anna is passively complicit in this order. She claims: "Es langweilt mich, wenn ich mich in die Angelegenheiten anderer Leute mischen soll, und es ist mir in tiefster Seele zuwider."[12] She hates scenes with her husband, Richard, favouring peace (*WtS* 85). However, this preference for peace is destructive, involving wilful blindness to wrongdoing. Anna dreams she is stoning the mythical figure of Cassandra; Gerlach notes she is "einerseits in der Position der wissenden Seherin [...] und andererseits in der Position der Steinwerferin, die die Weissagungen vertreiben will".[13] Kecht makes a connection with Bachmann, who detected the Fascism underlying the gendered order. Kecht maintains that Haushofer, too, "discerned [...] that fascism starts in human relations" and refers to the "privatized fascism" that features in *Wir töten Stella*.[14] Guilt and complicity are important here. Kecht suggests: "Again and again [Haushofer] grappled critically with the betrayal of the self, with responsibility for one's acts, with guilt for deeds done or left undone."[15]

Memory is key to the text, which consists of Anna's transcribed recollections of what has happened. Kecht alludes to the silencing of women in postwar Austria and notes of the text:

> [W]e [...] witness the subjection of the female (Other) to a patriarchal, fascist-like Order, which destroys her; we become aware of the dynamics between perpetrator and accomplices in maintaining this order; and

---

11 Gerlach 1998: 199, Kecht 2007: 92.

12 Haushofer 1993: 72. Further references are given in parentheses in the text as *WtS* followed by the page number.

13 Gerlach 1998: 191.

14 Kecht 2007: 83, 100 n. 2.

15 Kecht 2007: 89.

we experience the modes of remembrance and forgetting in coping with the (suppressed) guilt about supporting the order.[16]

The process of memory is important to Haushofer more generally, as Gerlach claims.[17] Remembering is not a simple matter here: Gürtler notes the importance of "das Unbewusste und Verdrängte" in Haushofer, which is revealed by means of fairy tales or dreams, and she points up the gaps in the texts.[18] In *Wir töten Stella*, the narrator dreams of Cassandra, as mentioned, and also that she is buried in a cellar, an image which harks back to the Second World War, alluded to briefly when she remembers looking after Wolfgang as a baby during the war. It also suggests entrapment. The narrator's account is an attempt to impose order on what happened, but the attempt fails: "Einmal war alles gut und in Ordnung, und dann hat jemand die Fäden verwirrt. Ich kann den Anfang nicht mehr finden, und das Gespinst unter meinen Händen verwirrt sich von Tag zu Tag mehr, es wächst und wuchert, und eines Tages wird es mich begraben und ersticken" (*WtS* 100).

2 Body and Affect

Lorraine Markotic notes that the term "melancholy" appears often in the reception of Haushofer's work, suggesting that the works themselves can help to revaluate our conception of melancholy – she draws here on Freud and Kristeva.[19] The story indeed provokes affect, also describing it. The narrator describes how she seems to be behind a wall, trapped in a robotic form of existence:

Vor Jahren war mir etwas geschehen, das mich in einem reduzierten Zustand zurückgelassen hat, als einen Automaten, der seine Arbeit ver-

---

16 Kecht 2007: 91.

17 "Die Ambivalenz von Erinnern und Vergessen erscheint als allgemeines Strukturmerkmal der Haushoferschen Texte" (Gerlach 1998: 175).

18 Gürtler 2010: 9.

19 Markotic 2008: 65, 70.

richtet, kaum noch leidet und nur für Sekunden zurückwandelt wird in die lebendige junge Frau, die er einmal war [...] Und dann gibt es noch das andere, das mich mit Furcht erfüllt, mit Entsetzen. (*WtS* 67)

This abject force, which manifests itself as the faces of passers-by, the howl of a dog, the smell of blood in the butcher's, touches her "als eine kalte Hand beim Anblick von Richards vollem, heiterem Gesicht" (*WtS* 67).

Relationships with others are troubled, effortful. The narrator's relationship with Stella remains distant, with the narrator unable to guess at her character or make a connection with her. When she hears Stella crying, she does not go into her room to advise or comfort her: "Ich hasse hemmungslose Gefühlsausbrüche" (*WtS* 82). At one point, Anna kisses Stella on the cheek, then steps back "instinktiv": "Und nichts geschah" (*WtS* 89). The contact does not lead to connection. The lack of solidarity between the women and girls in the text – the narrator despises Stella's mother, who is ostensibly a friend – is reminiscent of Beauvoir, who describes women as "dispersed among the males", to whom they are attached more firmly than to other women.[20] When Stella is in despair at the ending of the relationship with Richard, the narrator feels troubled but unwilling to break her protective wall: "Ich fühlte ehrlichen Kummer bei dem Anblick ihres schönen Gesichts, das von einem wilden, stummen Schmerz besessen war, aber ich wünschte nicht, die Wand zu durchbrechen, die mich von diesem Schmerz noch trennte" (*WtS* 91). Ahmed writes that "an ethics of responding to pain involves being open to being affected by that which one cannot know or feel".[21] Here, such an ethics is not realizable, as Stella's pain remains distant. Stella's death even leads to a sense of relief:

Stella war tot, und große Erleichterung überfiel mich. Nie wieder mußte ich mir den Kopf darüber zerbrechen, was ich ihr sagen sollte, nie wieder würde ich ihr bleiches, zerstörtes Gesicht sehen. Stella war tot, und ich konnte zurückkehren in mein altes Leben mit Wolfgang, dem

---

20 Beauvoir 1997: 19.
21 Ahmed 2004: 30.

Garten und der guten täglichen Ordnung. Die Erleichterung war so stark, daß ich leise zu lachen began. (*WtS* 97)

Shortly afterwards, however, she cries: "um Wolfgang, um Stella, um Richard und um mich" (*WtS* 97). She does also experience sympathy for Stella "wie ein[en] körperliche[n] Schmerz" (*WtS* 58). There is, then, a complex interplay here between distance and sympathy, pity and self-pity.

Memory is bodily, as Kecht notes.[22] Anna's panic attacks, her "nerves", represent a corporeal form of expression: "Schon seit einigen Wochen sind meine Nerven in diesem elenden Zustand", she informs us, before adding that she is sensitive to noises, her knees tremble and she breaks out into sweat (*WtS* 53). As Ahmed notes, "knowledge cannot be separated from the bodily world of feeling and sensation; knowledge is bound up with what makes us sweat, shudder, tremble, all those feelings that are crucially felt on the bodily surface, the skin surface where we touch and are touched by the world".[23] The everyday order, the routines of the household, help hold the horror in check. The narrator favours "Ruhe", as mentioned (*WtS* 57). With her son Wolfgang, she feels "ruhig und zufrieden", if not happy (*WtS* 72–73). However, while routines are calming, they do not constitute reality (*WtS* 66).

The novella explores the power of social norms and conventions. Richard is highly conventional, while himself living in a lawless state (*WtS* 76). On a family outing, the narrator notes sardonically: "Wir waren eine glückliche Familie" (*WtS* 95). The text exposes the truth; Daniela Strigl calls *Stella* an "unheimliches und dichtes Psychogram einer Familie".[24] Family here is not a static entity but a lived set of relations: Ahmed describes family as "*a doing word and a word for doing*".[25] The family as a construct is bound up with normativity. On the matter of normativity and resistance, Ahmed writes: "Assimilation and transgression are not choices that are available to individuals, but are effects of

....

22 Kecht 2007: 96.
23 Ahmed 2004: 171.
24 Strigl 2007: 228.
25 Ahmed 2004: 153.

how subjects can and cannot inhabit social norms and ideals."[26] Haushofer's novella similarly exposes the complex processes by which subjects adopt roles, underlining the horror and the injustice often involved in such positionings.

The work also traces both the power and the transitoriness of emotions; Stella's happiness is short-lived: "Stella war eine kurze Zeit hindurch sehr glücklich gewesen" (*WtS* 57; cf. 85). Her feeling for Richard is described as "ihr einziges großes Gefühl" (*WtS* 57). As their relationship is ending, she waits for him "wild vor Sehnsucht und Verzweiflung" (*WtS* 90). She becomes ill, complaining of severe headaches and appearing deathly pale (*WtS* 91) – again, an indication as to the bodiliness of emotions. Richard, on the other hand, is both highly physical and charming, with his "glatte Bonhomie" (*WtS* 57). He epitomizes vitality: "Jedes Haar in ihm lebt, seine Haut, sein Atem, seine Hände" (*WtS* 58). For him, the narrator tells us, forgetting is a bodily matter; and his body has forgotten Stella (*WtS* 59). He is repeatedly described in physical terms; his face is "blühend" and "glatt" (*WtS* 90), possessed of "Unberührtheit und Ruhe" (*WtS* 91). His eyes are "blau, feucht und erregt" (*WtS* 92).

The motif of the hand demonstrates Richard's power. The narrator feels it in bed: "Diese Hand war so warm und lebendig", she notes (*WtS* 81). Even though it has touched another woman, it does not disgust her: "Nichts an Richard ist so, daß man sich davor ekeln könnte" (*WtS* 81). Ahmed writes that to be disgusted means "*to be affected by what one has rejected*" – and the narrator has not rejected Richard.[27] Instead, she feels "jene Furcht, die ich nur zu gut kenne. Die Furcht vor dem oberflächlich gezähmten Raubtier, das sich bei guter Fütterung und Wartung damit begnügt, kleine nächtliche Raubzüge zu unternehmen" (*WtS* 81). Richard is aligned here with the animalistic. Later, the absence of "Ekel" causes surprise; disgust again features as an absent referent (*WtS* 92). Shortly afterwards, however, the narrator describes herself as "[a]ngeekelt und sehr müde". She goes to bed, to feel Richard's hand on her (*WtS* 93). Vitality, animal life, thus emerge in the text as powerful and dubious. Stella is likened to an animal (*WtS* 60, 67). Richard has a "vitale[] Natur[]" (*WtS* 61); his "Vitalität" is a dominant force (*WtS* 86). His daughter is like him

....

26   Ahmed 2004: 152.

27   Ahmed 2004: 86.

in her appetite and drive (*WtS* 64). The narrator draws a distinction between those who live and those who think (*WtS* 67).

Shame – "an intense and painful sensation that is bound up with how the self feels about itself"[28] – is an important affect in the work, suggesting ethical impulses, however muted and perverse. For example, Richard's shamelessness provokes shame in the narrator (*WtS* 8). Shame features again when the narrator goes out with Stella to a café where they see a gynaecologist of Richard's acquaintance and Stella reacts visibly to his presence: "Was soll aus diesem großen unglücklichen Kind an meiner Seite werden? Zorn und Scham trieben mir das Blut zum Herzen. Aber ich schwieg" (*WtS* 92). Silence is the outcome. When Stella dies and the narrator considers ringing Richard, "[hielt mich] ein dunkles Schamgefühl [...] davon ab" (*WtS* 96). When they meet in the evening, "[drang] [d]ie Wärme seiner Hand [...] durch mein Kleid und erfüllte mich mit Ruhe und Behagen" (*WtS* 98). Again, Richard's hand is both soothing and controlling. The narrator experiences shame before her son; when Wolfgang announces he wants to go away to school "[d]a war es wieder, dieses Gefühl der Scham dem Knaben gegenüber, das mein Kind gewesen war" (*WtS* 99). Ahmed notes that "[s]hame [...] can construct a collective ideal even when it announces the failure of that ideal to be translated into action".[29] Here, there is a failure to construct an ideal. Fear also makes itself felt again: "Ich fürchte mich" (*WtS* 100). Ahmed writes that "fear works to restrict some bodies through the movement or expansion of others".[30] Fear, then, like memory and shame, is bodily.

3   Translation

Translation is an affective, bodily matter. As yet there is no published English-language version of *Stella* and so I translated the text as a way of engaging

---

28   Ahmed 2004: 103.

29   Ahmed 2004: 15.

30   Ahmed 2004: 69.

with it.[31] Translation is a painful business. Translating Haushofer's exquisitely torturous text about the "murder" of a young woman by a careless older man, and the complicity of a family in this murder, caused me some disquiet. Words relating to affect – to disgust and unease – were indeed one source of challenge. Words relating to the social environment and class concerns were another source of worry. Minor characters and their occupations were sometimes hard to convey naturally and effectively and there were also some legal and financial terms about which I had to think carefully.

There is much unease in this text and it is explicitly spelled out. The narrator's peace has been shattered following the death of Stella; and words relating to harmony, order and respectability feature often in the text, along with their opposites, the chaos, disorder and horror which are now exposed. Disgust and shame are the result of this shattering. The wall the narrator has built up round herself is perilously thin. Discomfort and unease are signalled often. "Es langweilt mich, wenn ich mich in die Angelegenheiten anderer Leute mischen soll, und es ist mir in tiefster Seele zuwider" (*WtS* 72), the narrator remarks, as we have seen. I rendered this sentence thus: "It bores me, having to get involved in the affairs of others, and it's utterly repugnant to me". Losing "in tiefster Seele" was a painful loss; "utterly repugnant" is not the same, of course, but it works with the flow of the sentence, giving comparable emphasis. In the text, Anna is having the windows of her flat replaced and the family has to put up with inconvenience as this happens. I have already mentioned the significance of windows in Haushofer and this text in general. Their removal is a symbolic matter, suggesting exposure and vulnerability. The narrator comments: "Unbehagen und Feuchtigkeit erfüllten das Haus vom Keller bis zum Dachboden" (*WtS* 93). This I rendered: "Discomfort and damp filled the building from cellar to attic". The alliteration ("discomfort"; "damp") works well here.

The characters' bodiliness signals affective states – indeed, the narrator can tell how much Richard has forgotten Stella from his body, as mentioned above. Richard's body is repeatedly marked as vital and broad or large; and his hands in particular are highlighted as instruments of seduction and control.

....

31 The actor and academic Bernadette Cronin has translated the novella, however, and also adapted it for the stage with Gaitkrash, the theatre company she co-founded.

The narrator used to believe in love and in Richard, eliding the two, but has lost this faith. Richard's own "love" is proprietorial in nature and founded on his love of the appearance of propriety. The narrator's son is also evoked in terms of his physical appeal, and the narrator remembers keeping him close to her during wartime. His neck and eyelashes cause her to feel great tenderness.

The narrator is wealthy, being able to employ help. There is also a reference to a "Hausschneiderin". Richard's job appears to provide comfort and stability in this sense. There are also brief references to the laundry, to painters, the post-man and milk-woman. The focus of the text is thus affluent characters. "Street girls" are alluded to cursorily. I had to think about how to convey these minor characters – the charwoman I labelled first "help" but it did not work for every context and I thought consistency was important. "Charwoman" feels slightly dated, but perhaps appropriately, given the date of the text, so I decided on that. As a text concerned with bourgeois order and values, the novella also features some legal terminology relating to matters of inheritance and also to divorce.

There is also, crucially, the question of voice and for me the key was to grasp this voice and recreate it in English. The narrator is precise, using abstract language and a very logical, considered tone. Modal particles caused a headache – "zwar", "ja", "doch" and so on – as they play a part in this very logical tone. There were a lot of "übrigens", too – the narrator is carefully documenting what has happened. For me it was a question then of finding a voice for this text and its narrator – logical and unsparingly clear-eyed. An example:

> Jetzt wünsche ich mir, dass ein Wunder geschieht, dass der kleine Vogel noch warm und sicher im Nest sitzt, daß Stella in ihrem fröhlichen roten Kleid ins Zimmer tritt, jung, lebendig, und noch unberührt von Tod und Liebe, und daß Wolfgang wieder sein Gesicht an meines drückt und mein Herz vor Zärtlichkeit beben macht. Und ich wünsche, ich könnte in Richards Armen liegen, ohne Furcht und Grauen, ganz der besänftigenden Wärme seines großen Körpers hingegeben. (*WtS* 99)

> Now I wish that a miracle would happen, that the little bird were sitting in the nest, still warm and safe, that Stella would come into the room in her cheerful red dress, young, lively, still untouched by death and love,

and that Wolfgang would press his face against mine again, making my heart quake with tenderness. And I wish I could lie in Richard's arms without fear and dread, totally surrendered to the soothing warmth of his large body.

It is important to note here again Richard's body as a source of solace. The narrator would like to be "surrendered" to its "soothing" warmth. Again the alliteration helps to give emphasis and also a sense of softness and comfort. It was important here to attend to the cadence of the text, to recreate that sense of wishfulness.

The most painful loss came at the end of the novella: "Und während Stellas Fleisch sich von den Knochen löst und die Bretter des Sarges tränkt, spiegelt sich das Gesicht ihres Mörders im blauen Himmel unschuldiger Kinderaugen" (*WtS* 101). This was translated as: "And while Stella's flesh comes apart from her bones and soaks the boards of the coffin, the face of her murderer is reflected in the blue sky of an innocent child's eyes". "Himmel" can mean "sky" or "heaven", so the translator has to choose. I opted for "sky", as "blue heaven" sounds fanciful and meant the close of the novella would lose its brutal force. Such decisions, and the pain they sometimes cause, highlight the bodily, affective practice of the translator.

4   Conclusion

In Haushofer's novel *Himmel, der nirgendwo endet*, the world is described as falling on the protagonist Meta: "Die ganze Welt stürzt auf Meta"; "Die Welt ist ein großes Durcheinander, das sie, Meta, in Ordnung bringen muß".[32] Haushofer's protagonists' experience the world intensely and through their bodies. In Haushofer, public and private interact, thereby demonstrating that "affective economies are social and material, as well as psychic".[33] Meta and Anna attempt to order the world. Narrative asserts control, but like the routine, everyday

32   Haushofer 1969: 10, 11.
33   Ahmed 2004: 46.

world to which Anna clings it conceals gaps and tensions. *Stella* highlights injustice without offering a solution. As Ahmed notes, "justice involves feelings, which move us across the surface of the world, creating ripples in the intimate contours of our lives".[34] Haushofer's disquieting, uncanny narrative thematizes and provokes fear and disgust, highlighting both the need for justice and the difficulty of obtaining it.

Works Cited

Primary Literature

HAUSHOFER, MARLEN (1969): *Himmel, der nirgendwo endet*. Hamburg/Düsseldorf: Claassen.

—, (1993): "Wir töten Stella." *"Wir töten Stella" und andere Erzählungen*. Munich: dtv, pp. 53–101.

—, (2000): *Die Tapetentür*. Vienna: Zsolnay.

—, (2014a): *Die Mansarde*. Berlin: Ullstein.

—, (2014b): *Die Wand*. Berlin: List.

Secondary Literature

AHMED, SARA (2004): *The Cultural Politics of Emotion*. Edinburgh: Edinburgh University Press.

BEAUVOIR, SIMONE DE (1997): *The Second Sex*. Trans. H. M. Parshley. London: Vintage.

FREI GERLACH, FRANZISKA (1998): *Schrift und Geschlecht. Feministische Entwürfe und Lektüren von Marlen Haushofer, Ingeborg Bachmann und Anne Duden*. Berlin: Erich Schmidt.

GÜRTLER, CHRISTA (2010): "Editorial." *Marlen Haushofer: "Ich möchte wissen, wo ich hingekommen bin!"*. Ed. Christa Gürtler. Linz: StifterHaus, pp. 7–14.

....

34 Ahmed 2004: 202.

KAINDLSTORFER, GÜNTHER (2020): "Radiokolleg – Die Schreibende am Küchentisch." 16 March. https://oe1.orf.at/programm/20200316/591896/ Radiokolleg-Die-Schreibende-am-Kuechentisch (last access: 24.5.2021).

KECHT, MARIA-REGINA (2007): "Marlen Haushofer: Recollections of Crime and Complicity." *Studies in 20th and 21st Century Literature* 31.1, pp. 82–108.

LORRAINE MARKOTIC (2008): "Melancholy and Lost Desire in the Work of Marlen Haushofer." *Modern Austrian Literature* 41.1, pp. 65–93.

MITGUTSCH, ANNA (2010): "Die Frau am Fenster: Wandlung eines Topos im Werk von Marlen Haushofer." *Marlen Haushofer: "Ich möchte wissen, wo ich hingekommen bin!"*. Ed. Christa Gürtler. Linz: StifterHaus, pp. 51–61.

STRIGL, DANIELA (2007): *"Wahrscheinlich bin ich verrückt". Marlen Haushofer – Die Biographie*. Berlin: List.

Justyna Górny

Bilder aus der Schulzeit.
Weibliche Adoleszenz bei Marlen Haushofer, Christa Winsloe und Grete von Urbanitzky

Die literarische Darstellung der Adoleszenz ist ein gut erforschtes Thema, wenn auch die genderspezifische Perspektive noch nicht ausreichend berücksichtigt wurde.[1] Dennoch finden sich Arbeiten, die sich spezifisch mit der weiblichen Adoleszenz auseinandersetzen, und Literatur als Medium der Normenvermittlung an heranwachsende Mädchen und junge Frauen untersuchen.[2] Auch wenn diese Betrachtungsweise interessante Einblicke bietet, ist das Thema hier umfassender zu verstehen. Literarische Darstellungen der weiblichen Adoleszenz betreffen außer der Anpassung an gesellschaftliche Normen auch noch den weiteren Prozess des Erwachsenwerdens: Herausbildung der eigenen Persönlichkeit und der intellektuellen Wahrnehmung, Kennenlernen des eigenen Körpers, Erwachen der Sexualität und Entwürfe für die Zukunft. Weibliche Adoleszenz war im 19. und 20. Jahrhundert ein oft aufgegriffenes Thema. Auch wenn man die atemberaubende Anzahl der sogenannten Backfischromane außer Acht lässt,[3] bleiben noch zahlreiche Texte, die eher für Erwachsene gedacht

....

1   Für eine kurze Übersicht über die Geschichte des Begriffs vgl. Gansel 2004: 131–132. Hier auch ein Forschungsbericht zur Adoleszenz als Thema in der Literatur.

2   Mit der normativen Funktion der Mädchenliteratur beschäftigt sich Dagmar Grenz, vgl. Grenz 2016: 214–222.

3   Backfischromane sind Bücher, die sich an adoleszente Mädchen richteten. Ihre Blütezeit fiel in die Zeit zwischen dem letzten Drittel des 19. und der Mitte des 20 Jahrhunderts. Zu den prominenten Autorinnen des Genres gehörten Else Ury (mit der langen Nesthäkchen-Reihe), Emmy von Rhoden (*Der Trotzkopf*) und Magda Trott (die Pucki-Reihe). In der Forschung wird auf didaktische Ausrichtung dieser Bücher hingewiesen. Zum einen schilderten die Romane die turbulente Zeit der Pubertät und boten dabei die nicht immer idealen Protagonistinnen als Identifikationsfiguren für Leserinnen an. Zum anderen empfahlen sie Verhaltensweisen und Werte, die im erwachsenen Frauenleben erwünscht waren, wie z.B. altruistische Selbstaufgabe und Sorge für Andere (Redmann 2019: 3). Vgl. auch Grenz 2016 und Ehrenpreis 2004.

Justyna Górny

waren und in denen unter anderem die Mutter-Tochter-Beziehung thematisiert wurde.[4]

Mein Beitrag ist einem Ausschnitt aus dieser Vielfalt gewidmet, nämlich der Darstellung heranwachsender Mädchen in Internatsschulen. Der Roman *Eine Handvoll Leben* (1955) von Marlen Haushofer soll dabei durch Bezüge zu früheren Darstellungen kontextualisiert werden, insbesondere zu den Romanen *Das Mädchen Manuela* von Christa Winsloe (1933) und Grete von Urbanitzkys *Eine Frau erlebt die Welt* (1931). Zurückgegriffen wird auch auf einen weiteren Roman von Urbanitzky, *Der wilde Garten* (1927), der zwar kein Internatsroman ist, aber in einer Mädchenschule spielt. Zuerst werde ich auf die einzelnen Merkmale der Internatsliteratur, die in der Forschung hervorgehoben werden, eingehen. Anschließend untersuche ich zwei Aspekte der Figurendarstellung, nämlich den Selbstfindungsprozess der Protagonistinnen und ihre Beziehungen zur Umgebung, wobei ich besonderes Augenmerk auf die unterschiedlichen Erzählperspektiven lege. Weiters konzentriere ich mich insbesondere auf die Freundschafts- und Liebesbeziehungen zwischen Schülerinnen und zwischen Schülerinnen und Lehrerinnen.

1 Internatsliteratur

Bücher über Internatsschulen können sowohl der Jugendliteratur angehören, als auch Teil der Literatur für Erwachsene sein. Diese Einteilung soll hier nicht als scharfe Trennung hingestellt werden, das legen auch die besprochenen Romane nahe. So ist *Der wilde Garten* von Grete von Urbanitzky ein Grenzfall: Auch wenn durch die personale Erzählung die Ereignisse aus der Perspektive einer Lehrerin mittleren Alters vermittelt werden, bietet das Buch mit

4   Annette Kliewer schreibt sogar über eine *Revolte der Töchter*, die sie in der Literatur des 20. Jahrhunderts konstatiert. Sie analysiert negative Mutterbilder und zwischengenerationelle Konflikte und stellt fest, dass es meistens die Töchter waren, die ihre Mütter anklagten. Der Grund dafür konnte einerseits die Haltung der Mütter als Hüterin und Vollstreckerin der patriarchalen Ordnung und ihrer Normen gegenüber den Töchtern sein. Andererseits wurden auch die Mütter, die aus der festgelegten Ordnung herauszubrechen versuchten, von ihren Töchtern, die sich von ihnen verlassen fühlten, verurteilt. Vgl. Kliewer 1993: 181–195.

mehreren Mädchenfiguren, die sehr unterschiedlich sind und ihre Zukunft sehr unterschiedlich planen, eine beachtliche Anzahl von Identifikationsmöglichkeiten für jüngere Leserinnen. Dies ist auch in anderen bekannten Texten mit vergleichbaren adoleszenten Figuren der Fall, man denke an Frank Wedekinds *Frühlings Erwachen*, Rilkes *Die Turnstunde*, Musils *Die Verwirrungen des Zögling Törleß*, Herman Hesses *Unterm Rad* oder Robert Walsers *Jakob von Gunten*. Auch wenn diese Texte männliche Protagonisten haben, sind die Erkenntnisse der Forschung in Bezug auf die Romane über Mädchen zumindest teilweise relevant. Kyle Frackmann hat die charakteristischen Merkmale und Funktionen der Internatsliteratur zusammengefasst, die ich hier kurz ansprechen möchte, weil sie sowohl bei Haushofer, als auch bei den zwei anderen Autorinnen zum Vorschein kommen.[5] Sie fasst die Internatsromane als Kommentare zu oder metaphorische Erzählungen über die Gesellschaft auf. Der Aufenthalt im Internat kann dabei als Metapher für das Leben in einer durchregulierten und oppressiven Gesellschaft gelesen werden. Dieser Lesart kann ich nur zustimmen, denn die Geschichten über Internatsschulen zeigen ja eine mehr oder weniger erfolgreiche Einbindung des Einzelnen in ein System von Regeln und Pflichten und die daraus resultierenden Spannungen. Es entsteht ein Konflikt zwischen dem Bedürfnis nach Freiheit und individueller Entwicklung einerseits und den Anforderungen der Schule, die stellvertretend für die Anforderungen der Gesellschaft sind, andererseits.

Wie Frackmann betont, wird die Spannung zwischen Freiheit und Sozialisation in den Internatsromanen relativ oft mit einem Selbstmord gelöst. Wegen der Selbstmorde und der Schilderung der oppressiven Verhältnisse im Internat haftet diesen Geschichten eine gewisse Aura des Skandals an. Dieser Aspekt sei für die Rezeption der Texte auch von Bedeutung, weil die skandalösen Enthüllungen von den Lesenden erwartet werden. Diese Erwartungshaltung könnte damit zu tun haben, dass ein Internat eine räumlich geschlossene Gemeinschaft bildet, die für die Außenstehenden nicht leicht zugänglich und aus diesem Grund von einer Aura des Geheimnisvollen umhüllt ist. Es liegt nahe, das Internat als einen separaten sozialen Raum, als Heterotopie im Sinn Foucaults zu verstehen. Auch wenn ein Internat als Metapher der Gesellschaft

....

5   Frackmann 2019: 111–114. Vgl. Auch Bertschinger 1969 und Johann 2003.

Justyna Górny

interpretiert wird, bildet es eine separate, nicht frei zugängliche Welt, die aus der „draußen" herrschenden Ordnung herausgelöst ist und sich nach eigenen Regeln richtet. Das ist auch daran zu sehen, dass das Eintreten ins Internat als eine Expedition in die unbekannte, fremde Welt geschildert wird. Das Interesse der Außenstehenden – und des Lesepublikums – am Internatsleben wird noch dadurch gesteigert, dass die Internatsgeschichten literarische Transpositionen einer schwierigen, nicht selten traumatischen persönlichen Erfahrung sind – oder zumindest diesen Eindruck erwecken.

2 Erzählperspektiven bei Haushofer, Winsloe und von Urbanitzky

Auch bei Haushofer handelt es sich bei dem Internatsaufenthalt der jungen Elisabeth um ein schwieriges und prägendes Erlebnis. In den entsprechenden Passagen des Romans wird durch die häufige Verwendung der erlebten Rede die Perspektive der Figur und der Erzählinstanz zusammengeführt. Die Aussagen über das Internat werden zu einem intimen Bekenntnis über eine schwierige Zeit. In Haushofers Kindheitsroman *Himmel, der nirgendwo endet* heißt es über die Protagonistin: „Meta äußert sich zu der Schule möglichst begeistert. Die Schule ist ja wirklich der einzige Lichtblick im Kloster. Über das Internat schweigt sie lieber."[6] Das Schweigen kann als ein Signal der Traumatisierung gedeutet werden. Eine traumatische Erfahrung wird verdrängt und verschwiegen, um sich dann irgendwann durch physische Symptome, aber auch durch Bilder und Worte überraschend und unbeherrscht einen Ausdruck zu verschaffen.[7] Auslöser dieser Flut von bisher verdrängten Zeichen können unterschiedlich sein, die Erinnerung kann zum Beispiel durch ein altes Bild hervorgerufen werden, wie in Haushofers *Eine Handvoll Leben*, wo Betty eine Schachtel mit ihren Briefen, Postkarten und Fotos vorfindet und dadurch bewogen oder fast gezwungen wird, an ihre Vergangenheit, darunter besonders auch die Internatszeit, zu denken. Der Vorgang des Erinnerns wird hier durch

6 Haushofer 1992: 180.
7 Vgl. Leys 2000: 266–297. Vgl. auch Caruth 1996.

einen unerwarteten Impuls von außen in Gang gesetzt. Die Schachtel mit den verworfenen Dokumenten der Kindheit wurde nicht von der Protagonistin Betty, sondern von ihrer Freundin Käthe geordnet und verwahrt: Die eigene Erinnerung wird von einer anderen Person aufbewahrt und gerade diese Intervention einer Anderen führt zur Konfrontation mit der eigenen Vergangenheit. Ein ähnlicher Vorgang wird bei Haushofer noch in der *Mansarde* beschrieben, wo die Protagonistin die Fragmente ihres alten Tagebuches zugeschickt bekommt. Die Materialität der Photographien (aber auch der Tagebuchseiten) zwingt zur Erinnerung, die Bilder sind da, sie werden angefasst, lassen sich nicht wegdenken und auch Verschweigen wird durch ihre taktile Präsenz erschwert. Sie sind ein Bindeglied zwischen der vergangenen und der gegenwärtigen Zeit. Silke Horstkotte konstatiert: „Die Fotografie bewahrt Dinge in ihrer Vergänglichkeit, aber das fotografische Bild selbst altert und trägt die Spuren der Zeit, in der es entstand, in die Zeit, in der es betrachtet wird."[8] Die Präsenz der Bilder zwingt Elisabeth zur Konfrontation mit früheren Versionen ihrer selbst, aber auch mit verdrängten Erlebnissen. Selbstverständlich kommen dabei nicht nur schöne oder stärkende Erinnerungen hoch, die Protagonistin muss sich auch mit schwierigen Erfahrungen der Vergangenheit wieder messen, die ihr jetziges, neugeordnetes Leben zu zerstören drohen. Dazu gehört nicht nur das Verlassen des Sohnes, sondern auch das Schuldgefühl für den Selbstmord einer Internatsfreundin.

3   Adoleszenz als Zeit der Selbstfindung

Die besondere Erzählperspektive unterscheidet Haushofers Thematisierung des Internatsmotivs von den hier herangezogenen älteren Texten. Den Hauptgegenstand der Internatsliteratur bildet die Schilderung, wie ein Mensch heranwächst, mit anderen Worten: die Entstehung eines Individuums oder die Herausbildung einer Identität. In *Eine Handvoll Leben* wird zwar auch die Entwicklung eines Individuums erzählt, doch ihr Ausgang ist von vornherein bekannt. Bei von Urbanitzky und Winsloe bleiben die Geschichten der jun-

....

8   Horstkotte 2018: 341.

gen Frauen während des Erzählens offen, erst das Ende des Romans bringt Erkenntnisse über den Ausgang des Selbstbildungsprozesses, der bei Winsloe tödlich endet.

Geschichten aus dem Internatsleben sind oft chronologisch angelegt, denn sie schildern ja eine Entwicklung, und die zeitliche Abfolge ist dabei wichtig.[9] Am Anfang kommt ein Kind ins Internat und muss in der neuen, fremden Umgebung zurechtkommen. Es werden ihm bestimmte Regeln vermittelt, die dabei hilfreich sind, aber auch den Widerstand des betroffenen Kindes erwecken können. Die Fremde bedeutet auch neue Menschen – Mitschülerinnen und LehrerInnen – und Beziehungen zu ihnen, die erst ausgehandelt werden müssen. Neben der Freundschaft sind insbesondere die Liebesbeziehungen bedeutend, weil sie mit der Entwicklung der eigenen Körperlichkeit und Sexualität einhergehen. Parallel dazu wird die intellektuelle Entfaltung des Kindes geschildert: Selbsterkenntnis, das Erkennen und Verstehen der Umgebung, Beziehung zu Gott und Religion bilden dabei die wichtigen existentiellen Fragen. Der Prozess der Entwicklung findet in einem geschlossenen Raum der Internatsschule statt und nimmt in der Form des Verlassens des Internats oder auch oft durch den Suizid ein klar konturiertes Ende.

Auch in *Eine Handvoll Leben* ist Chronologie wichtig. Die Bilder, die Elisabeths Erinnerungen wachrufen, werden von ihr eben chronologisch angeschaut – nicht Assoziationen oder gar Zufall entscheiden über die Reihenfolge der Erinnerungen, sondern die zeitliche Abfolge wird zum Prinzip der Ordnung gewählt. Der erinnerte Aufenthalt in der Internatsschule fängt damit an, dass Betty in eine fremde Umgebung kommt. Sie taucht in ein Chaos von neuen Eindrücken ein, von denen sie überwältigt wird, sie ist nicht mehr imstande, ihre Umgebung wahrzunehmen, geschweige denn zu verstehen. Erst allmählich kann sie die Eindrücke ordnen und lernen, die Welt um sich herum zu sehen. Behilflich sind ihr dabei alle Sinne, es heißt, sie möchte die rätselhaften Sachen, die sie antrifft, ansehen, befühlen, beschnuppern, anfassen.[10] Aus

---

9   Am Rande sei vermerkt, dass eine gut 30 Jahre spätere, bekannte Internatsgeschichte, *Die Klosterschule* von Barbara Frischmuth, auf die Chronologie verzichtet. *Klosterschule* ist ganz anders strukturiert, der zeitlichen Abfolge fällt minimale Bedeutung zu, es wird eher nach Problemen oder Lebensbereichen erzählt.

10 Haushofer 1991a: 40. Im Folgenden im Fließtext mit der Sigle *HL* zitiert.

diesen sinnlichen Erforschungen resultiert zunächst ihre Bekanntschaft mit den Dingen, die erst später auf die Beziehungen zu den Menschen übertragen wird. Eine ähnliche Variante der anfänglichen Verwirrung wird bei Christa Winsloe geschildert. Manuela, die Protagonistin des Romans *Das Mädchen Manuela*, kann beim Ankommen im Institut nicht einmal die anderen Schülerinnen voneinander unterscheiden: „Sie hat zuerst die Empfindung, dass sie alle gleich aussehen und dass sie sie niemals wird unterscheiden können."[11] Mit der Zeit fängt sie dann an, ihre Situation und vor allem die Regeln, die das Leben im Internat bestimmen, zu verstehen. Dann kann sie auch die Gesichter der Menschen wahrnehmen.

Regeln, Vorschriften, aber auch Werte und Vorstellungen, die den Mädchen vermittelt werden, bilden wie gesagt einen wichtigen Moment im Prozess der jugendlichen Entwicklung: wichtig ist sowohl ihre Aneignung, als auch die Rebellion dagegen. Regeln und Vorstellungen beziehen sich vor allem auf die Funktion der Mädchen im zukünftigen Leben, denn die Schülerinnen werden auf die Rollen der Ehefrau und Mutter (ggf. der geistlichen Schwester) vorbereitet. Dazu gehören die Disziplinierung des Körpers und die Konditionierung der Gedanken, was durch ein Netz von Vorschriften erreicht wird. Bei Winsloe wird Manuela gleich bei ihrer Ankunft in der Schule mit einer Aufzählung von Verboten und Geboten überhäuft. Auch bei Haushofer wird genau beschrieben, wann und wie sie die Fingernägel und die Schuhe zu reinigen und zu putzen hat. Diese detaillierten Regulierungen demonstrieren das Ausmaß der Kontrolle, die alle Lebensbereiche und alle Körperteile umfasst. Selbstverständlich soll nicht nur das Verhalten und der Körper, sondern auch das Denken der Mädchen beeinflusst und gestaltet werden, dieser Prozess ist allerdings meistens problematisch und von den betroffenen Objekten der didaktischen Bemühungen besonders heiß umkämpft. Bei Urbanitzky wird zum Beispiel die Protagonistin Mara zur Demut angehalten, sie soll sich nach dem Vorbild Marias, der Mutter Jesu richten. Sie aber sucht sich lieber andere Frauenfiguren aus der Bibel aus, die sie nachahmen möchte, allen voran Judith. Judith habe ja auch Gott gedient, wie Maria, dabei aber auch eine große Tat vollbracht.[12]

....

11 Winsloe 1933: 152. Im Folgenden im Fließtext mit der Sigle *MU* zitiert.
12 Urbanitzky 1935: 23.

Der alltägliche Dienst an der Familie als die Aufgabe des weiblichen Lebens will der Internatsschülerin nicht einleuchten. Bei Winsloe ist die Protagonistin Manuela lesbisch, was aus ihr ungewollt eine Außenseiterin macht, sie kann gar nicht die Anforderungen erfüllen, die an sie als herkömmliche zukünftige Ehefrau und Mutter gestellt werden. Bei Haushofer wird die Befolgung von Regeln als Verrat an sich selbst und gleichzeitig als Lüge dargestellt. In Folge der Erziehung wird Betty zu einer Meisterin im Lügen und Betrügen (*HL* 65). Es fehlt dabei nicht an schwarzem Humor, denn Betty wird von den Schwestern für ihre Bravheit am meisten in den Zeiten gelobt, in denen sie „benommen" und depressiv ist, und ihre verschwimmenden Gedanken nicht sammeln kann (*HL* 23).

Und dennoch sind bei Haushofer keine Spuren offensichtlicher jugendlicher Rebellion zu finden. Auch wenn ihre Protagonistin die Oppression beschreibt, von der sie betroffen ist, lehnt sie sich nicht unmittelbar auf und macht auch niemanden direkt dafür verantwortlich. Sie unterscheidet zwischen den „wohlwollenden Schwestern" und den rigiden Regeln, die von ihnen nicht gestaltet, sondern nur vermittelt werden.[13] Möchte man über Opfer sprechen, dann wären nicht nur die Mädchen, sondern auch ihre Betreuerinnen im Internat als Opfer eines gesellschaftlichen Systems zu verstehen.

In dieser Hinsicht kann man Haushofers Roman also nicht ohne weiteres als anklagend bezeichnen. Auch wenn die Erziehung desillusioniert als Eingewöhnung zur Lüge geschildert wird, begegnet Elisabeth dieser Einschätzung mit einer gewissen Resignation. Eine Erklärung für diese Haltung kann vielleicht die zeitliche Distanz sein: Die erwachsene Elisabeth, die sich an ihre Zeit im Internat erinnert, weiß bereits, wie schwierig es ist, die Freiheit zu suchen und wie hoch der Preis dafür ist. Lüge ist inzwischen ein Teil ihres Lebens und ihrer angenommenen Identität geworden, sie lügt ja, um frei zu bleiben. Im Vergleich zu den Texten von Urbanitzky und Winsloe, in denen eine klare Abgrenzung zwischen dem jungen Ich und der Gesellschaft gemacht wird, spricht Haushofer die Frage der Einbindung des Einzelnen in die Beziehungen mit anderen Menschen differenzierter an. Ihre Protagonistin sucht ihren Weg

....

13 Haushofer 1991a: 40.

zwischen Anpassung und Freiheit, sie ist sich auch dessen bewusst, dass ihr Ausbruch mit der Trauer der anderen Menschen erkauft wurde.

Demgegenüber kann man bei Winsloe und von Urbanitzky eine klare Einteilung in das rebellierende Mädchen und die oppressive Umgebung beobachten. Bei Winsloe wird sogar eine Art Komplizenschaft der Erwachsenen gegenüber dem Kind vermutet. Die Entscheidung, Manuela ins Internat zu schicken, wird von ihrer Tante wie folgt kommentiert: „Jetzt wird das aus ihr werden, was das Erstrebenswerte ist, nämlich ein ordentlicher Mensch, und es hat noch den ungeheuren Vorteil, dass [...] man ja dank guter Beziehungen eine Freistelle bekommen hat. Für die nächsten paar Jahre ist nun die Frage Manuela gelöst" (*MU* 148). Die zitierte Stelle soll vor allem die Lieblosigkeit zeigen, der Manuela bei den Verwandten begegnet, aber interessanter als die stereotype böse Tante scheint hier die Erwartung zu sein, dass aus dem Mädchen jetzt ein „ordentlicher Mensch" werden soll. Das Kind wird zum einen als eine unbequeme „Frage" aufgefasst, die es zu „lösen" gilt, und zum anderen als ein Wesen begriffen, das erst geformt werden muss, um ein (ordentlicher) Mensch zu werden. Kurz gesagt: Manuela ist ein Objekt der pädagogischen Gestaltung. Sie bekommt auch eine Nummer für ihren Schrank zugewiesen mit den Worten: „Du bist die Nummer 55."[14] Klarer könnte die Vergegenständlichung des Kindes kaum ausgedrückt werden. Das Mädchen kämpft dagegen an, indem es versucht, sich als Individuum aufzubauen – das ist schließlich das Ziel des Entwicklungsprozesses. Bei Manuela endet der Prozess der Selbstfindung tödlich. Die Spannung, die sich aus der Differenz zwischen der auferlegten Ordnung und ihren Normen einerseits und dem Bedürfnis nach Freiheit und Entfaltung des eigenen Ichs andererseits ergibt, wird zu groß. Es versagt auch ein Sicherheitsnetz, das sie hätte retten können, ein Netz der Beziehungen zu anderen Mädchen und Lehrerinnen, die ihr die fremde Umgebung des Internats hätten vertraut machen können. Für die meisten Figuren bilden die Beziehungen zu Mitschülerinnen und LehrerInnen zum einen ein unterstützendes Umfeld, zum anderen eine Art Testgebiet, auf dem sie ihr entstehendes Ich in Interaktion mit anderen ausprobieren konnten. Doch für Manuela bei Winsloe, und auch für Elisabeths Freundin Margot bei Haushofer, erweisen

....

14 Winsloe 1933: 148.

Justyna Górny

sich die Beziehungen zu anderen Mädchen als Quelle zusätzlicher Spannungen, an denen sie zerbrechen.

4 Liebe, Freundschaft und Sexualität

Die Freundschafts- und Liebesbeziehungen zwischen den Mädchen, aber auch zwischen den Mädchen und Lehrerinnen, sind fließend und dynamisch, sie bewegen sich auf einer Achse zwischen Freundschaft und Liebe. Eine hilfreiche Konzeptualisierung bietet dafür die von Adrienne Rich entwickelte Idee des „lesbian continuum" als Bezeichung für eine fließende Vielfalt von weiblichen Interaktionen.[15] Ein ähnliches Konzept hat Judith Bennett mit der Formulierung „lesbian like" vorgeschlagen, es bezieht sich zwar auf historische Forschung, kann aber auf die literarischen Texte übertragen werden. Bennett schlägt vor, die Bezeichnung „lesbian like" auf die Handlungen und Verhaltensweisen zu beziehen, die die Normen der jeweiligen Frauenrollen sprengen.[16] In Bezug auf die Literatur des 19. und 20. Jahrhunderts hat auch Lilian Fadermann auf die unscharfen Übergänge zwischen Liebe und Freundschaft von Frauen hingewiesen. Folglich verstehe ich die in den Texten geschilderten Beziehungen zwischen Frauen als etwas, was als Erfahrung erlebt und erzählt werden kann, ohne nach medizinischen Begrifflichkeiten der Sexualwissenschaft als lesbisch oder heterosexuell eingeordnet werden zu müssen. Mit anderen Worten: Nicht der Genitalsex (oder sein Ausbleiben) entscheidet, ob eine Beziehung als Liebe oder als Freundschaft bezeichnet wird. Es geht eher um eine Dynamik der Emotionen und des Begehrens, die in der literarischen Beschreibung festgehalten wird. Die Protagonistin des Romans *Die Tapetentür* würde dem vielleicht zustimmen, weil sie meinte: „Als Frau […] durfte man zu einer anderen Frau nicht zärtlich sein, ohne ein übles Mißverständnis hervorzurufen. Es war dumm und langweilig und aus der Meinung der Männer entstanden, dass Zärtlichkeiten auf jeden Fall die Einleitung einer erotischen

---

15 Vgl. Rich 1980.
16 Bennett 2000: 1–24.

Handlung bedeuten mußten."[17] Die hier erwähnte „Meinung der Männer" kann mit der Perspektive einer Wissenschaft verglichen werden, die Homosexualität strikt als solche definierte und als Wissenschaft nach möglichst größter Präzision und Eindeutigkeit der Begriffe und Zuordnungen strebte.[18] Hingegen geht es in den literarischen Texten nicht um die klare Einordnung des Erlebten nach medizinischen Kategorien, sondern vielmehr darum, eine besondere Erfahrung zu beschreiben. In diesem Sinne unternehme ich jetzt einen Versuch, die in den Romanen beschriebenen Beziehungen zwischen den Mädchen und zwischen den Mädchen und Lehrerinnen zu untersuchen.

Schwärmen für eine Lehrerin war in der ersten Hälfte des 20. Jahrhunderts eine nicht nur literarische Erscheinung. Als „Schwärmen" oder „Schwärmerei" war es Gegenstand der Sorge für die pädagogischen Autoritäten.[19] Grundsätzlich wurde es als eine für diese Entwicklungsstufe charakteristische Erscheinung halbwegs akzeptiert. Den Lehrerinnen wurde empfohlen, die Neigung der Schülerinnen zwar so schnell wie möglich einzudämmen, die Mädchen aber nicht zu verletzen. Geradezu vorbildhaft verhält sich in dieser Hinsicht die Lehrerin in Christa Winsloes *Das Mädchen Manuela*, da sie ihre Bindung an Manuela zwar anerkennt, gleichzeitig aber für unmöglich erklärt. In Winsloes Roman ist Manuelas Liebe zu ihrer Lehrerin keine Ausnahme, das Mädchen fühlte sich früher schon zu anderen Frauen hingezogen, ihre Gefühle waren dabei eine Mischung aus Liebe, Hingabe, Eifersucht und Begehren. Dieses Motiv der kindlichen und jugendlichen Verliebtheit in eine ältere Frau – Kindermädchen, Lehrerein, Gouvernante – ist auch in anderen lesbischen Romanen der Zwischenkriegszeit anzutreffen, z.B. in Elsa von Bonins *Das Leben der Renée von Catte* (1911), in Elisabeth Weihrauchs *Der Skorpion* (Bd. 1: 1919) und modellhaft im berühmten *The Well of Loneliness* der britischen Autorin Radclyff Hall (1928). Die kindliche Liebe zu einer erwachsenen Frau vermischt sich in diesen Texten, wie bei Winsloe auch, mit Liebe zu der Mutter oder mit der

⸻

17 Haushofer 1991b: 62.
18 Über die Entwicklung der Sexologie vgl. Chauncey 1982/1983, Bollé 1992, Beachy 2009, Bauer 2009. Spezifisch über die Problematik der weiblichen nicht-normativen Sexualität vgl. Fadermann 1980, Breger 2005, Lybeck 2014, Hacker 2015.
19 Dillmann 1997: 184–196.

Marienverehrung. Gleichzeitig funktioniert sie eindeutig als Chiffre der weiblichen Homosexualität. Indem gezeigt wird, dass sich das lesbische Begehren bereits in Form von kindlicher Sexualität manifestiert, kann belegt werden, dass Homosexualität eine natürliche, angeborene Beschaffenheit der Protagonistin ist. Die Diskussion über den angeborenen Charakter der Homosexualität war um 1900 und auch nach dem Ersten Weltkrieg ein wichtiges Thema, sowohl in der Sexualwissenschaft, als auch in der Öffentlichkeit. Die Bezüge zu diesen Fragestellungen fehlen bei Haushofer, die literarische Reflexion über Homosexualität oder über lesbisches Begehren wurde in der NS-Zeit unterbrochen und nach dem Krieg nicht so schnell wieder aufgenommen. So wird Betty nicht als ein lesbisches Subjekt dargestellt, im Gegenteil. Um ihre Identität aufzubauen und zu erhalten, verzichtet sie auf jede zu enge Bindung an ihre Freundinnen. Dabei schwärmt das Mädchen Elisabeth nicht weniger intensiv für ihre Lehrerin als Winsloes Manuela: „Betty legte den Zeigefinger auf das vertraute und fremde Gesicht [der Lehrerin auf dem Foto], und jede Art von Liebe, die sie jemals gefühlt hatte, quoll in ihr auf: Sehnsucht, Zärtlichkeit, Staunen, Scham, Verzweiflung, das Verlangen zu streicheln und zu töten und gestreichelt und getötet zu werden, die ganze alte Qual um Verlorenes und Niebesessenes" (*HL* 109). Diese Erinnerung zeigt eindrucksvoll die Intensität der Gefühle, die Betty in Verbindung mit ihrer Lehrerin empfand. Und doch musste dieses Gefühl, dieses Schwärmen überwunden werden, als in dem Mädchen „der Entschluss gereift ist, sich zu befreien" (*HL* 110). Die Liebe zu der Lehrerin wird wie eine einschränkende Fessel abgeworfen, damit das selbstbewusste Ich in seiner Abgrenzung weiter bestehen kann. Bei Winsloe war hingegen die Liebe zu der Lehrerin von existenzieller Bedeutung, ein wichtiger Bestandteil des sich entwickelnden Subjekts. Als sie nicht erfüllt werden konnte, sah das Mädchen keine Möglichkeit mehr, als Subjekt weiter zu bestehen und beging Selbstmord. Bei Urbanitzky wird in *Der wilde Garten* die lesbische Liebe suprematistisch als eine bessere Art der Liebe gezeigt: „Meine Ehe war Sünde [...] weil sie mich in Knechtschaft und Vergewaltigung zog, und Sünde war es, wenn ich mich feige törichten Gesprächen und erniedrigenden Nächten überließ, statt in meinem Atelier zu arbeiten."[20] So denkt die Malerin Alexandra. Die (heterosexuelle)

....

20 Urbanitzky 1927: 246.

Ehe wird in dem Roman als Hindernis für die weibliche Kreativität dargestellt, während die lesbische Beziehung eine inspirierende Partnerschaft ermöglicht, die die künstlerische Entwicklung der Frau unterstützt.

Bei Haushofer ist von diesen eindeutig positiven Konnotationen der lesbischen Liebe wenig zu finden, sie werden ausgeblendet oder verwischt. Das kann am Bespiel der Beziehung zu den zwei Internatsfreundinnen Käthe und Margot gezeigt werden. Was die Reihenfolge der Ereignisse anbetrifft, wird die Beziehung Bettys zu den beiden Mädchen in dem Moment thematisiert, als Bettys Körper heranzureifen beginnt, was auch als ein Hinweis auf die fließende Grenze zwischen Freundschaft und Liebe interpretiert werden kann. Die beiden Freundinnen Bettys werden als Gegensätze beschrieben: Margot ist geistreich und die intellektuelle Partnerin der Protagonistin. Sie ist „begabt, einfallsreich und steckt voll bizarrer Phantasien" (*HL* 68). Käthe hingegen ist gerade durch ihre Unkompliziertheit attraktiv, ihre beruhigende körperliche Nähe und die Banalität ihrer Gespräche verursachen, dass sie „ein Behagen ausströmte, an dem man sich sanft erwärmen konnte" (*HL* 67). Das Dreieck funktioniert nicht ohne Spannungen. Als die Anforderungen der jeweiligen Freundin zu groß werden, zieht sich Betty taktisch zurück und steht mal dem einen, mal dem anderen Mädchen näher. Ihre Taktik resultiert daraus, dass „sie es nicht ertragen kann, von einem anderen Menschen in Besitz genommen zu werden" (*HL* 81). Was sie aber am meisten abschreckt, ist das Bedürfnis der Freundinnen nach körperlicher, zum Teil erotischer Nähe: Käthe verlangt einen Kuss und Margot möchte in der Nacht in Bettys Bett hineinschlüpfen. Darauf kann Betty nicht eingehen, wenn sie frei von „Sklaverei", also von enger Bindung, bleiben will.

Das lesbische Begehren, die lesbische Liebe werden also bei Haushofer zunächst in einer für die Vorkriegstexte typischen Konstellation beschrieben: als Schwärmen für die Lehrerin und als Liebe zwischen Schülerinnen. Im Unterschied zu früheren Thematisierungen werden sie aber nicht als identitätsstiftend dargestellt, sondern als „Sklaverei" gefürchtet. Diese Perspektive wird an der Figur von Margot noch verstärkt: sie ist das lesbische Mädchen, das Selbstmord begeht. Somit wird gezeigt, dass das Lesbisch-Sein zu Dissoziation und Zerfall des Subjektes führt. Das ist auch keine untypische Darstellungsweise, denn in der Forschung wird die These vertreten, dass lesbische Figuren überdurchschnittlich oft Selbstmord begehen.[21] Diese Behauptung ist nicht unbegründet, denn auch Winsloes Manuela überlebt nicht. Gleichzeitig ließen sich aber mehrere Beispiele für die Texte aus der Zwischenkriegszeit anführen, in denen lesbische Selbstfindung nicht nur ganz offen, sondern auch durchaus erfolgreich dargestellt wurde, wie in dem bereits erwähnten Roman *Der wilde Garten* von Urbanitzky. Nur wurde in den 50er Jahren diese Linie nicht weitergeführt, das lesbische Begehren wurde verschleiert, chiffriert, ausgeblendet oder aber als katastrophal geschildert[22] und vor allem nie verwirklicht, wofür Ingeborg Bachmanns Erzählung *Ein Schritt nach Gomorrha* ein eindrucksvolles Beispiel ist.

Haushofer hat in mancher Hinsicht die bestehende literarische Tradition des Internatsthemas weitergeführt und sie gleichzeitig modifiziert. Die Verortung der Schriftstellerinnen im literaturhistorischen Kontext, der hier durch den Vergleich mit den Texten Winsloes und Urbanitzkys skizziert wurde, scheint mir wichtig zu sein. Der Sammelband von Stephan, Venske und Weigel, *Frauenliteratur ohne Tradition?*,[23] stellt die Frage nach der Tradition des Schreibens von Frauen. Diese Frage nach den Traditionen oder Kontexten, in die die Texte von Frauen eingebunden werden können, ist nach wie vor relevant, wie die jüngsten Neuauflagen von Autorinnen wie Mela Hartwig oder Maria Lazar belegen. Wir sind nicht immer imstande, diese Kontexte zu sehen, weil sie manchmal immer noch verschüttet sind, oder immer noch zu wenig Beachtung in der Forschung finden.

....

21 Marti 1992: 58.

22 Madeleine Marti führt das in ihrem Buch über Darstellung lesbischer Frauen in der deutschsprachigen Literatur nach 1945 auf den gesellschaftlich-politischen Kontext der 1950er Jahre zurück. Vgl. Marti 1992: 43–46.

23 Stephan, Venske and Weigel 1987.

Bibliographie

Primärliteratur

HAUSHOFER, MARLEN (1991a): *Eine Handvoll Leben.* Roman. München: dtv.

—, (1991b): *Die Tapetentür.* Roman. München: dtv.

—, (1992): *Himmel, der nirgendwo endet.* Hildesheim: Claassen.

URBANITZKY, GRETE VON (1927): *Der wilde Garten.* Leipzig: Hesse und Becker.

—, (1931): *Eine Frau erlebt die Welt.* Berlin/Wien/Leipzig: Zsolnay.

WINSLOE, CHRISTA (1933): *Das Mädchen Manuela. Der Roman von Mädchen in Uniform.* Amsterdam: de Lange.

Sekundärliteratur

BAUER, HEIKE (2009): *English Literary Sexology: Translations of Inversion, 1860–1930.* Basingstoke: Palgrave Macmillan.

BEACHY, ROBERT (2010): „The German Invention of Homosexuality." *The Journal of Modern History* 4, S. 801–838.

BENNETT, JUDITH M. (2000): „‚Lesbian-Like' and the Social History of Lesbianisms." *Journal of the History of Sexuality* 1/2, S. 1–24.

BERTSCHINGER, THOMAS (1969): *Das Bild der Schule in der deutschen Literatur zwischen 1890 und 1914.* Zürich: Juris.

BOLLÉ, MICHAEL, Berlin-Museum, und Freunde eines Schwulen-Museums in Berlin e.V. (Hrsg.) (1992): *Eldorado. Homosexuelle Frauen und Männer in Berlin 1850–1950. Geschichte, Alltag und Kultur.* Berlin: Winkel.

BREGER, CLAUDIA (2005): „Feminine masculinities: Scientific and Literary Representations of 'female Inversion' at the Turn of the Twentieth Century." *Journal of the History of Sexuality* 14.1–2, S. 76–106.

CARUTH, CATHY (1996): *Unclaimed Experience: Trauma Narrative, and History,* Baltimore: John Hopkins UP.

CHAUNCEY, GEORGE (1982/1983): „From Sexual Inversion to Homosexuality: Medicine and the Changing Conceptualization of Female Deviance." *Salmagundi* 58/59, S. 114–146.

DILLMANN, EDWIN (1997): „Schwärmen für die Lehrerin. Zur weiblichen Sozialisation am Anfang des 20. Jahrhunderts." *Ungleiche Paare. Zur Kulturgeschichte menschlicher Beziehungen.* Hrsg. von Eva Labouvie. München: Beck, S. 175–236.

EHRENPREIS, DAVID (2004): „The Figure of the Backfisch: Representing Puberty in Wilhelmine Germany." *Zeitschrift für Kunstgeschichte 67*, S. 479–508.

FADERMAN, LILLIAN (1980): *Surpassing the Love of Men.* London: Junction.

FRACKMAN, KYLE (2019): „‚Du Bist Nummer 55': Girls' Education, *Mädchen in Uniform*, and Social Responsibility." *Seminar 55*, S. 110–127.

GANSEL, CARSTEN (2004): „Adoleszenz und Adoleszenzroman als Gegenstand literaturwissenschaftlicher Forschung." *Zeitschrift für Germanistik 14*, S. 130–149.

GRENZ, DAGMAR (2016): *Mädchenliteratur: Von den moralisch-belehrenden Schriften im 18. Jahrhundert bis zur Herausbildung der Backfischliteratur im 19. Jahrhundert.* Stuttgart: Metzler.

HACKER, HANNA (2015): *Frauen* und Freund_innen: Lesarten „weiblicher Homosexualität".* Österreich, 1870–1938. Wien: Zaglossus.

HORSTKOTTE, SILKE (2018): „Fotografische (Erinnerungs-) Objekte in den Texten nach 1945." *Handbuch Literatur & materielle Kultur.* Hrsg. von Susanne Scholz und Ulrike Vedder. Berlin/Boston: De Gruyter, S. 341–348.

JOHANN, KLAUS (2003): *Grenze und Halt: Der Einzelne im „Haus der Regeln."* Zur deutschsprachigen Internatsliteratur. Heidelberg: Winter.

KLIEWER, ANNETTE (1993): *Geistesfrucht und Leibesfrucht. Mütterlichkeit und weibliches Schreiben im Kontext der ersten Bürgerlichen Frauenbewegung.* Pfaffenweiler: Centaurus.

LEYS, RUTH (2000): *Trauma. A Genealogy,* Chicago: University of Chicago Press.

LYBECK, MARTI M. (2014): *Desiring Emancipation. New Women and Homosexuality in Germany 1880–1933.* New York: State University of New York Press.

MARTI, MADELEINE (1992): *Hinterlegte Botschaften. Die Darstellung lesbischer Frauen in der deutschsprachigen Literatur seit 1945.* Stuttgart: Metzler.

REDMANN, JENNIFER (2019): „The Backfischroman as Bildungsroman: German Novels for Girls, 1863–1913." *Feminist German Studies* 35, S. 1–25.

RICH, ADRIENNE (1980): „Compulsory Heterosexuality and Lesbian Existence." *Signs* 5, S. 631–660.

STEPHAN, INGE, REGULA VENSKE and SIGRID WEIGEL (1987): *Frauenliteratur ohne Tradition? 9 Autorinnenporträts.* Frankfurt/Main: Fischer.

STRIGL, DANIELA (2000): *Marlen Haushofer. Die Biographie.* München: Claassen.

DANIELA STRIGL

Wer hat Angst vor Marlen Haushofer?
Humor, Sarkasmus, Grausamkeit
in der österreichischen Literatur nach 1945

„Es ist mir nicht gegeben, mit Tellern zu werfen, aber ich möchte auch nicht
gehässig oder ironisch werden, und dazu besitze ich eine leichte Neigung" (*DM*
9).[1] Diesem Bekenntnis der Erzählerin in *Die Mansarde* ist offenkundig nicht
zu trauen. Jedenfalls hat sie ihre Vorsätze nicht eingehalten: Die Färbung ihres
Berichts ist passagenweise ausgesprochen ironisch, mitunter auch gehässig. Ich
würde so weit gehen, den Befund auf die Autorin auszuweiten, nicht unbedingt auf die reale Person, denn die war durchaus als jähzornig bekannt, aber
doch auf die Erzählerin: Marlen Haushofer tendiert zu Ironie und – definiert
man ihn als eine Sprechhandlung mit verletzender Absicht – zu Sarkasmus,
zu scharfen Urteilen und zu Skepsis gegenüber behaupteter Makellosigkeit.
Und sie besitzt keineswegs eine bloß „leichte Neigung" dazu, weshalb ich die
zitierte Aussage wiederum als selbstironisch einstufen möchte.

Und wie steht es mit dem Humor? Sigmund Freud hat ihm in seiner Schrift
Der Humor, anders als der Komik und dem Witz, nicht nur etwas „Befreien-
des", „sondern auch etwas Großartiges und Erhebendes" zugeschrieben, das
in der „siegreich behaupteten Unverletzlichkeit des Ichs" liege.[2] Hat der Witz
entweder reinen Lustgewinn zum Ziel oder Aggression, so stellt der Humor die
höchststehende der Abwehrleistungen dar: Eine Erinnerung oder Vorstellung
mit „peinlichem Affekt" wird im Bewusstsein gehalten, dennoch wird die dro-
hende Unlust durch Energieabfuhr in Lust verwandelt, hält Freud in *Der Witz
und seine Beziehung zum Unbewußten* fest.[3] Die größte denkbare Behauptung

<hr>

1   *Die Mansarde* wird hier und im Folgenden mit Hilfe der Sigle *DM* zitiert.
2   Freud 2000a: 278–279.
3   Freud 2000b: 217.

Daniela Strigl

des Lustprinzips gegen Realität und Tod wäre demnach der Galgenhumor als ein „Triumph des Narzißmus".[4]

Vermutlich ist diese Form souveräner Versöhnlichkeit in Haushofers Werk nur in dem Kindheitsroman *Himmel, der nirgendwo endet* anzutreffen, der freilich auch weniger harmlos ist als vielfach beschrieben. Am wenigsten humorvoll ist sicherlich *Die Wand*, aber selbst da gibt es ironische Bemerkungen über den Sammler Hugo oder dessen verwilderten Mercedes. Mit seiner Neigung zu Unernst und uneigentlicher Rede hebt Haushofers Werk sich vom Gros der deutschsprachigen Nachkriegsliteratur ab. Während die bundesdeutsche Trümmerliteratur 1945 Realismus und Nüchternheit aus der Sicht des Heimkehrers predigte, war der literarische Mainstream in Österreich, wie Schmidt-Dengler in *Bruchlinien* gezeigt hat, mit der Rückbesinnung auf allgemeinmenschliche Werte und habsburgische Traditionslinien beschäftigt.[5] Man nahm, wie man etwa in der bedeutenden Zeitschrift des Theaters der Jugend *Neue Wege* nachlesen kann, Zuflucht zum antiken Mythos und zur moralischen Unterweisung in parabolischer Form, man produzierte, wie Jörg Mauthe meinte, „[k]leinbürgerliche Wunschträume, Selbstbespiegelung, ästhetisierende, sanft verlogene Schwermütigkeit, unklare Naturschwärmerei".[6] Die sich vor diesem Hintergrund durch Radikalität einen Namen machten, taten dies nicht im Namen der Ironie oder des Humors: Ilse Aichinger wählt für ihren Roman *Die größere Hoffnung* (1948) einen pathetisch-poetischen Märchenton, Friederike Mayröcker wendet sich bald dem formalen Experiment zu, Hans Lebert erzählt in *Die Wolfshaut* (1960) eine exemplarische Dorfgeschichte voll Pathos, Peter Handke beginnt mit metafiktionalen Prosatexten einer neuen Innerlichkeit. Andererseits knüpfen Autoren wie Alexander von Lernet-Holenia, Heimito von Doderer, Albert Drach (*Unsentimentale Reise*, 1966; *Untersuchung an Mädeln*, 1971) und der in den 1930er Jahren als Parodist berühmte Robert Neumann, die beiden letzten jüdische Emigranten, aber auch der junge Kriegsheimkehrer Gerhard Fritsch (*Fasching*, 1967) in ihrer Thematisierung von Gewalt und Grausamkeit an die ironische Erzählweise der

....
4 Freud 2000a: 277.
5 Schmidt-Dengler 2010: 25–26, 100–107.
6 Zitiert nach Strigl 2008: 77.

© Frank & Timme   Verlag für wissenschaftliche Literatur

Zwischenkriegsliteratur an. Der aus der Steiermark stammende Nachwuchs-lyriker Walter Buchebner findet in seiner Abrechnung mit der Wirtschafts-wunder-Welt zu einem ganz eigenen Ton, während die Autoren der Wiener Gruppe in ihren „literarische cabarets" genannten Happenings wie in ihren Texten einen ziemlich brachialen Humor pflegen.

Der Anteil der Autorinnen an dieser Linie der Ironie und satirischen Zu-spitzung, der auch der spätere Thomas Bernhard (noch nicht mit seinem Erst-ling *Frost*, 1963) zuzurechnen ist, wird gewöhnlich unterschätzt, weshalb ich mich in diesem Beitrag darauf konzentrieren möchte. Elfriede Jelinek ist unter ihnen die prominenteste Vertreterin, Elfriede Gerstl mit ihren lakonischen Gedichten und Kurzprosatexten viel weniger bekannt. Hannelore Valencak steht mit ihren Sujets – das (weibliche) Alltagsleben und seine magische Trans-formation – Haushofer gewiss am nächsten. Aber auch jene Autorinnen, die sich schon früh dezidiert gegen den Humor als angemessene Form literarischer Realitätsbewältigung ausgesprochen haben, Ilse Aichinger und Friederike Mayröcker, sind mit manchen Texten der Nachkriegszeit der uneigentlichen Sprechweise zuzuschlagen, wie auch die in der Rezeption zum Heiligenbild erstarrte Lyrikerin und Erzählerin Christine Lavant, die hochbegabte, jung verstorbene Dichterin Hertha Kräftner und natürlich Ingeborg Bachmann mit dem für ihr Werk bezeichnenden „heftigen Zusammenprall von Ironie und Pa-thos".[7] Ich möchte diesen Komplex vor allem durch einige Beispiele illustrieren, die sich mit subtiler und drastischer Brutalität befassen. Sie alle entsprechen eben nicht dem Bild der Gefühligkeit und bemühten Sinnstiftung, das man sich gemeinhin von ‚Frauenliteratur' macht.

1   Liebe, Sex, Gewalt

In *Die Geschichte vom Menschenmann* erhält die „große Mutter" Besuch vom Menschenmann, der ihr ein, wie er sagt, „sentimentales Gedicht" vorträgt. Sie fragt später „die Frau": „Was ist das, ‚sentimental'?" Das sei „etwas ganz Neues", erhält sie zur Antwort: „Wenn er mich jetzt umarmen will, erklärt er

....

7   Gürtler 2002: 100.

mir zuvor, daß er im Begriff ist, etwas Heiliges […] zu vollziehen. Erst wenn er mir das gesagt hat, fällt er wie früher über mich her. Übrigens nennt er das Liebe und schreibt viele Gedichte darüber."[8] Die Parabel ist eine grundsätzliche Abrechnung, nicht nur mit dem männlichen Prinzip, sondern auch mit dem Konzept der romantischen Liebe. Unter Haushofers unsentimentalem Blick machen sich ihre Protagonistinnen kaum Illusionen über den Status ihrer Zweierbeziehung, meist trauern sie einer früheren Nähe und wahrhaftigen Zärtlichkeit nach und üben sich im Weiterwursteln. Sie werden zwar nicht formell verlassen, sind es aber ihrem subjektiven Empfinden nach schon lange.

Christine Lavant, Spezialistin für das Verlassensein, setzt in einem Gedicht ebenfalls ein „Früher" gegen das „Jetzt" und straft das abtrünnige männliche Du mit Verkleinerung:

> Früher wenn mich was erschreckte
> bandest du mir beide Augen
> mit den weichsten Seidenbändern
> mit den roten Lippen zu.
> […]
> Jetzt beim allergrößten Schrecken
> jetzt im Wolkenbruch der Tränen
> jetzt vor dem zerbrochnen Herzen
> stehst du wie ein Gartenzwerg.[9]

Wenn Haushofer in ihrer Parabel männlichen Größenwahn Schritt für Schritt auf Gartenzwergmaß zurechtstutzt, lässt sie den Menschenmann mit seinen Freunden darüber diskutieren, ob die Frau eine Seele habe. Diese wäre dem Gedanken nicht abgeneigt, weil er sie dann vielleicht weniger oft schlüge, „denn schlagen darf man nur die Tiere"[10]. In Hertha Kräftners Gedicht mit dem harmlosen Titel „Abends" scheint der Mann ebenfalls auf der Suche nach

----

8   Haushofer 1985a: 227.
9   Lavant 2017: 172.
10 Haushofer 1985a: 226.

 © Frank & Timme   Verlag für wissenschaftliche Literatur

dem Sitz der weiblichen Seele: „Er schlug nach ihr. Da wurde ihr Gesicht / sehr schmal und farblos wie erstarrter Brei. / Er hätte gern ihr Hirn gesehn."[11] Haushofers Behandlung der körperlichen Liebe entbehrt jedes emphatischen Moments, vielmehr manifestiert sich in ihr stets ein Mangel, ein Verlust, ein im Wortsinn hoffnungsloses Begehren: „Dann drehte er das Fernsehen ab, obgleich das Stück noch nicht zu Ende war, und ging mit mir zu Bett. Es wurde wie immer, wenn der Alkohol ihn ein bißchen enthemmt hat. Dann schlief er sofort ein, und ich lag noch eine Weile wach" (*DM* 143). Der lakonische Bericht der Erzählerin in *Die Mansarde* klingt bei aller Enthemmung nicht nach einem außergewöhnlichen Erlebnis; vielmehr ist herauszuhören, dass sich zwischen den beiden wie alles andere auch die eheliche Sexualität abgenutzt und automatisiert hat. Von den „üblichen, halb geschwisterlichen Zärtlichkeiten" zwischen Toni und Elisabeth ist in *Eine Handvoll Leben* die Rede (*HL* 122).[12]

Sarkastischer mutet Ingeborg Bachmanns Erklärung in *Malina* dafür an, warum es keine guten Liebhaber gebe. Die Erzählerin findet sie einmal mehr in der Macht der Routine:

[E]in Mann zum Beispiel beißt mich ins Ohrläppchen, aber nicht weil es mein Ohrläppchen ist oder weil er, vernarrt in das Ohrläppchen, unbedingt hineinbeißen muß, sondern er beißt, weil er alle anderen Frauen auch in die Ohrläppchen gebissen hat. [...] Wenn er gerne die Füße küßt, wird er noch fünfzig Frauen die Füße küssen. [...] Eine Frau muß aber damit fertig werden, daß jetzt ausgerechnet ihre Füße an der Reihe sind, sie muß sich unglaubliche Gefühle erfinden und den ganzen Tag ihre wirklichen Gefühle in den erfundenen unterbringen, einmal damit sie das mit den Füßen aushält, dann vor allem, damit sie den größeren fehlenden Rest aushält, denn jemand, der so an Füßen hängt, vernachlässigt sehr viel anderes.[13]

---

11 Kräftner 1963a: 10.
12 *Eine Handvoll Leben* wird hier und im Folgenden mit Hilfe der Sigle *HL* zitiert.
13 Bachmann 1971: 285.

Daniela Strigl

Eine solche technische Sicht des Liebesakts erfordert die kategoriale Trennung von Liebe und Sexualität, zu der Haushofer etwa in der Ehebruchserzählung in *Eine Handvoll Leben* ebenfalls bereit ist. Auch Annettes Perspektive in *Die Tapetentür* ist zunächst die einer auch erotisch emanzipierten Frau. Sie kennt das einschlägige Angebot auf dem Markt, wenn sie von der Rolle des Liebhabers feststellt, sie passe:

> überhaupt zu den wenigsten Männern und nur ganz selten zu einem Intellektuellen. Die Vorstellung, daß alle diese ernsthaften, dezent gekleideten Männer manchmal die Kleider ablegen und, bleich wie Kartoffeltriebe, darangehen, sich eine Stunde mit der Liebe zu beschäftigen, hat etwas Obszönes und Lächerliches an sich. Man kann eben nicht ungestraft durch Generationen das Fleisch verachten und mit dem Hirn allein leben. Eines Tages rächt sich das Fleisch. (*DT* 30)[14]

Diese Vorstellung von einer kollektiven männlichen Degeneration, gleichsam als verborgene Rückseite der patriarchalen Machtstruktur, kehrt in *Malina* in einer verstörend zynischen Passage wieder, die für das heutige Lesepublikum wohl noch anstößiger wirkt als für die Zeitgenossen 1971:

> Ich, zum Beispiel, war sehr unzufrieden, weil ich nie vergewaltigt worden bin. Als ich nach Wien kam, hatten die Russen überhaupt keine Lust mehr, die Wienerinnen zu vergewaltigen, und auch die betrunkenen Amerikaner wurden immer weniger, die aber sowieso niemand recht schätzte als Vergewaltiger. […] Manchmal las man noch in den Zeitungen von zwei Negern in Uniform, aber ich bitte dich, zwei Neger im Salzburgischen, das ist doch reichlich wenig für soviel Frauen in einem Land, und die Männer, die ich kennenlernte oder auch nicht kennenlernte und die nur im Wald an mir vorübergingen oder mich auf einem Stein sitzen sahen an einem Bach, wehrlos, einsam, hatten nie den Einfall. Man hält es nicht für möglich, aber außer ein paar Betrunkenen, ein paar Lustmördern und anderen Männern, die auch in

....

14 *Die Tapetentür* wird hier und im Folgenden mit Hilfe der Sigle *DT* zitiert.

die Zeitung kommen, bezeichnet als Triebverbrecher, hat kein normaler
Mann mit normalen Trieben die naheliegende Idee, daß eine normale
Frau ganz normal vergewaltigt werden möchte.[15]

Ohne diese Kaltschnäuzigkeit und Explizitheit in der Spezifikation des sexu-
ellen Begehrens beschreibt Haushofer in *Eine Handvoll Leben* die Attraktivität
ihres Liebhabers Lenart für Elisabeth ähnlich. Seine Art der handgreiflichen
Eroberung erinnert die Protagonistin immerhin an die „Kopfjäger auf Borneo"
(*HL* 118);[16] zum Ritual der heimlichen Treffen gehört „der jähe Überfall" (*HL*
119), Elisabeth trägt blaue Male auf der Unterlippe davon und erinnert sich
an den „Schmerz des Bisses" (*HL* 120). Als Lenarts symbolisches Pendant, der
riesige Wolfshund, auf den sie in einem fremden Stadtteil trifft, sie verschont,
verspürt sie ausdrücklich auch Bedauern darüber, dass der „tödliche[ ] Biß"
(*HL* 136) ausgeblieben ist. Lenart verkörpert für sie die Gewalt als eine Na-
turgewalt. Der Gedanke, sie könnte sich mit ihm aussprechen, erscheint ihr
deshalb absurd: „Ebensogut konnte sie sich mit einer Lawine aussprechen, die
im Begriff war, sie zu verschütten" (*HL* 132).

Die masochistische Lust an Unterwerfung und Selbstpreisgabe offenbart
sich in der Literatur der Nachkriegszeit als die Kehrseite der weiblichen Urteils-
souveränität, die im gesellschaftlichen Leben nicht existiert. Außerordentlich
exponiert scheint diesbezüglich das lyrische Ich Hertha Kräftners, etwa in dem
radikal autoaggressiven Gedicht „An den gefallenen Engel":

Bade dich in meinem Blut,
wenn dich ein lauer Morgen langweilt.
Nimm einen Dichter und spanne meine Haut
an eine blaubemalte Wand
und laß ihn Verse darauf schreiben
an deine anderen Geliebten.
[…]

....

15 Bachmann 1971: 288.

16 *Eine Handvoll Leben* wird hier und im Folgenden mit Hilfe der Sigle *HL* zitiert.

Aus meinen Augenhöhlen trinke
und zwinge mich zu Tränen für das Salz in deinen Speisen.
[…]
Dies alles sollst du tun mit mir,
doch wenn du müde bist für solche Wünsche,
dann bohr mir einfach jenes Messer in den Leib,
mit dem du sonst dein Brot am Abend schneidest.
Nur meinem Blut erweise einen einzigen Gefallen:
bade dich darin, damit es einmal dich umfließt.[17]

Die physische Vereinigung mit dem treulosen Geliebten setzt hier die totale Vernichtung des Ich voraus. Als eine mildere Form der Selbstauflösung beschreibt Haushofer die Selbstvergessenheit, die Elisabeth „unter dem Gewicht eines fremden Mannes" möglich ist, „während sie schwerelos und glückselig in einer großen Stille dahinstarb" (*HL* 130). Christine Lavant indes hadert wie Kräftner mit der „Herrin Liebe": „Was jetzt aus meinen Augen niedertaut, / indes ich diene, diene – ist schon Blut."[18] Auch dieses weibliche Ich beschwört immer wieder in drastischen Bildern die Dekonstruktion des Körpers als Destruktion; es verlangt, man möge aus seiner Schädelschale trinken, seine Handballen mit Dornen traktieren: „Warum hast du mir das Herz nicht aus den Rippen gerissen, / es niedergetreten und kleinweise den Hunden verfüttert?"[19]

2 Mord und Totschlag

Der Gewaltexzess von Weltkrieg und NS-Diktatur ist durchaus auch der österreichischen Nachkriegsliteratur anzumerken, wenngleich selten so deutlich wie in Robert Neumanns Roman *Die Kinder von Wien* (1946 englisch, 1948 deutsch), einem eigentümlichen Beispiel für die Trümmerliteratur. Der Roman war für den als der KZ-Überlebende Rudolf Kalmar identifizierbaren Kritiker

....

17 Kräftner 2001: 201–202.
18 Lavant 2017: 243.
19 Lavant 1995: 78.

der Zeitung *Neues Österreich* (r.k.)[20] ein „zynisches Kaleidoskop", empörend nach dem „millionenfache[n] Blutopfer" Wiens.[21] Neumann erzählt von der Schicksalsgemeinschaft einiger schwer beschädigter, abgebrühter Kinder und Halbwüchsiger in einem Keller unmittelbar nach Kriegsende; ein Eindringling, der es auf eines der Mädchen abgesehen hat, ist in einem Kampf zu Tode gekommen. Ein Bub namens Curls betritt den Keller, begleitet vom „Kindl" und einem Hund:

> Alle schauen sie zu, der erschlagene Mann liegt da, niemand kümmert sich.
> „Hund!" Der Hund hat sich erschrocken und reißt am Strick, er will weg vom Kindl.
> Curls: „Er heißt Herr Müller." „Er is zum essen", sagt Goy. Der Hund hat sich losgerissen, jetzt rennt er in den hintersten Winkel von dem Keller und ist verrückt vor Angst. Kriecht das Kindl ihm nach, quer durch den Keller. „Ich mach ihn tot." Goy hebt ein Stück Ziegel auf von der niedergebrochenen Treppe. Sagt Curls: „Er heißt Herr Müller." „Schon recht." Goy, freundlich, schmeißt den Stein. Der Hund heult auf. Curls fängt den Strick, da hat er den Hund wieder. Nimmt Goy noch einen Ziegel auf. „Ich kill ihn" – freundlich. Curls: „Das Kindl kann mit dem Hund spielen."[22]

Die „Implosion aller moralischen Werte" spiegelt sich in der forcierten Rohheit dieses Kunstslangs.[23] Geht es Neumann darum zu zeigen, dass Kinder selbst in einer Welt, in der ein Menschenleben nichts mehr zählt und Hunde geschlachtet werden, nicht ganz verloren sind (ein schwarzer Reverend der US-Army taucht als Seelenretter auf), führt Haushofer in ihrer Erzählung *Die Kinder* eine tückische, unheilbare Verrohung vor – unheilbar, weil sie als Teil der *conditio humana* mutmaßlich immer schon da war, tückisch, weil sie hinter

20 Polt-Heinzl 2018: 108.
21 Zitiert in Weinzierl 2008: 198.
22 Neumann 2008: 50.
23 Polt-Heinzl 2010: 108.

guten Manieren perfekt getarnt ist. Nachdem die Kinder das Rotschwänzchen auf dem Dachboden ihrer Gastgeberin zu Tode gequält haben, stecken die Mädchen „die Stecknadeln mit den bunten Köpfen ordentlich in Fräulein Klaras Nadelkissen zurück".[24]

Tierquälerei als Vergehen gegen die Natur, als Verbrechen gegen das Gesetz des Lebens erscheint in Haushofers Werk nicht als Exempel des Unmenschlichen, sondern des Menschlichen – oder des Männlichen. In der Parabel *Der Mann und sein Hund* erschlägt der Herr seinen Hund, nicht um ihn zu essen, sondern weil er dessen bedingungslose, auch durch noch so viel Prügel nicht zerstörbare Liebe nicht erträgt. Angeschafft hat er ihn sich aus Rache an der Welt und der Tücke ihrer Objekte. Im ersten der drei in der Geschichte angebotenen Schlüsse tötet der Mann, „bis es nichts mehr zu töten gab".[25]

Die „traurige leere Höhle in seinem Innern" ist auch der Grund, warum der Protagonist der Erzählung *Menschenfresser* das Mädchen im Bahncoupé, so alt wie seine Tochter, mit den Augen verschlingt – ihn treibt „kein sexuelles Verlangen", wie er zu begreifen glaubt, sondern ein „schreckliche[r] Hunger" nach Leben und Jugend, der ihm unversehens die Motivation von Triebtätern nahebringt, zumal die Neuankömmlinge im Abteil sichtlich ins Schwitzen geraten und offenkundig ähnliches verspüren: „[A]lle starrten sie auf das Mädchen wie Raubtiere auf einen Brocken Fleisch."[26]

Von einem Mord träumt auch der Knabe in Kräftners Gedicht „In einem Eisenbahnabteil". Für ihn erledigt das der Schaffner, der dem Mann vis-à-vis eine Schlinge um den Adamsapfel legt und das Seil am Heizungshebel befestigt:

Er zog sich dünn in die Länge und dadurch
sprang der Hebel knackend auf Kalt.
Die Reisenden schwiegen voll Trauer,
[…]

---

24   Haushofer 1992a: 174.
25   Haushofer 1985b: 154.
26   Haushofer 1992b: 130.

und eine fremde Dame neben dem Knaben sagte:
„Vielen Dank, es war hier schon schrecklich heiß."[27]

Mit der Reaktion der Mutter, der „fremden Dame" an seiner Seite, sind wir wieder in der Realität angelangt, und die Ermordung eines X-beliebigen im Traum hat jene Note der Willkür und Absurdität erhalten, die ihr ähnlich etwa auch in Bachmanns Erzählung *Unter Mördern und Irren* zukommt. Mit dem Mord am fremden Störenfried ist das gute Raumklima wieder hergestellt.

„Abgezählt" heißt ein Gedicht Ilse Aichingers, das an fünf abgezählten Tagen eine Klimax dramatischer Ereignisse bis zur neuerlichen Einübung in die Normalität abhandelt:

Der Tag, an dem du
ohne Schuhe ins Eis kamst,
der Tag, an dem
die beiden Kälber
zum Schlachten getrieben wurden,
der Tag, an dem ich mir das linke Auge durchschoß,
aber nicht mehr,
der Tag, an dem
in der Fleischerzeitung stand,
das Leben geht weiter,
der Tag, an dem es weiterging.[28]

Der Subtext von Kriegsgräuel und Judenmord ist in diesen Versen trotz metaphorischer Verschlüsselung unübersehbar. Sowohl die Verletzlichkeit des Du, als auch die Selbstauslöschung des Ich – kann man sich „mehr" antun, als sich das linke Auge zu durchschießen? – werden durch die Verlautbarung der Fleischerzeitung annulliert, die jene repräsentiert, die für das Schlachten verantwortlich sind und am Ende rechtbehalten. „Alles kommt langsam

....

27 Kräftner 1963b: 38.
28 Aichinger 1991a: 67.

ins alte Geleise", heißt es in *Eine Handvoll Leben*, „und was aufgewacht war, schlummert leise wieder ein" (*HL* 153).

Die Mörder und Totschläger treiben freilich, gut verkleidet als honette Bürger, in der Literatur weiter ihr Unwesen. In dem Gedicht „Die Frau des Henkers" erzählt Kräftner von eben dieser, die eines Tages aufhört zu essen, als ihr Mann ein Huhn verspeist und sie an ihren Hochzeitstag denken muss:

> Es war ein weißes Huhn gewesen,
> so sanft und weiß und warm
> und ganz geduldig unter dem Messer.
> Nun aß es ihr Mann, und ein Tropfen Fett
> rann über seine weiß gebürsteten Finger.

Sichtbar wird hier gerade das, was nicht mehr zu sehen ist: das Blut. Die symbolische Gleichsetzung von Braut in Weiß und weißem Huhn macht die Frau zum Opfertier, weshalb sie in der Wirklichkeit der häuslichen Szene auch schreiend die Flucht ergreift: „Sie suchten sie lange vergeblich".[29]

Während das Urbild des Schlächters in Haushofers Werk die offene männliche Tötungsabsicht verkörpert, steht ein Bürger von Renommee wie Richard in *Wir töten Stella* für die camouflierte Aggression: „Richard ist ein Ungeheuer: fürsorglicher Familienvater, geschätzter Anwalt, leidenschaftlicher Liebhaber, Verräter, Lügner und Mörder" (*WtS* 71).[30] Der letzte Satz der Novelle hält das endgültige Urteil fest: „Und während Stellas Fleisch sich von den Knochen löst und die Bretter des Sarges tränkt, spiegelt sich das Gesicht ihres Mörders im blauen Himmel unschuldiger Kinderaugen" (*WtS* 108). Der Titel freilich – ursprünglich „Wir morden Stella" – spricht nicht nur den Verführer schuldig, sondern erweitert das Urteil auf eine ganze zuinnerst mörderische Gesellschaft.

Der ungesühnte Massenmord ist die Wunde, an der alle, bewusst oder unbewusst, leiden. Dabei machen Haushofers weibliche Figuren sich mit den Tätern gemein. In *Wir töten Stella* deckt Anna die Machenschaften ihres Ehemannes, indem sie dazu schweigt. In *Die Mansarde* ist die Erzählerin sogar

....

29 Kräftner 1963c: 40.

30 *Wir töten Stella* wird hier und im Folgenden mit Hilfe der Sigle *WtS* zitiert.

drauf und dran, mit jenem X, den sie für einen Mörder hält und dessen Hände sich „immer mordgieriger benehmen" (*DM* 173), ein neues Leben zu beginnen. Andererseits laboriert sie an einer neuen Überempfindlichkeit:

> Der Seidelbast ist aufgeblüht. Ich schneide ihn nicht ab, er könnte ja schreien, und ich wüßte es gar nicht. […] Neuerdings fange ich Fliegen und Silberfischchen auf einem Blatt Papier und werfe sie aus dem Fenster. Meine Finger können sie nicht zerdrücken. Sie werden schon wissen, warum. Es ist schrecklich und endgültig, zerdrückt zu werden. […] Aber ich selber habe früher einmal Hühner geköpft und Fische erschlagen. Ich zwang meine Hände, zu töten, weil es normal war, das zu tun. (*DM* 195)

Ihre Krankheit gleicht jener, die es dem Helden der Erzählung *Die Stechmücke* zunehmend unmöglich macht, Leiden und Tod von Lebewesen mitanzusehen – bis er sich angesichts einer sterbenden Mücke aus dem Fenster stürzt. Der Protest gegen die Normalität des Tötens und das ihr zugrundeliegende männliche Prinzip geht mit der Selbstvernichtung einher.

3   Böse Tanten

Satirische Vignetten sind Haushofers Spezialität. In *Die Wand* blitzt die Kunst der ironischen Zeichnung in der Darstellung des hypochondrisch-fürsorglichen Fabrikanten und Pantoffelhelden Hugo und seiner egoistischen Frau Luise nur kurz auf. Von der Gruppenskizze der Bohème in *Die Tapetentür* bis zu den Damenportraits in *Die Mansarde* – die Friseurin Lisa als ‚Superwoman‘ der sechziger Jahre, die „liebe Dame" und die Baronin – zeichnet Haushofer mit der boshaften Charakteristik von Individuen als Typen ein kritisches Bild der bürgerlichen Wirtschaftswunderwelt. Satirische Darstellungen finden sich auch bei Bachmann – etwa das Interview des Journalisten Mühlbauer in *Malina* – und bei Hannelore Valencak, namentlich in ihrem Roman *Zuflucht hinter der Zeit* (1967), der in einer Neuausgabe von 1977 den Titel *Das Fenster zum Sommer* erhielt und die Geschichte einer jungen Frau erzählt, die sich plötz-

Daniela Strigl

lich in ihrem vorehelichen Leben wiederfindet und mit der Frage konfrontiert sieht, ob die Veränderungen „durch eine Heirat, wie sie die jungen Mädchen erträumten", tatsächlich so groß und erstrebenswert sind.[31]

Valencaks spöttischer Blick gilt den Stützen der Gesellschaft wie dem unleidlichen Chef der Ich-Erzählerin Ursula, aber auch ihrer Quartierherrin Tante Priska, die an ihr Mutterstelle vertreten hat und ihr nun das Leben vergällt, eine ständig Dankbarkeit einfordernde Tyrannin, die diese Rolle buchstäblich auch verkörpert: „Der stetige breite Zug in ihrer Miene besagte wie immer: Da bin ich. Ich bin auf der Welt. Und weh dem, der etwas dagegen einzuwenden hat. Sie erfüllte nicht nur den Raum, sie verdrängte ihn [...] Sie wog in aller Entschlossenheit mehr als neunzig Kilogramm" (FS 8–9).[32] Tante Priska ist eine, die beim gemeinsamen Frühstück einfach das Radio abdreht, wenn ihr danach ist: „Ich dachte: Mord! Sie ist eine Mörderin. Sie hatte einem singenden Mädchen den Hals zugedrückt" (FS 11). Die Tante fordert Ursulas Fürsorge in Form von Brustwickeln ein („Ich roch den scharfen Dunst von Tante Priskas Haut nach Kampfer und saurer Milch" (FS 46)); trotz chronischem Husten spart sie beim Heizen, „mit ihrem überheizten Naturell" hält sie Kälte gut aus (FS 96). Tante Priska ist die beschränkte, vom Leben frustrierte Kleinbürgerin ohne intellektuelle Bedürfnisse, zusammengehalten von Selbstmitleid, Tratschsucht und Ehrgeiz für ihren inzwischen verstorbenen Mann: „Die geistige Nahrung, die Tante Priska aufnahm, erinnerte mich an Zeiten der Hungersnot, in welcher die Leute Baumrinde kauten und Suppen aus Lederriemen kochten" (FS 193). Die Nachbarn nennen sie „resolut, ich aber sah, daß sie besessen war. Sie war sich selbst derart verfallen, war so von sich erfüllt, daß sie beim kleinsten Anlaß davon überquoll" – ein „fürchterlich aufgeblähtes, zum Platzen gespanntes Ich" (FS 128). Ihren Versuch einer Annäherung, besiegelt durch eine tränenreiche Umarmung, bricht die Erzählerin ab, als sie erkennt, dass ihre Tante dies als Triumph auffasst: „[D]ie sicherste Art, sich ein Wesen anzueignen [...], besteht darin, daß man es auffrißt" (FS 194). Auch in dieser Frau herrscht offenkundig eine große Leere. Ursula bleibt nur die Flucht.

31 Polt-Heinzl 2006: 59.
32 *Das Fenster zum Sommer* wird hier und im Folgenden mit Hilfe der Sigle FS zitiert.

Als ein bis in die Bildlichkeit erstaunlich eng verwandtes, wenn auch noch weiter zugespitztes Phänomen erscheint die alte Baronin in *Die Mansarde*, die von der Erzählerin Tante Lilly genannt und regelmäßig besucht wird. Die Baronin frönt hemmungslos dem Hass auf ihren verstorbenen Gatten und steht damit stellvertretend für ihre Heimatstadt:

> Die Baronin spart mit den Kohlen. Eine Temperatur von fünfzehn Grad genügt ihr. Sie dünstet so wohlig in ihrem Haß und trinkt dazu in großen Mengen Eiswasser. [...] aber der Brand ist nicht zu löschen. Wenn sie einmal stirbt, wohin geht dann ihr Haß? Stirbt er mit ihr? [...] Vielleicht bleibt er im Zimmer zurück und sickert dann ganz langsam durch die Fensterritzen hinaus und vereinigt sich mit der großen Haßwolke, die immer über der Stadt brütet. (*DM* 91).

Auch Tante Lillys Statur ist imposant, ihre Begrüßung atemberaubend, fühlt sich ihr Busen doch „steinhart" an, „und er knisterte, als wäre er mit Sägespänen gefüllt" (*DM* 85). Denn auch in dieser Brust befindet sich ein Hohlraum, den ein aggressiver Affekt besetzt hält. Ein Wellensittich, den die Erzählerin ihrer Gastgeberin einmal mitgebracht hatte, ging nach einer Woche aus ungeklärter Ursache ein: „Mörderischen Personen darf man eben weder Blumen noch Tiere schenken" (*DM* 84). Der alten Frau haftet aber auch etwas offen Gewalttätiges an: „Sie ist der einzige Mensch, der mich auf den Mund küßt, und einmal hat sie mir dabei vom oberen linken Schneidezahn einen kleinen Splitter abgebrochen. Ich fand, dies ginge zu weit" (*DM* 85). Konsequenzen zieht die Erzählerin allerdings nicht, sie absolviert die quälenden Besuche, in denen kein wirkliches Gespräch stattfindet, mit Opfermut: „Die Baronin merkte nicht, daß ich erschöpft war. Sie merkt nie, was in mir vorgeht, weil ich für sie nur ein Ding bin. Man muß sich schon erschießen, um ihr zu zeigen, daß man genug hat von ihr" (*DM* 92). Alles auf der Welt „existiert ja nur in bezug auf sie, also ist ihre Welt winzig klein" (*DM* 89). Die vom Leben und der Männerwelt enttäuschte, böse Tante steht den jungen Protagonistinnen gleichsam als abschreckende Zukunftsvision ihrer selbst vor Augen. Haushofers Besucherin denkt alsbald nur noch an Flucht und kündigt ihren Aufbruch an:

Sie fiel in sich zusammen wie ein angestochener Luftballon. Ich küßte sie flüchtig auf die Stirn und ein Geruch von erhitztem Metall stach in meine Nase, nur leicht überdeckt von Puder und Lavendel. Immer riecht sie nach Metall und einem glosenden Brand, das finde ich sehr passend. [...] Bestimmt hatten ihre Möbel und Teppiche jetzt Angst vor ihr, so allein mit ihr im Zimmer. (*DM* 92).

4   Gott und die Welt

Eine skeptische oder gar ironische Haltung in Glaubensdingen galt in den fünfziger und sechziger Jahren durchaus noch als anstößig; erschien etwa ein Gedicht in einer offiziösen Literaturzeitschrift wie den *Neuen Wegen*, das als ‚atheistisch' empfunden wurde, hagelte es Proteste der Leserschaft. Haushofers Kritik am Katholizismus, mit dem sie von ihrer bigotten Mutter daheim und bei den Ursulinen indoktriniert worden war, war beides: grundsätzlich in Sachen Dogmatik und spöttisch hinsichtlich deren Vermittlung. In *Eine Handvoll Leben* gelangt Elisabeth zur Überzeugung, Tod und Verwesung seien von fragloser Endgültigkeit. Sie weiß, „daß dies die einzige Wahrheit war und alles andere nur Lüge und Flucht. [...] Es gab keine Liebe, die größer war als der Tod" (*HL* 91). Noch in der existentialistischen Leugnung bleibt Gott ein Akteur und Teil der menschlichen Vorstellungswelt: „Gott selbst mußte zurückschaudern vor dem, was von seinen Geschöpfen übrigblieb" (*HL* 91). Im Rückblick auf ihren Kinderglauben herrscht hingegen ein ironischer Ton, wenn es um ständige Schuldgefühle und die allzu kurze „neue Engelhaftigkeit" nach der Beichte geht oder um die Unterschiede zwischen der Beziehung zum furchteinflößenden Gekreuzigten und jener zum Jesuskind in der Krippe: „ER wußte es, daß sie ihn häßlich fand und gar nicht ansehen mochte" (*HL* 34). Dagegen hätte sie mit den vielen Kindlein im Kloster am liebsten als Puppen gespielt: „Elisabeth war bereit, das Jesuskind zu lieben, aber sie nahm nicht zur Kenntnis, daß es ein und derselbe Gott war" (*HL* 36). Doch auch mit dem Märtyrer in der Kapelle, dem Skelett im Glassarg, unterhält sie sich gern, er „erweckte in ihr trockene, kühle und ehrliche Gedanken", und während der schier endlosen Litaneien „gestattete er ihr manchmal, seine Stockzähne zu zählen" (*HL* 46). Am Ende steht die erwachsene Betty vor ihrem Leben als einem „Mosaik ohne Sinn" und ist doch ihrem Entschluss treu geblieben, „Gott zu beschämen und so zu leben, als gäbe es nicht den häßlichen, klebrigen Tod, die abscheuliche Auflösung" (*HL* 92).

In den „Lästergebeten" Christine Lavants mutet die Auflehnung gegen den Allmächtigen noch heftiger an,[33] zugleich wird sie jedoch gemildert durch das Einverständnis mit der irdischen Begrenzung:

Vergiß dein Pfuschwerk, Schöpfer!
Sonst wirst du noch zum Schröpfer
an dem, was Leichnam ist und bleibt
und sich der Erde einverleibt
viel lieber als dem Himmel.
Geh, kleide weiter Lilien ein,
ätz Sperlinge mit Honigseim –
ich leb von Rost und Schimmel.[34]

Das ist in der Tat ein blasphemisches Gebet. Die unbotmäßige, ja höhnische Wortmeldung des Ich („Du […] faselst von der Gottesstadt") bedeutet eine Absage nicht nur an die Versprechen der Bergpredigt, sondern an die gesamte Schöpfung.

Auch für Lavant scheint der kindliche Jesus ungleich liebenswerter als der Gekreuzigte. Ihn, den Kind-Gott, spielt das Ich gegen das Du des Geliebten aus, jener übt die Fürsorge, die dieser, treulos, schuldig blieb:

Nur das Jesuskind
sucht mich jetzt noch heim im Traume
stiehlt dir manchmal eine Pflaume
von dem besten Ast.
Eine von den richtig-roten

....

33 Ficker 1965: 37.
34 Lavant 1995: 31.

die du mir nie angeboten
nur versprochen hast.[35]

Die weibliche Sexualsymbolik der vom Jesuskind gestohlenen Pflaume ist hier nur eine weitere ironische Fußnote. Im Gegensatz zum Bündnis zwischen dem göttlichen Knaben und dem Ich steht in einem anderen Gedicht die Kameradschaft, die das Ich ausschließt:

Ich weiß nicht, ob es verabredet war
zwischen dir und dem andern lebendigen Gott
vielleicht durch irgendein listiges Zeichen
wie es üblich ist unter Männern?

Sicher ist, dass mich einer allein
niemals hätte entrücken können
in diesen schwebenden Elfenbein-Ort
zwischen Himmel und Erde.[36]

Der angesprochene Geliebte steht hier als der eine „lebendige Gott" ebenbürtig neben dem andern, dem Schöpfer. Gemeinsam haben sie, Männer unter sich, das Ich in Sicherheit gewiegt, seine Wachsamkeit erlahmen lassen und es letztlich hinters Licht geführt. Nun glaubt es an deren List und anhaltende Komplizenschaft, „denn immer, wenn ich verlassen bin / bin ich von dir und von Gott verlassen".[37] Das Ende der erotischen Verzückung bedeutet auch das Ende der *unio mystica*.

Ebenfalls von Trotz und Rebellion geprägt ist Ilse Aichingers „Nachruf":

Gib mir den Mantel, Martin,
aber geh erst vom Sattel

....

35   Lavant 2017: 276.
36   Ebenda 130.
37   Ebenda.

und laß dein Schwert, wo es ist,
gib mir den ganzen.[38]

Dieser Nachruf lässt sich weniger als Nekrolog verstehen denn als das, was einer einem anderen vom Straßenrand *nachruft*. Die Nachfrage kommt vor dem Angebot, es ist keine Bitte, sondern eine Forderung. Zuerst aber möge der Heilige, der noch keiner ist, sondern Soldat, sich vom hohen Ross begeben und auf das Zeichen seiner Macht, die Waffe, verzichten. Der Arme begnügt sich nicht mit dem ihm Zugedachten, er verlangt ungeteilte Aufmerksamkeit, er will kein Almosen, sondern alles, was der andere zu geben hat.

Für Ellen, das halbjüdische Wiener Mädchen in *Die größere Hoffnung*, bringt die Anrufung des Hl. Franz Xaver in der Kirche keinen Trost. „Leer für alle, die dich anrufen", heißt es später in „Kleist, Moos, Fasane".[39] Die Welt, die Aichinger beschreibt, ist von der Abwesenheit Gottes bestimmt; als solche ist sie erbarmungslos und brutal. Im Gedicht „Tagsüber" dreht sie das Ich förmlich durch die Mangel:

Ein ruhiger Junitag
bricht mir die Knochen,
verkehrt mich,
schleudert mich ans Tor,
[...]
würgt mich
mit seinen frischen Schlingen
solang bis ich noch atme.
Bleib, lieber Tag.[40]

Das Grauen hinter dem Sommerfrieden endet im Paradox: „solang bis ich noch atme", das Überleben, nicht der Tod bildet die Klimax der Schrecknisse. Einen solchen ‚ruhigen Tag' würde keiner, der bei Trost ist, zum Bleiben auffordern.

....

38 Aichinger 1991d: 68.
39 Aichinger 1991c: 44.
40 Aichinger 1991e: 91.

Ähnlich rätselhaft ist auch eine Passage in *Die größere Hoffnung*: „Aber Sie radieren zuviel! hätte die alte Lehrerin den lieben Gott gewarnt. Zuletzt bleibt ein Loch! Aber meine Liebe, hätte da der liebe Gott gesagt, gerade das habe ich gewünscht. Schauen Sie durch, bitte!"[41] Geht es da um das Verhältnis von Leere und Lücke, um die Präsenz des Fernen? Oder um die Zuverlässigkeit der Wahrnehmung und die Haltbarkeit von Bildern? Bei aller Ironie wäre auch eine versöhnliche Deutung als Kommentar zur Theodizee möglich: Selbst Gott kann das Geschehene nicht ungeschehen machen. Das Getilgte ist *ex negativo* weiter vorhanden. Im besten Fall gibt es den Blick frei auf eine andere Wirklichkeit. Wer da durchschaut, vermag es zu durchschauen.

„Du sei bedankt – ich hab genug erfahren"[42], bescheidet Lavants lyrisches Ich seinem Gott in seiner charakteristischen schnippischen Frömmigkeit. In ihrem literarischen Vermächtnis wenige Wochen vor ihrem Tod malt Haushofer sich das Ende aller Schmerzen und aller Gedanken in einem „Häufchen Asche" aus und erlaubt sich eine letzte ironische Wendung: „Dafür sei Gott bedankt, den es nicht gibt."[43] Nicht zuletzt der Wunsch ihres Ehemanns war dafür verantwortlich, dass der Satz – doppelte Ironie – in der postumen Publikation noch einmal auf den Kopf gestellt wurde: „Dafür sei Gott bedankt."

5 Sarkasmus

Haushofer betrachtet Humor und Ironie immer schon unter den Aspekten von Macht und Gender. Der Mensch versuche das Tragische im Witz aufzuheben, die meisten Frauen hätten aber „eine ganz urtümliche Einstellung zum Leben, die sich mit Humor und Witz nicht verträgt", notiert Annette in ihr Tagebuch (*DT* 50). Die Autorin wendet Witz und Ironie allerdings als eine Form von Notwehr gegen die männliche Herrschaft an, der, wie es im Roman heißt, eine „Grausamkeit aus Gedankenlosigkeit und Kontaktunfähigkeit" zugrunde liege: „Als Frau kann man sich nur äußerlich in Ironie und Skepsis retten, die tiefe

....

41 Aichinger 1991b: 23.
42 Lavant 1995: 88.
43 Zitiert nach Strigl 2020: 326.

Beunruhigung bleibt bestehen" (*DT* 71). In *Eine Handvoll Leben* ist von „dem stillen Zynismus der Frau" die Rede, mit dem Elisabeth die Sabotage der männlichen Großvorhaben durch die weibliche Hälfte der Menschheit beobachtet (*HL* 105). Sie durchschaut die ach so wichtigen Debatten ihrer Freunde als „bloßes Spiel der Eitelkeit", meint aus ihren Mündern „Papierblasen aufsteigen und mit leisem Knall zerplatzen zu sehen". Dem „tödlichen Ernst der Männergesichter" begegnet sie mit „Spott und blinde[r] Zärtlichkeit", es drängt sie, „diese bedeutenden Köpfe zu streicheln und zu murmeln: Ist ja schon gut, ihr habt das sehr schön gesagt, wirklich sehr schön [...]" (*HL* 105).

Eine Frau, die solchen Anwandlungen nachgibt, überschreitet eine mit Nachdruck gezogene gesellschaftliche Grenze. Jelinek stellt fest, „daß es das Schlimmste ist, wenn man sich über etwas lustig macht. Das ist kastrierend."[44] Deshalb ist die taktvolle Gattin in *Die Mansarde* stets auf der Hut, wenn Hubert und sie miteinander scherzen: „Jedenfalls lacht er nie, wenn er auch nur im geringsten seine Würde bedroht sieht, und es ist nie genau vorauszuahnen, was alles die Würde eines Mannes verletzen kann" (*DM* 199). Die Autorin Marlen Haushofer unternimmt in ihrer Literatur einen Generalangriff auf die Würde, nicht nur die des Mannes. Die ironische Perspektive und die forcierte Brutalität ihrer Erzählungen und Romane kündigen das Selbstverständliche der patriarchalen Nachkriegsordnung ebenso radikal auf wie den Konsens des Vergessens. Im Kontext der Wiederaufbau-Verhältnisse ist dem weiblichen Beitrag zu einem offensiven literarischen Sprechen der Uneigentlichkeit in besonderem Maße die Geste der Anmaßung, der „phallischen Anmaßung" eingeschrieben.[45]

Haushofers Mittel der Wahl ist der Sarkasmus. Das *Wörterbuch der philosophischen Grundbegriffe* (1907) gibt eine geschlechtsneutrale Definition: „Sarkasmus (vom gr. *sarkázein* = abbeißen) heißt ein bitterer, mit Ironie verbundener Spott, welcher den anderen zu vernichten strebt. Er ist ohne Erbarmen und ist nur die Waffe geistig hochstehender Menschen von bösartigem Charakter."[46] In der griechischen Rhetorik wurde der *sarkasmós* als Form der aggressiven

....

44 Jelinek 2004: 35.

45 Jelinek 2004: 37.

46 Kirchner/Michaelis 1907: 519.

Daniela Strigl

Verspottung mimisch durch das Blecken der Zähne dargestellt. Sarkasmus ist Witz mit Tiefgang, Witz, der wehtut. Die Wurzel des Wortes bildet *sarx/ sarkós*, das Fleisch. Haushofers lebenslanger Faszination durch Fleisch und Knochen entsprechen die einschneidenden Maßnahmen, die ihr Sarkasmus nicht zuletzt an der eigenen Person vornimmt. In einer früheren Fassung der *Wand* bezeichnet sich die Erzählerin als eine „Registriermaschine aus Fleisch"; alles Unrecht, das eigene wie das fremde, liege „wie ein Stein auf mir, wie ein Felsen der seine scharfen Zacken in mein Fleisch drückt".[47]

Im letzten ihrer *Prinzessinnendramen* (2003) *Der Tod und das Mädchen V* mit dem Untertitel *(Die Wand)*, rechnet Jelinek mit den mythischen Heroinen der Nachkriegsliteratur ab, mit „Inge" (Bachmann), „Sylvia" (Plath) und „Marlen" (Haushofer). Sie zeichnet sie als todessüchtige Selbstdarstellerinnen, überforderte Intellektuelle und Hausfrauen am Rande des Nervenzusammenbruchs: „Sogar diese Wand soll dich lieben! Damit du seist! Du bist unersättlich. Es geschieht dir recht, daß du von ihr gefressen wurdest" (*TM V* 110).[48] Jelinek nimmt an den Vorfahrinnen vor allem die masochistischen, nicht die sarkastischen Züge wahr – und reagiert darauf mit Sarkasmus: „Man sieht es [die Wand, D.S.] nicht, aber man kommt nicht drüber hinweg und es bereitet einem entsetzliche Qualen, das ist sehr wichtig. Daß es eine Qual gibt, ist das wichtigste überhaupt" (*TM V* 112). Die Anmaßung der Autorinnen wird letzten Endes bestraft: „Im Schreiben haben wir Urteile gefällt, […] aber bumm, da sind wir schon von unsrer Wand gefallen. Ehe wir oben waren" (*TM V* 106). Jelineks Spott gilt den Passionslegenden weiblichen Schreibens ebenso wie deren gläubiger Reproduktion durch die feministische Literaturwissenschaft. Haushofer und ihre Kolleginnen waren sich bewusst, auf verlorenem Posten zu stehen. Und so fällt die aggressive Verve ihres Werks noch einmal auf sie zurück: Wer den Spott hat, hat auch den Schaden.

---

47 Strigl 2020: 299.
48 *Der Tod und das Mädchen V* wird hier und im Folgenden mit Hilfe der Sigle *TM V* zitiert.

Bibliographie

Primärliteratur

AICHINGER, ILSE (1991a): „Abgezählt". *Verschenkter Rat. Gedichte.* Werke in acht Bänden. Hrsg. von Richard Reichensperger. Frankfurt/M.: Fischer, S. 67.

—, (1991b): *Die größere Hoffnung.* Werke in acht Bänden. Hrsg. von Richard Reichensperger. Frankfurt/M.: Fischer.

—, (1991c): „1950". *Kleist, Moos, Fasane. Prosa.* Werke in acht Bänden. Hrsg. von Richard Reichensperger. Frankfurt/M.: Fischer, S. 43–48.

—, (1991d): „Nachruf". *Verschenkter Rat. Gedichte.* Werke in acht Bänden. Hrsg. von Richard Reichensperger. Frankfurt/M.: Fischer, S. 68.

—, (1991e): „Tagsüber". *Verschenkter Rat. Gedichte.* Werke in acht Bänden. Hrsg. von Richard Reichensperger. Frankfurt/M.: Fischer, S. 91.

BACHMANN, INGEBORG (1971): *Malina.* Frankfurt/M.: Suhrkamp.

HAUSHOFER, MARLEN (1985): *Die Mansarde.* Düsseldorf: Claassen.

—, (1985a): Die Geschichte vom Menschenmann. *Begegnung mit dem Fremden. Gesammelte Erzählungen.* Bd. 1. Düsseldorf: Claassen, S. 224–229.

—, (1985b): Der Mann und sein Hund. *Begegnung mit dem Fremden. Gesammelte Erzählungen.* Bd. 1. Düsseldorf: Claassen, S. 152–155.

—, (1991a): *Die Tapetentür.* München: dtv.

—, (1991b): *Eine Handvoll Leben.* München: dtv.

—, (1992a): Die Kinder. *Schreckliche Treue. Erzählungen.* Hildesheim: Claassen, S. 167–175.

—, (1992b): Menschenfresser. *Schreckliche Treue. Erzählungen.* Hildesheim: Claassen, S. 124–131.

—, (1992c): Wir töten Stella. *Schreckliche Treue. Erzählungen.* Hildesheim: Claassen, S. 55–108.

JELINEK, ELFRIEDE (2004): *Der Tod und das Mädchen I–V. Prinzessinnendramen.* Berlin: Berliner Taschenbuch Verlag.

KRÄFTNER, HERTHA (1963a): „Abends". *Warum hier? Warum heute? Gedichte. Skizzen. Tagebücher.* Hrsg. von Otto Breicha und Andreas Okopenko. Graz: Stiasny, S. 10.

Daniela Strigl

—, (1963b): „In einem Eisenbahnabteil". *Warum hier? Warum heute? Gedichte. Skizzen. Tagebücher.* Hrsg. von Otto Breicha und Andreas Okopenko. Graz: Stiasny, S. 38.

—, (1963c): „Die Frau des Henkers". *Warum hier? Warum heute? Gedichte. Skizzen. Tagebücher.* Hrsg. von Otto Breicha und Andreas Okopenko. Graz: Stiasny, S. 40.

—, (2001): „An den gefallenen Engel." *Kühle Sterne. Gedichte, Prosa, Briefe.* Hrsg. von Gerhard Altmann und Max Blaeulich. Frankfurt/M.: Suhrkamp, S. 191–192.

LAVANT, CHRISTINE (2017): *Gedichte aus dem Nachlass.* Frankfurt/M.: Eichborn, 2008. Andere Bibliothek 279. Hrsg. von Doris Moser und Fabjan Hafner. Mit einem Nachwort von Doris Moser. Göttingen: Wallstein.

—, (1995): *Gedichte.* Hrsg. von Thomas Bernhard. 3. Aufl. Frankfurt/M.: Suhrkamp.

NEUMANN, ROBERT (2008): *Die Kinder von Wien.* Mit einem Nachwort von Ulrich Weinzierl. Frankfurt/M.: Eichborn. Andere Bibliothek 279.

VALENCAK, HANNELORE (2006): *Das Fenster zum Sommer.* St. Pölten/Salzburg: Residenz.

Sekundärliteratur

FICKER, LUDWIG VON (1965): *Lobrede auf eine Dichterin. Erinnerungspost. Ludwig von Ficker zum 13. April 1965 zugestellt.* Salzburg: Müller.

FREUD, SIGMUND (2000a): *Der Humor. Psychologische Schriften.* Studienausgabe. Bd. 4. Hrsg. von Alexander Mitscherlich et al. Frankfurt/M.: Fischer, S. 277–282.

—, (2000b): *Der Witz und seine Beziehung zum Unbewußten. Psychologische Schriften.* Studienausgabe. Bd. 4. Hrsg. von Alexander Mitscherlich et al. Frankfurt/M.: Fischer, S. 9–220.

GÜRTLER, CHRISTA (2002): „Malina sieht mich so listig an, dann lacht er, ich lache auch." Ingeborg Bachmanns komische Geschichten. *Frauen verstehen keinen Spaß.* Hrsg. von Daniela Strigl. Wien: Zsolnay, S. 97–105. Profile/Magazin des österreichischen Literaturarchivs 9.

JELINEK, ELFRIEDE (2004): „Ich renne mit dem Kopf gegen die Wand und verschwinde." Gespräch mit Rose-Maria Gropp und Hubert Spiegel. *Frankfurter Allgemeine Zeitung* vom 8. November, S. 35–37.

KIRCHNER, FRIEDRICH und CARL MICHAELIS (1907): *Wörterbuch der philosophischen Grundbegriffe.* 5. Aufl. Leipzig: Dürr.

POLT-HEINZL, EVELYNE (2006): Kein Raum zum Schwungholen. Hannelore Valencak – Chronistin der Frauenleben nach 1945. *Im Keller. Der Untergrund des literarischen Aufbruchs um 1950.* Hrsg. von Evelyne Polt-Heinzl und Daniela Strigl. Wien: Sonderzahl, S. 53–64.

—, (2018): *Die grauen Jahre. Literatur nach 1945 – Mythen, Legenden, Lügen.* Wien: Sonderzahl.

SCHMIDT-DENGLER, WENDELIN (2010): *Bruchlinien. Vorlesungen zur österreichischen Literatur 1945 bis 1990.* 3. Aufl. St. Pölten, Salzburg: Residenz.

STRIGL, DANIELA (2008): „Die ‚Neuen Wege' – Zentralorgan der Avantgarde?" *„Neue Wege". 75 Jahre Theater der Jugend in Wien.* Hrsg. von Gerald M. Bauer and Birgit Peter. Wien: Lit, S. 73–86.

—, (2020 [2000]): „*Wahrscheinlich bin ich verrückt …" Marlen Haushofer – die Biographie.* 6. Aufl. Berlin: List Ullstein.

WEINZIERL, ULRICH (2008): Lust und Laster der Pointe. [Nachwort.] Robert Neumann. *Die Kinder von Wien.* Frankfurt/M.: Eichborn, S. 197–235. Andere Bibliothek 279.

Daniel Syrovy

Letzte Frauen. Die (Post)Apokalypse nach Marlen Haushofer und Hannelore Valencak

1 Einleitung

Seit längerem weist Evelyne Polt-Heinzl auf Parallelen zwischen Marlen Haushofer und Hannelore Valencak hin. Speziell Valencaks seit den frühen 50er Jahren entstandener postapokalyptischer Roman *Die Höhlen Noahs* (1961) sei „in Thema und Stimmung eng verwandt" mit Haushofers *Die Wand* (1963).[1] Die Motiv- und Themengestaltung der *Wand* ist allgemein in der jüngeren Forschungsliteratur zu Haushofer einer der neben Gattungsfragen wesentlichen Aspekte. So wird der Roman als Bezugspunkt für eine neuere deutschsprachige Tradition veranschlagt, aber auch seinerseits, oft mit einem Blick auf Abweichungen und Differenzen, in Gattungstraditionen, etwa der Robinsonade, eingegliedert.[2] Bei Valencaks Roman handelt es sich ebenfalls um eine Erzählung über das Überleben in den Bergen nach einer atomaren Katastrophe. Von seiner Mischung aus nüchternem Pragmatismus und Science-Fiction-Elementen wird noch ausführlicher die Rede sein. Die auffälligen Parallelen zur *Wand* legen es nahe, nicht nur einen Vergleich der beiden Texte anzustellen, sondern den Blick auf den breiteren Erscheinungskontext zu richten.

Neben den beiden Romanen gibt es auch sonst Gemeinsamkeiten, die vielversprechend für eine vergleichende Analyse sind – beide Autorinnen schrie-

---

1 Polt-Heinzl 2006: 55; Polt-Heinzl 2012: 244. Die Forschungslage zu Valencak ist bescheiden, aber mehrere Abschlussarbeiten an der Universität Wien haben den Vergleich aufgegriffen: Brandl: 2018; Leitner: 2018; Roithner: 2018.

2 Ersteres z.B. Buchholz 2015; Kovács 2016. Zu den Robinsonaden, vgl. Hofmann 2000; Stuhlfauth 2011; Torke 2011: 191–244; Schmitt 2018; Neelsen 2019. Ähnlich wie bei der Verortung der *Wand* im Gesamtwerk Haushofers ist diese Debatte keineswegs abgeschlossen; ein ausführlicher Forschungsbericht bei Büscher 2014: 281–288.

ben auch Kinder- bzw. Jugendliteratur, beide verfassten überdies eine Reihe weniger bekannter Romane in einem eher realistischen Erzählstil, die zum Teil subtil idyllische Klischees des Familienlebens unterlaufen, „Panoramen aus dem kleinbürgerlichen österreichischen Alltag".[3] In diesem Sinn wäre auch die Frage zu stellen, inwiefern die genannten Punkte allgemein mit der literatursoziologischen Position einer österreichischen Schriftstellerin nach 1945 im Zusammenhang stehen.

2 Innovation und Genre: Haushofers *Die Wand*

Irgendwelche allgemeinen Aussagen über den jeweiligen Innovationsfaktor von Genreliteratur, sogenannter hoher Literatur, oder ihrer vielen Berührungspunkte zu treffen, wäre sicher verfehlt, so vielschichtig wie sich das Problem darstellt. Der Aspekt „Genre" ist aber nicht ganz ohne Bedeutung, denn er betrifft häufig die Positionierung eines Textes im literarischen Feld einer Zeit. Glücklicherweise ist es zumindest für *Die Wand* möglich, die Frage aus der Sicht eines Zeitgenossen zu betrachten. Dieter Lattmann stellt in seinem Gutachten zum Roman für den Sigbert Mohn Verlag, das er im Juli 1963 an den Lektor Günther Steinbrinker übermittelt, fest: „Andererseits ist das Thema der Endzeit, nach einer allumfassenden Atomkatastrophe, nach einem weltvernichtenden Bakterienkrieg in neuerer Zeit in vielen Sprachen oft behandelt worden. Marlen Haushofers Version besticht dadurch, daß sie die Geschehnisse des Romans nicht einer Intellektuellen widerfahren läßt."[4] Nicht das Thema überhaupt erscheint innovativ, sondern der Umgang damit, was wenig überrascht, wenn man sich die allgemeine Tendenz zu „Szenarien des globalen Untergangs"[5] vor Augen hält, die auch Eva Horn in *Zukunft als Katastrophe* den späten 1950er und frühen 1960er Jahren attestiert. Obwohl

....

3 Polt-Heinzl 2006: 63. Es ist unwahrscheinlich, dass sich die beiden nie über den Weg gelaufen sein sollten, allerdings gibt es für eine Begegnung, etwa im Umfeld Hans Weigels, keine Belege. Valencak nennt Haushofer einmal namentlich als Lektüre der jungen Protagonistin in *Meine schwererziehbare Tante* (Valencak 1975: 47).

4 Zit. nach Schmidjell 2000: 44; Schreiben vom 5. Juli 1963.

5 Horn 2014: 88.

die heute noch geläufigen deutschsprachigen Beispiele, von Arno Schmidts *Schwarze Spiegel* (1951) und *Die Gelehrtenrepublik* (1957) einmal abgesehen, nicht sehr zahlreich sind, bestätigt jedenfalls der Roman von Valencak diese Diagnose.[6]

Marlen Haushofer war sich dieses Umstandes als bekennende Leserin von Science Fiction sicher bewusst.[7] Ihre Aussage zur *Wand*, „ich glaube nicht, daß mir ein solcher Wurf noch einmal gelingen wird, weil man einen derartigen Stoff wahrscheinlich nur einmal im Leben findet",[8] kann sich wohl kaum allein auf das Thema der Postapokalypse beziehen. Der Stoff, das ist zunächst einmal die unerklärliche Wand selbst. Die Anregung mag konkret von einer Glaskuppelerzählung ausgegangen sein, wie Daniela Strigl den „Soh[n] einer befreundeten Familie" Walter Feigl zitiert.[9] Strigl bezieht den Hinweis auf K.H. Scheers *Die strahlende Kuppel* (ein *Perry Rhodan* Heft vom 22. September 1961),[10] ein Text der, wie sie selbst betont, schon vom Erscheinungsdatum nicht als Einfluss auf die frühen Fassungen der *Wand* in Frage kommt, oder gar als „Keimzelle für den Roman".[11] Allerdings scheint die Identifikation trotz des Titels zweifelhaft. Wahrscheinlicher ist ein Heft desselben Autors, das in der von Haushofer nachweislich gelesenen Reihe *Terra: Utopische Romane* 1960 als Band 103 erschienen war – *Die Vergessenen, 1. Teil* – und dessen Umschlag zwei Personen zeigt, die aus einiger Entfernung inmitten einer rot gefärbten

....

6   Büscher 2014 reiht *Die Wand* hingegen in eine „anthropofugale" Bewegung der österreichischen Literatur ein, zu der neben Haushofer auch Hans Lebert mit *Die Wolfshaut* (1960) und Thomas Bernhard mit *Frost* (1963) zu zählen seien. Zu Bernhard und Haushofer vgl. außerdem Strigl 2007: 268; Judex 2010.

7   Strigl 2007: 248; Schmidjell 1990: 29; im Ausstellungskatalog *Marlen Haushofer 1920–1970* ist auch Haushofers „Nachruf für eine vergeßliche Zwillingsschwester" abgedruckt, wo es explizit heißt, „Marlen Haushofer las mit größtem Genuß utopische Schundhefte" (Schmidjell 1990: 42).

8   Zit. nach Strigl 2007: 259.

9   Strigl 2007: 248 („eine literarisch etwas anrüchige Geschichte", ebd.).

10   So am Genauesten Polt-Heinzl 2018b: 40.

11   Strigl 2007: 248.

apokalyptischen Umgebung auf eine riesige durchsichtige Kuppel blicken, unter der man Gebäude und grüne Vegetation erkennt.[12]

Im Einzelnen ist diese Inspiration kaum von Belang, denn während Darstellungen von Katastrophen zur Entstehungszeit ohnehin allgegenwärtig waren, geht es bei Haushofer natürlich weniger um eine schützende Glaskuppel, sondern um die spezielle Perspektive auf die Wand, die unauflösliche Mehrdeutigkeit; die Verlagerung der Erzählung ins Psychologische mit ihren Schichten von Ungesagtem.[13]

Trotz gewisser Realia, die im Text anklingen, bleibt die zeitliche Verortung des Textes unscharf.[14] Interessanterweise gewann auch das Motiv der nicht-intellektuellen Beobachterin, das Lattmann in seinem Gutachten hervorstreicht, erst im Lauf der Entstehungsgeschichte an Bedeutung.[15] Auch wurde „der Kunstgriff, eine namenlose Frau einen tagebuchartigen Bericht aus der Endzeitperspektive verfassen zu lassen […] erst nach Beginn der Niederschrift, im eigentlichen Schreibprozeß, entwickelt".[16] Zu Beginn der Redaktion, d.h. in der ersten handschriftlichen Fassung „werden bei einer Reihe von Unbilden und Entbehrungen des Lebens im Wald Parallelen zu Erlebnissen aus der Kriegszeit hergestellt";[17] die Handlung ist hier auch noch in die Zukunft, die Jahre 1964/1965, datiert.[18] Die schrittweise Tilgung der Vorgeschichte führt jedenfalls zu einem immer ambivalenteren Text, dessen Episoden zwar streng

....

12   Die Datierung auf 1960 findet sich nicht auf dem bei gängigen online Bildersuchen angezeigten Umschlag, sondern ist dem Datensatz der DNB entnommen: http://d-nb.info/455017433. Der widersprüchliche Hinweis auf eine „Art Eiszeit" (Strigl 2007: 248) könnte natürlich noch auf einen dritten, unidentifizierten Text verweisen, allerdings erschien etwa zur selben Zeit auch John Bolands *Weißer August* (*Terra* 108; 1960: http://d-nb.info/455017484), wo zwar keine Kuppeln vorkommen, aber radioaktiver Schnee im britischen Sommer.

13   Hofmann 2000: 204 streicht auch die gleichzeitig verwendeten und teils gattungsbedingt widersprüchlichen Erzählmuster in *Die Wand* hervor.

14   Büscher 2014: 289 ortet etwa eine Anspielung auf die Berliner Mauer; im Gegenzug wird oft betont, dass die Wand in der Walpurgisnacht auftaucht, z.B. bei Stuhlfauth 2011: 23–24.

15   Schmidjell 2000: 57.

16   Schmidjell 2000: 49.

17   Polt-Heinzl 2000: 62.

18   Schmidjell 2000: 56.

   © Frank & Timme   Verlag für wissenschaftliche Literatur

nach dem Kalender gestaltet, aber ohne Stift und Zettel kaum in eine chronologische Ordnung zu bringen sind.

Haushofer scheint mit der Protagonistin der *Wand* auch das Eva Horn zufolge für die „Letzten Menschen" typische Reflexionspotential zu verweigern, den „Blick, der vom Ende her etwas begreift, das in der Gegenwart verschleiert erscheint und dennoch immer schon da war und nur hätte entziffert werden müssen".[19] Eine Art Warnung ist aber sehr wohl im Text enthalten, auch wenn sie resignativ und bescheiden klingt: „Wären alle Menschen von meiner Art gewesen, hätte es nie eine Wand gegeben."[20]

Was darüber hinaus psychologisch im Potentialis der Katastrophe ausgedrückt wird, sind Formen von Verdrängung und Pragmatismus, wie sie so vielen Stimmen zufolge auch die Nachkriegsgesellschaft kennzeichneten.[21] Ohne das Schlagwort von der unzuverlässigen Erzählerin bemühen zu müssen, ist die Betonung solcher Leerstellen besonders am Anfang des Romans auffällig. So heißt es schon am Ende des ersten Absatzes: „[I]ch fürchte, daß sich in meiner Erinnerung vieles anders ausnimmt, als ich es wirklich erlebte" (*DW* 7); kurz darauf: „[I]ch erinnere mich, daß meine Gedanken immerfort um ganz nebensächliche Dinge kreisten, als wollten sie sich um keinen Preis mit der unfaßbaren Erfahrung abgeben" (*DW* 15); „[D]iese Tätigkeit [...] beschäftigte mich vor allem so sehr, daß ich dabei nicht denken mußte" (*DW* 18); „[D]er Schmerz kam mir ganz gelegen, denn er lenkte mich von fruchtlosen Gedanken ab" (*DW* 21); „[V]ielleicht waren die folgenden Stunden so arg, daß ich sie vergessen mußte" (*DW* 25). Dazu kommt die Müdigkeit als Chiffre für emotionalen Stress, wie überhaupt die meisten extremen Erfahrungen rein körperlich geschildert werden: so nach der Entdeckung der Wand: „Ich fing im hellen Sonnenschein zu frösteln an" (*DW* 16); nach dem misslungenen Ausbruchsversuch durch das benachbarte Tal: „Plötzlich war ich sehr müde,

---

19 Horn 2014: 29.

20 Haushofer 1999: 147. Im Folgenden im Fließtext mit der Sigle *DW* zitiert.

21 Vgl. Horns Analyse von Nevil Shutes *On The Beach* (1957), mit dem Fazit der „Gefügigkeit der Bevölkerungen der fünfziger Jahre angesichts der Bedrohung durch die Atomwaffen" (Horn 2014: 90).

ja fast erschöpft" (*DW* 55); nach dem Tod von Luchs: „Und dann war ich sehr müde, so müde wie nie zuvor" (*DW* 249).[22]

Diese abgestumpften Reaktionen („Ich fühlte weder Kummer noch Verzweiflung"; *DW* 20) werden erst zur Textmitte hin als Bewältigungsstrategie analysiert: „Es wurde mir klar, daß die Gefaßtheit, mit der ich mich vom ersten Tag an in meine Lage gefügt hatte, nur eine Art Betäubung gewesen war" (*DW* 120). Aber die fortgesetzten Verluste (der Tod verschiedener Haustiere, das notwendige Töten von Wildtieren und der Mord an dem Mann) scheinen jeweils ähnliche Folgen zu haben, die Erkenntnis bleibt partiell.[23] Auch Polt-Heinzl beobachtet im textgenetischen Fassungsvergleich an der Protagonistin eine „zunehmende Härte gegen sich selbst",[24] was durchaus als Lektüreschlüssel für den finalen Text zu verstehen ist. Nur in den mehrfach geschilderten Träumen gelingt die Verdrängung nicht:

Ich träumte nur von Toten [...] Immer fingen die Träume ganz harmlos und heuchlerisch an, aber ich wußte von Anfang an, daß etwas Schlimmes bevorstand, und unaufhaltsam glitt die Handlung dahin bis zu jenem Augenblick, an dem die vertrauten Gesichter erstarrten und ich stöhnend erwachte. Ich weinte, bis ich wieder einschlief und zu den Toten hinabsank, immer tiefer, immer schneller, und aufschreiend wieder erwachte. (*DW* 119)

Noch deutlicher wird das im späteren Traum vom Barocksaal, in dem die Welt der Vergangenheit „zu neuem Leben erweckt" wird: „Plötzlich wußte ich, daß es dies alles nicht mehr gab. Das Gefühl, einen schrecklichen Verlust erlitten

---

22 Später heißt es noch: „Ich bin müde davon, daß mir doch alles wieder genommen wird" (*DW* 147). Ähnliches gilt übrigens für Hugo Rüttlinger, über den es etwas expliziter heißt: „Er war so gehetzt und übermüdet, daß er einnickte, sobald er sich in einem Sessel niederließ [...] von dunklen Ängsten geplagt und von allen Seiten überfordert" (*DW* 9).

23 Die von Büscher (2014: 297) festgestellte „Steigerung der Luzidität bei der Ich-Erzählerin", die „Heucheleien und Lügen gegen luzide Wahrheiten einzutauschen" in der Lage sei (ebd. 299), erscheint mir zweifelhaft.

24 Polt-Heinzl 2000: 66.

zu haben, überfiel mich mit Gewalt. Ich preßte die Hände auf den Mund, um nicht zu schreien" (*DW* 209)

Der Unmöglichkeit ihrer Situation („derartige Dinge geschahen einfach nicht" (*DW* 17); „etwas wie die Wand durfte es einfach nicht geben" (*DW* 27)) begegnet die Protagonistin mit einer übereilten Akzeptanz, mit Rationalisierungsversuchen und vor allem mit körperlicher Arbeit, die ohnedies ständig notwendig ist. (Hierin liegt wohl auch ein guter Teil des ambivalenten Potentials der Alm, wo eine – gefährliche! – Entspannung möglich scheint: und erneut ist die Rede von einem „Betäubungsmittel"; *DW* 166.)[25] Immer wieder finden sich im Text Hinweise auf eine erhoffte Rettung, sowie Pläne, einen Durchgang unter der Wand zu graben, aber deren Umsetzung bleibt aus. Vielmehr fügt sich die Protagonistin letztlich der „neuen Ordnung" (*DW* 227), der „neuen Wirklichkeit" (*DW* 240). Spekulationen über ein mögliches Entkommen gehören am ehesten zu den ererbten Topoi der Gattung, genauso wie die Tatsache, dass auch eine einzige Überlebende immer das Potential anderer Überlebender beinhaltet, das narrativ in den meisten Fällen auch genutzt wird, und in der *Wand* natürlich eine wesentliche Rolle spielt.[26] Noch deutlicher wird das vielleicht im Vergleich mit Valencak, in deren *Höhlen Noahs* es von vornherein mehr „letzte Menschen" gibt.

3   Ambivalenzen in Hannelore Valencaks *Die Höhlen Noahs*

Im Kontrast zum stellenweise hermetisch undurchdringlichen Bericht der *Wand*, der keine Außenperspektive zulässt, erscheinen *Die Höhlen Noahs* auf den ersten Blick „einem konventionellen Erzählstil verpflichtet".[27] Außerdem ist in dieser Katastrophe niemand ganz auf sich allein gestellt: „[H]ier agieren

....

25 Die Beschreibung der Gefahr des Ortes (*DW* 160) ist im Rückblick schon vom Auftauchen des Mannes und dem Mord an ihm und an den Tieren geprägt: die Alm ist für die Protagonistin „verloren, ich werde sie nie mehr betreten" (*DW* 166).

26 In dem Sinn greifen manche Charakterisierungen, etwa die Protagonistin sei die „einzig Überlebende einer atomaren Katastrophe" (Torke 2011: 192) auf eigenartige Weise zu kurz.

27 Polt-Heinzl 2006: 53.

mehrere Menschen in einem labilen Sozialgefüge, geprägt von Missverständnissen, Angst und Hass."[28] Valencak nutzt diese Konstruktion allerdings für eine äußerst düstere Vision der Postapokalypse. Ihre Verfahren spielen mit den Erwartungen an die Gattung, aber es ist auch auffällig, dass es dauert, bis die Leser*innen konkrete Hinweise auf die Vergangenheit erhalten, denn der Text ist nicht chronologisch erzählt.[29] Zu Beginn folgt der Roman ganz der Lebenswirklichkeit Martinas: außer der Erinnerung an die Gewalt eines Feuers („immer kam mit diesem Rot die Erinnerung zurück"[30]), was aus späterer Perspektive als Kriegshandlung gedeutet werden kann; und dem Hinweis auf einen geliebten Mann, der „erschlagen worden" war (*HN* 8), gibt es kaum einen Hinweis, dass wir uns nicht etwa in einer frühgeschichtlichen Epoche befinden.[31]

Das Vokabular ist eines der Naturerscheinungen und der handwerklichen Gegenstände. Verräterisch sind nur die Figurennamen (Martina, Luise, Georg), und hinter dem Gebirge („ein starrer Ring, der seit Jahrtausenden hielt und sich an keiner Stelle hatte sprengen lassen"; *HN* 6) soll es, sofern dort „die Welt nicht zu Ende" (*HN* 10) ist – keiner weiß das so genau – keine „Wohnhöhlen" (*HN* 6) geben, sondern „Häuser" (*HN* 10). Zu Beginn des Romans dominiert die Nähe zum Animalischen;[32] die Bildsprache erschafft eine unheilvolle Atmosphäre,[33] und langsam treten Züge einer atavistischen Naturreligion hervor – „Geiste[r] der Leere" (*HN* 10), „Geister des Hungers" (*HN* 14), die „düsteren

---

28 Polt-Heinzl 2018a: 129.

29 Polt-Heinzl hingegen gibt den Inhalt in ihren Beiträgen zum Thema in chronologischer Form wieder, vgl. Polt-Heinzl 2006: 55; Polt-Heinzl 2012: 245; Polt-Heinzl 2018b: 37.

30 Valencak 2012: 7. In der Folge im Fließtext mit der Sigle *HN* zitiert. Aus Gründen der Zugänglichkeit stammen die Zitate aus der Neuausgabe, wurden aber mit dem Text von 1961 (Valencak: 1961) abgeglichen.

31 Unterstrichen vom noch im Klappentext 1961 genannten Arbeitstitel: *Feuer auf steinernem Herd*.

32 Martina hat die „sicher[e] Witterung eines Tieres" (*HN* 5); schlägt „die Zähne in das Fleisch" (*HN* 7).

33 „Wolken [...] bäumten sich steil auf wie eine Herde, die vor dem Abgrund scheut" (*HN* 7); „Das Knirschen der derben, saftgefüllten Stengel war ein unheimlicher Ton – beinahe ein erstickter Schrei" (*HN* 12); „Langsam, wie auf Spinnenbeinen, kroch der Tag tiefer in den Kessel" (*HN* 16).

und strengen Zeremonien" bei der Geburt eines Böckleins (*HN* 17).[34] Jedoch kann nicht die Chronologie der Grund für diese kulturellen Entwicklungen sein, denn nur die kleine Luise ist bereits in diesem Gebirgskessel geboren und „kannte [...] nichts anderes als Berge und Schluchten" (*HN* 16). Vielmehr handelt es sich um ein Resultat der paternalistisch-pessimistischen Herrschaft „des Alten", der im früheren Leben Lehrer war und seine didaktischen Fähigkeiten einsetzt, um seine Ansichten weiterzugeben: „[E]r hatte ihnen einen primitiven Geisterglauben geschenkt, der der Dürftigkeit ihres Lebens angemessen war" (*HN* 98).

Dieser Kunstgriff führt direkt zum zentralen Konflikt des Romans. Die Manipulation des Alten löst Martinas Widerrede aus, die nach dem Fund eines für die Kinder mysteriösen Gegenstandes – es handelt sich um „ein Stück bedrucktes Papier" (*HN* 25) – „ihre Vergangenheit lebendig" machen will (*HN* 27). Die Vorgeschichte erfahren wir aus der impressionistisch gestalteten Perspektive Martinas, die sich vor den Bombenangriffen zu verstecken versucht: „Das Ende kam als ein großer, glühender Regen" (*HN* 28). Das Ausmaß stilistischer Verdichtung soll auch in den Vorstufen zum Roman ersichtlich werden, „die zeigen, wie häufig Valencak [...] immer wieder umgearbeitet und uminterpretiert hat", bis sie die gewünschte „radikale Knappheit fand".[35]

In der Folge werden die Perspektiven der Figuren abwechselnd dazu genutzt, das Verhandeln komplexer Positionen von Macht, Ohnmacht und Zusammenarbeit zu beleuchten, etwa beim Neuschmieden eines zerbrochenen Spatens im zahlenmäßig zentralen 11. Abschnitt.[36] Martina nutzt ihr Wissen und ihre Jugend, um vorübergehend die kleine Gesellschaft zu dominieren,

....

34 Vgl. „Nach dem Festmahl [...] würde sie die vier Klauen nach den vier Himmelsrichtungen werfen, zur Versöhnung der Geister des Hungers, der Kälte, des Ungewitters und der Geister der Leere, die hinter den Bergen wohnten. Dann mußten die Eingeweide in die Erde vergraben werden, an der geschützten Stelle [...]. Wenn ein Unwetter kam, schossen die Sturzbäche links und rechts [...] vorbei [...] Wer wollte bezweifeln, daß diese Stelle unter dem besonderen Schutz der Dämonen stand?" (*HN* 18).

35 Polt-Heinzl 2012: 247.

36 Dieser im Text unnummerierte Abschnitt (*HN* 69–93) fokalisiert nacheinander auf Georg, Luise und den Alten. Das kommt einer Änderung der Erzählstrategie gleich, denn fast alle Abschnitte der ersten Hälfte sind aus Martinas Perspektive erzählt, in der zweiten Hälfte wechseln die Figurenperspektiven ständig.

aber auch Georg und Luise versuchen, Machtpositionen zu erlangen. Das verleiht fast allen Figuren ähnlich brutal-ambivalente Züge, wie sie zunächst nur der Alte trägt. Die scheinbar moralisch eindeutige Perspektive des Beginns wird immer diffuser. In der Textmitte steht als Höhepunkt die vorübergehende Annäherung der Gruppe, die zu einer gemeinsamen Exkursion durch das Höhlensystem der Berge führt. Sie gelangen nach Draußen, in „eine Welt aus Stein und Lehm", „totes Land", „nackt und ausgeglüht" (*HN* 125). Alles dort ist ein „flirrende[r], tote[r] Raum" (*HN* 126). Die Trostlosigkeit, zuvor schon durch die „Staubregen" (*HN* 73) angedeutet, die die rettende Berglandschaft zu ersticken drohen, macht den Planeten zu einem „fremden Stern" (*HN* 126): „Die Erde wird für immer ein staubiger, geschändeter Stern bleiben, eine stumme Anklägerin in unserem Namen" (*HN* 134).

Nachdem jegliche Hoffnung auf ein gelobtes Land jenseits der Berge zerstört ist, eskaliert die Situation. Eine romantische Beziehung zwischen Luise und Georg scheitert nicht zuletzt durch die Hemmung seiner Erziehung: „[D]as Gesetz, das in ihn eingegraben war, ließ es nicht zu" (*HN* 165). Schwanger wird schließlich Martina – von ihrem Bruder! Das Kind kommt zur Welt, aber es folgen Mord und Totschlag. Am Ende bleiben, in einer Parodie der klassischen Kernfamilie, Luise, Georg und das Neugeborene übrig, die in der letzten Szene durch den Staub stapfen, „Spuren hinterlassend wie in Schnee" (*HN* 240).

Valencak erfüllt gezielt nicht die Erwartungen auf eine Begegnung mit anderen Menschen, aber diese Möglichkeit bleibt latent im offenen Ende bestehen. Trotz der stellenweise schwerfälligen Symbolik (etwa, wenn der Alte als letztes Zeichen seiner Schwäche von seiner Schafherde „eingekeilt und niedergehalten" wird, die ihm den Beutel mit ihrem Futter entreißt (*HN* 101)), geht es nicht nur um Fragen der Macht über andere, sondern auch darum, ob Erinnerungen zur Gänze verdrängt und begraben werden können, was ähnlich wie in der *Wand* einen indirekten Bezug zur Nachkriegsgesellschaft in Österreich nahelegt. Valencaks Verwendung magisch-realistischer Elemente an einem der Höhepunkte der Geschichte verweist darüber hinaus noch auf einen anderen Kontext.

4 Kontexte

In der Konzeption der Endzeit bei Haushofer und Valencak ist zwar auffällig, dass fortschrittliche Technologie kaum eine Rolle spielt und die Figuren auf praktisches, aber oft nicht mehr geläufiges Wissen zurückgeworfen sind, aber natürlich hat das Thema „letzter Mensch" allein nicht notwendigerweise eine bestimmte Aussagestruktur der Texte zur Folge. Hier ist vor allem der Kontrast zwischen einem Roman wie *Die Wand* und jenen Texten besonders augenscheinlich, in denen die Ereignisse, die zum Aussterben der Menschheit geführt haben, zumindest den Figuren bekannt sind, wenn auch die Leser*innen oft im Dunklen bleiben.[37] Darüber hinaus ist allerdings auch festzuhalten, dass Thema und Aussagestruktur ihrerseits relativ unabhängig von Erzählverfahren funktionieren. Mehr noch als Science Fiction scheint die Tradition von Phantastik und magischem Realismus in der österreichischen und pragerdeutschen Literatur (Kubin, Perutz, Lernet-Holenia, usw.) als schlüssiger literarischer Kontext für die postapokalyptischen Spekulationen Haushofers und Valencaks zu fungieren.

Haushofer hat von der *Wand* abgesehen kaum vordergründig mit solchen Verfahren gearbeitet, obwohl es – speziell bei den Erzählungen – Beispiele gibt. Der frühe Einfluss Lernet-Holenias auf ihr Schreiben ist überdies ein Allgemeinplatz der Forschungsliteratur.[38] Bei genauerem Blick lassen sich allerdings immer wieder Elemente auch der späteren Romane durch eine magisch-realistische Linse betrachten: man denke etwa an die Taubheit der Icherzählerin bzw. den Drachen in *Die Mansarde*.[39] Ein Teil der Wirkung in *Die Wand* geht

....

37 Robert Weninger schließt Haushofers *Wand* aus seiner zuerst 2000 vorgeschlagenen Klassifikation der *last-man*-Narrative aus, da der Roman „avoid[s] mention of the actual cause of man's disappearance" (Weninger 2017: 506), bespricht das Buch aber in Weninger 2017 und Weninger 2000. Valencaks *Höhlen Noahs* würden bei ihm unter das Paradigma der „Auslöschung der Menschheit [...] durch die technologischen ‚Errungenschaften' des Menschen selbst" fallen (Weninger 2000: 13). Die beiden anderen Paradigmen sind die Auslöschung durch göttliche Intervention und jene durch eine (ohne Gott konzipierte) feindliche Natur.

38 Stellvertretend Strigl 2007: 288.

39 Auffällig ist auch der immer präsente Filter durch das „Ich" einer Erzählerin. So auch in der späteren Fassung der Geschichte „Entfremdung", die bezeichnenderweise in der Phantastik-Anthologie *Der Vamypr* als „Die großen Hähne" erschien (Haushofer 1961). Der Text

sicher darauf zurück, dass die Unerklärlichkeit des Objekts in einer streng „realistischen" Lesart (die Spekulationen über die Natur der Wand sind ja alles andere als überzeugend) einhergeht mit der absoluten Zweckmäßigkeit für den Ablauf der Ereignisse und für den Bericht selbst. Nicht das Symbol rückt in den Vordergrund, sondern die Spannung zwischen den Erklärungsmodellen.[40]

Auch Valencak stellt solche Techniken immer wieder ins Zentrum ihrer Erzähltexte. In *Die Höhlen Noahs* ist die einzige aus der Sicht der Magd Maria beschriebene Passage eine Begegnung mit einem Toten: „Als er die Hand zum Gruß hob, erkannte sie ihn wieder, doch erinnerte sie sich weder, wie er hieß, noch wann er gestorben war" (*HN* 204–205) Von ihm erhält sie den Auftrag, Martina zu retten – was auch gelingt, obwohl sie dafür mit dem eigenen Leben bezahlt. Es gibt keinerlei Zweifel, dass hier ein übernatürliches Element in die Erzählung einbricht, aber es hat nichts Unheimliches an sich: „[E]s war nicht das erste Mal, daß Tote sie besuchen kamen" (*HN* 205). Das ganze klingt weniger nach Katastrophenliteratur als nach einem magisch-realistischen lateinamerikanischen Roman, und nimmt gleichzeitig Elemente aus Valencaks späteren Büchern vorweg. Nicht-realistische Erzählverfahren charakterisieren auch *Zuflucht hinter der Zeit* (1967), wo die Protagonistin einen Zeitsprung in die Vergangenheit macht und sich anschließend vergeblich bemüht, dieselbe Timeline herbeizuführen, die sie schon kennt. Dabei werden bewusst die Grenzbereiche zwischen moderner Wissenschaft und unerklärlichen Phänomenen thematisiert, was sich bis in die Paratexte zieht: So betonte der Wollzeilen-Verlag 1967 die Fachkenntnisse Valencaks:

> Was in diesem Roman an einzelnen Stellen über Raum und Zeit gesagt wird, hat die Verfasserin, die selber Physikerin ist, in Einklang mit den Anschauungen der modernen Physik zu bringen versucht, welche Raum und Zeit als eine Einheit auffaßt. Es wird die vierte Dimension, die heute schon mathematisch erfaßt, aber dem Vorstellungsvermögen

---

übernimmt den Traumbericht in direkter Rede aus der ersten Fassung, aber ohne ihn als solchen zu kontextualisieren. Das Phantastische ist nur durch das „Ich" verbürgt.

40 Für die aus der Phantastikforschung bekannte Unentscheidbarkeit zwischen einer übernatürlichen und einer rationalen Erklärung vgl. Durst 2010.

nach wie vor unzugänglich ist, in Bilder hineinprojiziert, die in unserer Erfahrungsebene liegen.[41]

Im Gegensatz zu den *Höhlen Noahs* ist dieser Roman bemüht darum, weitgehend offen zu lassen, ob es eine rationale Erklärung für das Erzählte gibt. Der Text wurde 1978 als *Das Fenster zum Sommer* in der „Phantastischen Bibliothek" bei Zsolnay wiederveröffentlicht; in derselben Reihe erschien auch ihr Roman *Das magische Tagebuch* (1981), der von übernatürlichen Elementen gekennzeichnet ist und eine ganze Reihe an Erklärungsmodellen für den rückgängig gemachten Unfalltod des Ehemannes der Icherzählerin bietet. Mehrfach scheint der Text zwischen verschiedenen „Wirklichkeiten" zu wechseln. Auch einzelne Erzählungen Valencaks („Fischblut"; „Ikarus auf Anacapri") und manche ihrer Jugendbücher aus den 1970ern weisen nicht-realistische bzw. magisch-realistische Erzählmodi auf.[42] In *Ich bin Barbara* (1974) treten griechische Gottheiten und mythologische Figuren auf (u.a. Hermes und eine Haushälterin Daphne, die im/als Baum lebt); in *Regenzauber* (1976) gibt es zumindest Ansätze, die es erlauben, ein Extremwetterereignis (Trockenperiode, Waldbrände) als direkte Folge eines von einem Kind ausgesprochenen Regenzaubers zu lesen. *Das Treueversprechen* (1978) hingegen nimmt Aspekte des *Magischen Tagebuchs* vorweg und spielt mit der Möglichkeit der Beeinflussung von Geschehnissen in der Wirklichkeit durch das Aufschreiben, allerdings in einer viel stärker metafiktionalen Spielart, wo die Beobachtungen einer Icherzählerin zu ihrem Romanprojekt mit Kapiteln aus diesem Roman (über einen Romanautor) alternieren.

Was die Frage betrifft, ob diese Verfahren nun mehr vergangenheits- oder zukunftsgewandt sind, schlägt interessanterweise gerade das Vorwort jener Anthologie, in der Marlen Haushofer „Die großen Hähne" veröffentlicht hat, eine Brücke zwischen dem Übernatürlichen und der Wahrnehmung der zeitgenössischen Wirklichkeit, inklusive drohender Apokalypse:

....

41 Valencak 1967: o. Pag. (Klappentext).

42 Für Wolf liegt darin der Grund für die Auswahl der drei genannten Romane, obwohl für die Studie, die vorrangig Beziehungsmodelle behandelt, auch die Romane *Ein fremder Garten* (1964) und *Vorhof der Wirklichkeit* (1972) geeignet gewesen wären (Wolf 2003: 2).

Daniel Syrovy

Obendrein aber hat sich dem alten Völkchen der Teufel, Dämonen, Gespenster und Hexen im heutigen technokratischen Zeitalter noch eine andere Quelle des Grauens gesellt: das Entsetzen vor der rasend schnellen Entwicklung einzelner Wissenschaften – wie der Physik und Technik –, der die geistige und seelische Reife der Menschheit nur mühsam nachkeucht und die so, in falsche Bahnen gelenkt, zu einem Krieg, zur Weltkatastrophe und zum Ende jeder Zivilisation führen könnte.[43]

Das bestätigt jedenfalls die Annahme, dass Valencak und Haushofer mit ihren Texten auf ihre gegenwärtige Situation ganz im Sinne der Zeit reagieren, auch wenn die Gemeinsamkeiten aus heutiger Sicht nicht immer sofort ins Auge fallen.

5 Ökonomische Fragen

Die Tätigkeit als Romanautor*in war auch in den 1950er und 1960er Jahren finanziell nicht besonders einträglich, sieht man von Preisgeldern einmal ab.[44] Insbesondere waren es Abdrucke von Erzählungen in Zeitungen und Zeitschriften (bzw. Anthologien), die Geld brachten, weil die Arbeit relativ rasch ging und gut bezahlt wurde.[45] Sofern möglich, schrieben viele Nachkriegs-

---

43   Hoffmann/Oerley 1961: 5; bzw. ebd. 11: „Was aber die Stelle dieser irrealen Angst weitgehend eingenommen hat, ist die sehr reale Furcht, das Bangen um die Existenz in einer von totaler Zerstörung durch Kernwaffen bedrohten Welt."

44   Marlen Haushofer: 1953 Förderungspreis des österreichischen Staatspreises (*Das fünfte Jahr*), 1956 Preis des Theodor-Körner-Stiftungsfonds (*Die Vergißmeinnichtquelle*), 1963 Arthur-Schnitzler-Preis (*Die Wand*), 1968 Österreichischer Staatspreis für Literatur (*Schreckliche Treue*) (nach Studer 2000: 141–142). Valencak: 1954 Ehrengabe des Georg-Trakl-Preises, 1956 Lyrikpreis der Stadt Graz, 1957 Förderungspreis des Österreichischen Staatspreises für *Die Höhlen Noahs*, 1963/64 Förderungspreis des Peter-Rosegger-Preises, 1966 Theodor-Körner-Stipendium (nach Polt-Heinzl 2006: 54).

45   Für Haushofer vgl. etwa Strigl 2007: 366 n. 23. Valencaks Nachlassverzeichnis listet über 130 Zeitungsausschnitte als Belege für Einzelveröffentlichungen (oft als Zweit- und Drittverwertung über Jahre hinweg). Vgl. https://franz-nabl-institut.uni-graz.at/de/bestaende/vor-und-nachlaesse/bestandsuebersicht/hannelore-valencak/ (letzter Zugriff: 11.10.2021).

schriftsteller*innen auch Hörspiele oder Arbeiten für das Fernsehen.[46] Im Fall von Haushofer und Valencak kommen noch die Kinder- und Jugendbücher dazu, die ebenfalls regelmäßig mit Preisen ausgezeichnet wurden.[47] Überhaupt gilt für Haushofer, wie sie selber 1967 an Jeannie Ebner schreibt: „Mein regelmäßiges Einkommen sind jetzt Kinderbücher. Es fällt mir leicht sie zu schreiben und ich finde nicht, dass es eine Schande ist."[48]

Mit reichlich Ironie verwendet Haushofer den finanziellen Impuls sogar als Aufhänger für die Geschichte von *Bravsein ist schwer* (1965), wo die Tante Susi den Neffen Fredi um seine Mitarbeit an einem Kinderbuch bittet, um damit „unbedingt Geld [zu] verdienen",[49] was beiden Parteien zum Nutzen gereicht. Auch die Fortsetzung, *Schlimm sein ist auch kein Vergnügen* (1970) greift das Motiv auf und beginnt mit den Worten: „Jetzt ist es also wieder soweit! Tante Susi braucht ganz dringend einen warmen Teppich für ihr Zimmer und Hausschuhe aus Pelz. Um diese Schätze zu erwerben, muß natürlich wieder ich herhalten."[50] Darüber hinaus wird Tante Susi als „sehr nette Person" eingeführt, „die schon seit vielen Jahren Bücher schreibt".[51]

Gleichzeitig ist auffällig, dass bei Haushofer die Kinderbücher eher als separate Produktion erscheinen,[52] während die Grenzen bei Valencak, speziell zwischen 1974 und 1978, thematisch und stilistisch fließend sind. Inwieweit das auf die (fehlenden) Publikationsmöglichkeiten bei anderen Verlagen zu-

....

46 Zu Haushofers Lebzeiten wurden nur die Hörspiele *Das Kreuzworträtsel* (Rot-Weiß-Rot, 12.3.1954) und *Die Überlebenden* (Radio Bremen 1958) produziert; vgl. Schmidjell 1990: 31. Bekanntlich wurden aus dem Nachlass weitere Texte veröffentlicht, darunter ein „Fernsehspiel" (Haushofer 1991).

47 Die Verlagsanzeigen am Ende von *Wohin mit dem Dackel?* betonen dies: „Ausgezeichnet mit dem Kinderbuchpreis der Stadt Wien, auf der Ehrenliste zum Österreichischen Staatspreis für Kinderliteratur" (Haushofer 1968: o.Pag.). Valencak erhielt 1977 den österreichischen Staatspreis für Kinderbücher (Polt-Heinzl 2006: 54).

48 Nach Schmidjell 1990: 36, Brief vom 27.10.1967. Im selben Jahr notiert Haushofer: „Kinderbuch weggeschickt. Abschreiben war mir elend mühsam diesmal. Das Buch selber in 8 Tagen geschrieben" (Tagebucheintrag vom 25.3.1967, in Studer 2000: 47).

49 Haushofer 1965: 6.

50 Haushofer 1970: 5.

51 Haushofer 1970: 6. Siehe auch Strigl 2007: 270.

52 Wexberg 2010 gehörte bislang zu den wenigen Spezialuntersuchungen, siehe nun Kronschläger in diesem Band.

Daniel Syrovy

rückzuführen ist, muss offen bleiben. Eine seriöse Untersuchung der ökonomischen Lage österreichischer Autor*innen nach 1945 wäre ohnehin dringend wünschenswert, wobei der offenbar noch praktisch unerforschte Nachlass Valencaks hier eine wertvolle Quelle sein dürfte.[53] Ob die realen Verdienstmöglichkeiten zum Teil auch mit der Aktualität der von Valencak und Haushofer behandelten Stoffe zusammenhängen, wäre darüber hinaus eine spannende Frage, die ohne weitere Forschung kaum verbindlich zu beantworten ist. Dass es in jedem Fall einen Zusammenhang zwischen dem Schreiben und der gesellschaftlichen Situation gibt, ob es nun um postapokalyptische Szenarien geht oder um den österreichischen Alltag, darüber besteht allerdings kein Zweifel.

Bibliographie

Primärliteratur

HAUSHOFER, MARLEN (1961): „Die großen Hähne." *Vampyr. Die besten unheimlichen Geschichten der zeitgenössischen Weltliteratur.* Hrsg. von Richard Hoffmann and W. A. Oerley. Wien/Berlin/Stuttgart: Neff, S. 356–360.

—, (1965): *Brav sein ist schwer.* Wien/München: Jugend und Volk.

—, (1968): *Wohin mit dem Dackel?* Wien/München: Jugend und Volk.

—, (1970): *Schlimm sein ist auch kein Vergnügen.* Wien/München: Jugend und Volk.

—, (1991): *Die Überlebenden. Unveröffentlichte Texte aus dem Nachlass.* Hrsg. von Christiane Schmidjell. Linz: Landesverlag.

—, (1999): *Die Wand.* München: dtv.

VALENCAK, HANNELORE (1961): *Die Höhlen Noahs.* Wien: Wollzeilen.

—, (1967): *Zuflucht hinter der Zeit.* Wien: Wollzeilen.

—, (1975): *Meine schwererziehbare Tante.* Wien: Ueberreuter

—, (2012): *Die Höhlen Noahs.* St. Pölten/Salzburg/Wien: Residenz.

....

53 Im Übrigen sind Korrespondenzstücke Valencaks auch im Nachlass von Jeannie Ebner enthalten, vgl. Wienbibliothek, Nachlass Ebner, ZPH 1302, 2.1.785 (Box 10) und 2.6.504 (Box 15). Im Nachlass Gerhard Fritschs findet sich ein unidentifiziertes Romanmanuskript (Wienbibliothek, Nachlass Fritsch, ZPH 1303, 4.20.210 (Box 63)).

Sekundärliteratur

BRANDL, KATRIN (2018): „Anthropologie postapokalyptischer Szenarien in Hannelore Valencaks ‚Die Höhlen Noahs' und Marlen Haushofers ‚Die Wand'." Diplomarbeit: Univ. Wien.

BUCHHOLZ, PAUL (2015): „Eco-Romanticism in Terézia Mora's *Der einzige Mann auf dem Kontinent* and the Re-reading of Marlen Haushofer's *Die Wand*." *GegenwartsLiteratur. Ein germanistisches Jahrbuch* 14, S. 147–169.

BÜSCHER, NICK (2014): *Apokalypse als Utopie. Anthropofugalität in der österreichischen Nachkriegsliteratur*. Würzburg: Königshausen & Neumann.

DURST, UWE (2010): *Theorie der phantastischen Literatur*. 2. Aufl. Münster: LIT.

HOFFMANN, RICHARD und W. A. OERLEY (1961): „Vorwort." *Der Vampyr. Die besten unheimlichen Geschichten der zeitgenössischen Weltliteratur*. Hrsg. von Hoffmann, Richard and W. A. Oerley. Wien/Berlin/Stuttgart: Neff, S. 5–12.

HOFMANN, MICHAEL (2000): „Verweigerte Idylle. Weiblichkeitskonzepte im Widerstreit zwischen Robinsonade und Utopie: Marlen Haushofers Roman *Die Wand*". *„Eine geheime Schrift aus diesem Splitterwerk enträtseln …" Marlen Haushofers Werk im Kontext*. Hrsg. von Anke Bosse and Clemens Ruthner. Tübingen/Basel: Francke, S. 193–205.

HORN, EVA (2014): *Zukunft als Katastrophe*. Frankfurt/Main: Fischer.

JUDEX, BERNHARD (2010): „Blick aus der Mansarde. Marlen Haushofer im Kontext der österreichischen Literatur der 1950er und 1960er Jahre." *Marlen Haushofer 1920–1970. Ich möchte wissen, wo ich hingekommen bin!*. Hrsg. von Christa Gürtler. Linz: Stifter, S. 17–30.

KOVÁCS, EDIT (2016): „Der letzte Mensch – ein Mann/eine Frau. Anthropologische und genderspezifische Fragestellungen in den Romanen *Die Wand* von Marlen Haushofer und *Die Arbeit der Nacht* von Thomas Glavinic." *Konstruktion – Verkörperung – Performativität. Genderkritische Perspektiven auf Grenzgänger_innen in Literatur und Musik*. Hrsg. von Andrea Horváth and Karl Katschthaler. Bielefeld: Transcript, S. 89–100.

LEITNER, SARA (2018): „Der Schlüssel zum goldenen Käfig : Emanzipation in ausgewählten Werken Jeannie Ebners, Marlen Haushofers und Hannelore Valencaks." Masterarbeit: Univ. Wien.

Daniel Syrovy

NEELSEN, SARAH (2019): „Zwei weibliche Robinsonaden? Eine verglei-
chende Lektüre von Marlen Haushofers *Die Wand* und *Die Mansarde.*"
*Dekonstruktion der symbolischen Ordnung bei Marlen Haushofer. Die
Wand und* Die Mansarde. Hrsg. von Sylvie Arlaud et al. Berlin: Frank &
Timme, S. 127–142.

POLT-HEINZL, EVELYNE (2000): „Marlen Haushofers Roman *Die Wand* im
Fassungsvergleich. Die Entwicklung der Ich-Erzählerin." Hrsg. von Anke
Bosse and Clemens Ruthner. *„Eine geheime Schrift aus diesem Splitter-
werk enträtseln ...“ Marlen Haushofers Werk im Kontext.* Tübingen/Basel:
Francke, S. 59–77.

—, (2006): „Kein Raum zum Schwungholen. Hannelore Valencak – Chronistin der Frauenleben nach 1945". *Im Keller. Der Untergrund des
literarischen Aufbruchs um 1950.* Hrsg. von Evelyne Polt-Heinzl. Wien:
Sonderzahl, S. 53–64.

—, (2012): „Nachwort". Hannelore Valencak. *Die Höhlen Noahs.* St. Pölten/
Salzburg/Wien: Residenz, S. 243–249.

—, (2018a): *Die grauen Jahre. Österreichische Literatur nach 1945. Mythen,
Legenden, Lügen.* Wien: Sonderzahl.

—, (2018b): „Szenarien vom atomaren Ende. Österreich-Apokalypsen im
Kalten Krieg." *Literatur und Kritik* 523/524, S. 36–41.

ROITHNER, LIESA (2018): „‚Vom Leben in der Höhle'. Die Darstellung des
Naturzustandes bei Hannelore Valencak ‚Die Höhlen Noahs', A. Th.
Sonnleitner ‚Die Höhlenkinder. Im Heimlichen Grund' und Marlen
Haushofer ‚Die Wand'." Diplomarbeit: Univ. Wien.

SCHMIDJELL, CHRISTINE (Hrsg.) (1990): *Marlen Haushofer 1920–1970.
Katalog einer Ausstellung ... Zirkular,* Sondernr. 22. Wien: Dokumentati-
onsstelle für neuere österreichische Literatur.

—, (2000): „Zur Werkgenese von Marlen Haushofers *Die Wand* anhand
zweier Manuskripte." *„Eine geheime Schrift aus diesem Splitterwerk
enträtseln ...“ Marlen Haushofers Werk im Kontext.* Hrsg. von Anke Bosse
and Clemens Ruthner. Tübingen/Basel: Francke, S. 41–58.

SCHMITT, CLAUDIA (2018): „Vom Leben jenseits der Zivilisation. Ein
vergleichender Blick auf das Verhältnis von Mensch und Natur in der
Robinsonade." *Ökologische Genres. Naturästhetik – Umweltethik – Wis-*

© Frank & Timme   Verlag für wissenschaftliche Literatur

senspoetik. Hrsg. von Evi Zemanek. Göttingen: Vandenhoeck & Ruprecht, S. 165–180.

STRIGL, DANIELA (2007): *„Wahrscheinlich bin ich verrückt ...“ Marlen Haushofer – die Biographie.* München: List.

STUDER, LILIANE (Hrsg.) (2000): *Die Frau hinter der Wand. Aus dem Nachlaß der Marlen Haushofer.* München: Claassen.

STUHLFAUTH, MARA (2011): *Moderne Robinsonaden. Eine gattungstypologische Untersuchung am Beispiel von Marlen Haushofers* Die Wand *und Thomas Glavinics* Die Arbeit der Nacht. Würzburg: Ergon.

TORKE, CELIA (2011): *Die Robinsonin. Repräsentation von Weiblichkeit in deutsch- und englischsprachigen Robinsonaden des 20. Jahrhunderts.* Göttingen: V&R unipress.

WENINGER, ROBERT K. (2000): „Letzte Menschen und der Tod Gottes. Eine philosophische und literarische Genealogie." *Arcadia* 35.1, S. 2–24.

—, (2017): *Sublime Conclusions. Last Man Narratives from Apocalypse to Death of God.* Cambridge: Legenda.

WEXBERG, KATHRIN (2010): „‚Nichts bleibt, wie es ist.‘ Die Kinderbücher von Marlen Haushofer." *Marlen Haushofer 1920–1970. Ich möchte wissen, wo ich hingekommen bin!.* Hrsg. von Christa Gürtler. Linz: StifterHaus, S. 101–115.

WOLF, KARIN (2003): „‚Meine Stoffe beziehe ich zu einem großen Teil aus meinem Leben und meiner Umwelt.‘ Hauptaspekte ausgewählter Romane Hannelore Valencaks." Diplomarbeit: Univ. Wien.

Abstracts

**Justyna Górny: Bilder aus der Schulzeit. Weibliche Adoleszenz
bei Marlen Haushofer, Christa Winsloe und Grete von Urbanitzky**

Im Mittelpunkt des Beitrags steht der Roman *Eine Handvoll Leben* (1955) von Marlen Haushofer. Die Schulzeit von Haushofers Protagonistin Elisabeth wird mit anderen literarischen Darstellungen der Mädchenschulen verglichen (wie u. a. mit Christa Winsloes *Das Mädchen Manuela* von 1933 oder Grete von Urbanitzkys *Der wilde Garten* von 1927 und *Eine Frau erlebt die Welt* von 1931/1934). Das besondere Augenmerk liegt dabei auf den Texten, die sich an Erwachsene richten, die Kinderliteratur wird ggf. nur am Rande behandelt. Der Vergleich mit früheren Texten ermöglicht eine Einordnung des Romans von Haushofer in einen literarhistorischen Kontext. Im Rahmen des Vergleichs wird zum einen die Beschreibung der weiblichen Adoleszenz als identitätsstiftende Zeit analysiert. Welche Identität entsteht dabei? Ist sie kohärent oder weist sie Brüche auf? Ist neben dem körperlichen Heranreifen auch die intellektuelle Entwicklung ein Thema? Zum anderen werden die Beziehungen zu anderen Schülerinnen und Lehrerinnen untersucht. Wie werden die weiblichen Freundschaften und die Interaktionen in der Gruppe beschrieben? Wie wird das homosexuelle/lesbische Begehren thematisiert? Bei dem Vergleich mit anderen Texten kommt auch den erzähltechnischen Fragen eine Bedeutung zu. Der Roman *Eine Handvoll Leben* von Marlen Haushofer wird als ein literarisches Projekt einer weiblichen Biographie untersucht. Die Beschreibung einer Mädchenschule oder der weiblichen Adoleszenz sind zwar keine „kanonischen" Themen im Sinne eines traditionellen Kanons der Literaturgeschichte. Es sind aber Themen, die in der Literatur, vor allem in den Texten von Frauen, wiederholt behandelt wurden und deshalb einer Untersuchung bedürfen.

Helmut Grugger: Erzähltheoretische Überlegungen zu *Himmel, der nirgendwo* endet im Kontext des autobiografischen Schreibens

Als 1966 im Gütersloher Verlagshaus Gerd Mohn *Himmel, der nirgendwo endet* erscheint, Marlen Haushofers literarische Auseinandersetzung mit ihren Kindheitserfahrungen, ist noch nicht abzusehen, wie sehr die Gattung des autobiographischen Romans die beiden kommenden Jahrzehnte prägen wird. Und nur wenig später wäre es kaum denkbar, dass – so wie in Haushofers Roman – die Erfahrung der NS-Diktatur in Aufzeichnungen zur eigenen Vergangenheit nicht thematisiert wird. Zudem grenzt die literarisch-stilistische Ausformung den Text ebenso von vielen späteren Erinnerungsversuchen ab, wie die sichtlich bewusste Entscheidung, dem kindlichen Sein der Figur Meta den ihm eigenen Raum zuzugestehen. Thomas Bernhard wird 1975 mit *Die Ursache. Eine Andeutung* einen Text vorlegen, der die Wahrheit des Erlebnisses fast ohne erlebendes Ich zu vermitteln versucht. Haushofer verzichtet dagegen großteils auf eine erzählende Instanz und setzt auf die Kraft der direkten Darstellung der Ereignisse, selbst dort, wo die Leser*innen gerne eine beruhigende Stimme der Distanzierung vernehmen würden, wie in der Schilderung des Henker-Spiels, bei dem Meta unmittelbare Todesängste durchlebt. Während die Texte der Autorin durchaus Gemeinsamkeiten in der Literarisierung traumatischer Erfahrungen aufweisen, entwickelt sie dennoch für jedes Schreibprojekt unterschiedliche Strategien, mit denen sie sich ihrem jeweiligen Sujet nähert. In *Himmel, der nirgendwo endet* erfolgt das Erinnern über das Festhalten an der instabilen Fantasiewelt des Kindes, an seinen ihm eigenen Reflexionen und seiner ihm eigenen Vorstellungswelt, an seinen Ängsten und vielschichtigen Wahrnehmungen.

Emily Jeremiah: An Unjust Story: Complicity and Affect in Marlen Haushofer's *Wir töten Stella*

The work of Marlen Haushofer has sometimes been viewed as marginal, domestic, and 'feminine', especially upon its initial reception, when it was seen as 'Hausfrauenprosa' (Christa Gürtler), and as 'bourgeois, banal, and harmless' (Regina Kecht). Haushofer wrote at the kitchen table, in between domestic and familial duties; and space, and indeed constraint, are significant tropes in her work; Franziska Frei Gerlach notes, 'Es sind immer wieder Räume, von denen Marlen Haushofer erzählt', and she points to the titles of Haushofer's works *Die Tapetentür, Die Mansarde,* and *Die Wand* in this connection. Christa Gürtler observes comparably: 'Die Dialektik von Ein- und Ausschluss durchzieht alle Texte von Marlen Haushofer, die Frauen sind eingeschlossen in ihren privaten Zimmern, Mansarden, Häusern. Wände markieren die Grenzen zwischen ihnen und der Außenwelt'. Focussing on *Wir töten Stella*, this article builds on these insights to explore the question of space in the text, along with the main character's complicity in dominant power relations, and the text's conceptualization of embodiment. Space is linked to agency and affect, then, as this reading of the novella demonstrates. The text also provokes affect, as does translating it; the article cites examples from the author's translation of the novella to demonstrate the inevitable losses and gains made in translation and their affective force.

Thomas Kronschläger: Marlen Haushofer für alle Alter. Eine Rekontextualisierung aus der Perspektive der Kinder- und Jugendliteraturforschung

Marlen Haushofer ist heute vor allem für ihren Bestseller *Die Wand* bekannt. In ihrer Biographie bekennt Daniela Strigl, dass für sie lange nicht klar war, dass dieselbe Autorin auch *Brav sein ist schwer* und *Schlimm sein ist auch kein Vergnügen* verfasst hat. Doch auch wenn Marlen Haushofer heute hauptsächlich für ihre Erwachsenenliteratur bekannt ist, bedeutet das nicht, dass sie entweder Erwachsenenliteratin war, die auch Kinderbücher geschrieben hat oder Kinderbuchautorin, die auch sehr bekannte Erwachsenenbücher geschrieben hat. Marlen Haushofer ist eine echte ,All-age-Autorin'. Es finden sich, vor allem in ihrer Kurzprosa, Texte für alle Altersstufen, Kinderliteratur, Jugendliteratur und Crossoverliteratur. Das moderne Konzept der All-age-Literatur scheint Haushofer ganz einfach um Vieles vorweggenommen zu haben. Dieser Beitrag kontextualisiert Haushofer aus der Perspektive der Kinder- und Jugendliteraturforschung und bietet eine neue Perspektive auf Haushofers Werk.

Margaret Littler: The Posthuman and Marlen Haushofer's *Die Wand* on Page and Screen

When I first encountered Haushofer's work in the 1990s she was for me a radical critic of patriarchal society, wrongly dismissed by second wave feminism for the domestic confinement and unemancipated status of her female protagonists. Reading her through the lens of Luce Irigaray's feminist psychoanalysis I found in her work a critique of patriarchy that elaborated a model of ethical subjectivity based on responsibility, love and irreducible alterity. The incompatibility in all her novels of the female subject of language and feminine desire was inextricably connected in the later novels *Die Wand* and *Die Mansarde* with a wider-ranging critique of Western rationality, based on the triumph of the subject over the other, nature and the feminine. Re-reading *Die Wand* twenty years on, alongside Julian Roman Pölsler's 2012 film adaptation of the novel, I encountered a different Haushofer, no longer asserting a particularly feminine imperative to care, but blurring the distinctions between the human, the animal and even inorganic matter. My article explores the ways in which the film's aesthetic, its static camera work and almost entirely diegetic sound effectively de-centres the human and implies not character-development but a becoming-other of the human who becomes ever less 'woman', more an extension of the natural world. As the protagonist writes: 'Es fällt mir schwer, beim Schreiben mein früheres und mein neues Ich auseinanderzuhalten, mein neues Ich, von dem ich nicht sicher bin, daß es nicht langsam von einem großen Wir aufgesogen wird' (*Die Wand* 185).

Marlen Mairhofer: „Es ist natürlich eine Agazie." Signifikante Genealogien in Marlen Haushofers *Die Mansarde*

Am Beginn von Haushofers letztem Roman *Die Mansarde* (1969) steht ein Ehestreit. Die Protagonistin und ihr Mann Hubert können sich nicht über den Baum vor dem Schlafzimmerfenster einigen: Was für sie wie eine Erle oder Ulme aussieht, ist für ihn zweifellos eine „Agazie". Diese scheinbare Lappalie lenkt den Blick schon auf den ersten Seiten auf wesentliche Motive des Textes. Eine genaue Lektüre des Romananfangs zeigt, dass es hier nicht um botanische Fragen, sondern um eine Verortung der Figuren in unterschiedlichen Zeichensystemen geht. Die Wahrnehmung der Welt generiert sich, wie zahlreiche Rekurse auf die eigene(n) Familiengeschichte(n) zeigen, aus der Vergangenheit und affiziert die Sprachen und Körper der Gegenwart. Einer starken patrilinearen Erbfolge, die Hubert „Agazie" statt „Akazie" sagen lässt und ihn immer wieder zurück ins Heeresgeschichtliche Museum treibt, steht eine (beinahe gänzlich) erblose matrilineare gegenüber. Die Protagonistin, als Kind körperlich von ihrem tuberkulosekranken Vater ferngehalten, fällt aus der (väterlichen) Ordnung – und schafft sich so eine Welt nach eigenen Begriffen.

Sarah Neelsen: Marlen Haushofer als SF-Autorin?
Science Fiction, String Figures and Speculative Feminism

Das unerklärte Auftauchen einer durchsichtigen Wand ist, wie man weiß, die Ausgangssituation in Marlen Haushofers Bestseller *Die Wand* aber auch weiterhin ein Rätsel für die Literaturwissenschaft. Die Inspirationsquelle für dieses „magische Monument" (Mara Stuhlfauth 2011) bzw. diese „phantastische Bedingung" (Konstanze Fliedl 1986) konnte laut ihrer Biografin Daniela Strigl immer noch nicht gelöst werden: Das SF-Album, das sie einem Nachbarjungen geliehen hätte, und in dem eine ganze Stadt unter einer Glasglocke gefangen lebt, bleibt unauffindbar. Mein Beitrag folgt zwar dieser Hypothese von Marlen Haushofer als möglicher SF-Autorin, verleiht aber dem Begriff „SF" eine revidierte Bedeutung. Bei Donna Haraway (2016) steht SF nämlich nicht nur für science fiction, sondern auch „speculative fabulation, string figures, speculative feminism [and] science fact". Liest man Haushofers Werk in diesem neuen Lichte, werden zahlreiche Parallelen zwischen ihrem Werk und dem ecofeminism deutlich, z.B. zum *Companion Species Manifesto* (2003) oder *Staying with the Trouble* (2016). Einerseits, was das Zusammenleben von Tier und Mensch betrifft, andererseits, was globale Überlebensstrategien im Anthropozän anbelangt. So wie die zweite Welle des Feminismus Haushofers Werk „wiederentdeckte" und für ihre Zwecke fruchtbar machen konnte, zeigt meine Lektüre, wie aufschlussreich Haushofers Werk auch für die dritte Welle sein kann.

Caitríona Ní Dhúill: Fuelling Lockdown: Haushofer's *Die Wand* as a Text of the Great Acceleration

The thought-experiment of lockdown in Haushofer's *Die Wand* enables exploration of interspecies relations and metabolic flows in a closed (if not hermetic) system; but it does so by isolating its protagonist, resulting in what Timothy Clarke has termed 'methodological individualism' (*Ecocriticism on the Edge*, 2015): any species-level, planetary-scale reflection on the human predicament in what we now call the Anthropocene is 'scaled down' to the story of a single individual, and the operation of 'scaling up' again to draw more broadly applicable conclusions inevitably results in a distortion. In other eco-dystopias, the transformations of matter and energy are framed with reference to ramped-up industrial food production (Marge Piercy, *Woman on the Edge of Time*), the spectre of cannibalism (Cormac MacCarthy, *The Road*), or salvage from the ruins (Margaret Atwood, *The Year of the Flood*). Focussing on discrete motifs from the realms of nourishment (mushrooms, berries, milk, deer-meat, pig-meat) and combustion (wood, fossil fuels, biomass), and exploring the metabolic itineraries of plants, trees, animals and human flesh, the article proposes a metabolic reading of these texts. In a metabolic reading, transformations of matter and energy, whether in solitary lockdown, in a ragged post-apocalyptic collective, or in an extrapolated regime of ecocidal consumerism, become newly visible against the horizon of their fatal derangement in the Anthropocene.

Daniela Strigl: Wer hat Angst vor Marlen Haushofer? Humor, Sarkasmus, Grausamkeit in der österreichischen Literatur nach 1945

Ein Gutteil der deutschsprachigen Nachkriegsliteratur wie auch der sogenannten Frauenliteratur hat den Ruf eines gewissen unverbindlichen Idealismus, einer betulich-biederen Rückbesinnung auf allgemeinmenschliche Werte und Tugenden, der sich auch in zeitgenössischen österreichischen Literaturzeitschriften zu bestätigen scheint. Dagegen positionieren sich jedoch einerseits, teils aufbegehrend, die Radikal-Humorlosen (wie Ilse Aichinger, Friederike Mayröcker, Hans Lebert, Peter Handke), andererseits (re)etabliert sich in Österreich auch eine Linie, in der die Thematisierung von Grausamkeit und Gewalt mit Ironie und Sarkasmus einhergeht: von Einzelgängern wie Robert Neumann, Alexander Lernet-Holenia, Gerhard Fritsch und Walter Buchebner über die Autoren der Wiener Gruppe und Ernst Jandl bis zu Heimito von Doderer, Albert Drach, Thomas Bernhard und Elfriede Jelinek. Der Anteil der Autorinnen an dieser Literatur des mehr oder minder brachialen Humors wird gewöhnlich unterschätzt. Als eine ihrer Schlüsselfiguren erweist sich, neben Ingeborg Bachmann und Hannelore Valencak, Marlen Haushofer. Die ironische Erzählhaltung in *Die Tapetentür, Himmel, der nirgendwo endet* oder *Die Mansarde*, die forcierte Brutalität in Erzählungen wie *Der Mann und sein Hund* oder *Die Geschichte vom Menschenmann* kündigen das Selbstverständliche der patriarchalen Nachkriegsordnung ebenso radikal auf wie den Konsens des Vergessens. Im Kontext der Nachkriegsverhältnisse ist dem weiblichen Beitrag zu einem literarischen Sprechen der Uneigentlichkeit in besonderem Maße die Geste der Anmaßung eingeschrieben. Sie beschwört eine Souveränität des Urteils, die im gesellschaftlichen Leben nicht existiert. Ihre Kehrseite ist eine masochistische Lust an der Unterwerfung, der Selbstpreisgabe, dem Schmerz (Bachmann, Valencak, Hertha Kräftner, Christine Lavant).

Daniel Syrovy: Letzte Frauen. Die (Post)Apokalypse nach Marlen Haushofer und Hannelore Valencak

When Marlen Haushofer's *Die Wand* came out in 1963, nothing like its mix of matter-of-factness and science fiction had been seen in Austrian post-war literature. Or so it may seem. In fact, two years earlier Hannelore Valencak had published *Die Höhlen Noahs*, a post-apocalyptic novel about a small group of people surviving nuclear fallout in the mountains. Even before the book was republished in 2011, Evelyne Polt-Heinzl had drawn attention to the parallels between the two writers, but not much scholarly work has been added to these initial observations. The parallels, however, extend beyond the themes of the two novels. Both writers published children's and YA literature as well as a number of lesser-known novels about everyday life that subverted the idyllic clichés of family life in the Austrian countryside. These topics already point towards the ways of making a living for Austrian women writers after 1945, which included Haushofer's and Valencak's unique takes on 'genre' fiction. The article mainly focuses on a comparison between the 'last woman'-narratives in the two novels, but also keeps an eye on socio-literary conditions in post-war Austria.

Die Beiträgerinnen und Beiträger

Andrea Capovilla, geboren 1963 in Bregenz. Germanistik- und Philosophie-studium in Wien, Dissertation zu Film als literarisches und essayistisches The-ma im frühen zwanzigsten Jahrhundert. Publiziert als *Der lebendige Schatten. Film in der Literatur bis 1938* (1994). Lehrte ab 1995 an den Universitäten Oxford und Cambridge, seit 2017 Leiterin des Ingeborg Bachmann Centres an der Universität London. Weitere Publikationen: *Entwürfe weiblicher Identität in der Moderne. Milena Jesenská, Vicki Baum, Gina Kaus, Alice Rühle-Gerstel. Studien zu Leben und Werk* (2004); „Irmgard Keun", in: Hilary Brown (Hrsg.), *Landmarks in German Women's Writing* (2007): 139–54; „Den See sehen. Eva Schmidts ‚Die untalentierte Lügnerin' vis-à-vis Anna Sterns ‚Der Gutachter'", in: *Jahrbuch Franz-Michael-Felder-Archiv* (2020): 285–300.

Justyna Górny, geboren 1976. Literaturwissenschaftlerin und Übersetzerin. Promovierte 2011 über Literaturkritik als Teil des Weiblichkeitsdiskurses. Als Übersetzerin arbeitet sie an wissenschaftlichen Texten zur polnischen und deutschen Sozial- und Kulturgeschichte. Ihre Schwerpunkte sind gender-orientierte Forschung, Kulturtransfer und Rezeption. Seit 2011 wissenschaft-liche Mitarbeiterin am Institut für Germanistik der Universität Warschau, wo sie über neue Figurenkonstruktionen in der deutschsprachigen Literatur des 20. Jahrhunderts, insbesondere der Studentin und der Lesbe, arbeitet. Publi-kationen: „The Image of Educated Women in Two Interwar Austrian Novels by Female Authors". In: *Acta Poloniae Historica* 117 (2018): 131–58; „Ist das Weib ein Nichts? Vorbilder und Schreckbilder in den österreichischen Roma-nen von Frauen in der Zwischenkriegszeit". In: Aneta Jachimowicz (Hrsg.), *Gegen den Kanon – Literatur der Zwischenkriegszeit in Österreich.* Frankfurt am Main: 2017. 327–343.

Helmut Grugger studierte in Innsbruck Deutsche Philologie, Psychologie, Philosophie und Pädagogik und promovierte zum Thema des literarischen

Subjektdiskurses, publiziert als *Dramaturgie des Subjekts bei Heinrich von Kleist. Die Familie Schroffenstein, Der zerbrochne Krug, Amphitryon, Penthesilea, Das Käthchen von Heilbronn, Prinz Friedrich von Homburg* (Würzburg 2010). Nach Tätigkeiten in der Erwachsenenbildung, im Journalismus sowie in der Lehre an tschechischen und österreichischen Universitäten ist er seit 2012 Dozent für Germanistik an der Universität Limerick. Seine Habilitationsschrift *Trauma – Literatur – Moderne. Poetische Diskurse zum Komplex des Psychotraumas* (2018) liefert Analysen herausragender, themenrelevanter Werke von der Spätaufklärung bis zur Gegenwart. Gemeinsam mit Johann Holzner legte er das umfassende zweibändige Sammelwerk *Der Generationenroman* (2021) vor; 2022 erscheint seine Monografie zum österreichischen Dramatiker Werner Schwab.

Emily Jeremiah is Professor of Contemporary Literature and Gender Studies at Royal Holloway, University of London, and the author of three monographs: *Troubling Maternity: Mothering, Agency, and Ethics in Women's Writing in German of the 1970s and 1980s* (Maney/MHRA, 2003); *Nomadic Ethics in Contemporary Women's Writing in German: Strange Subjects* (Camden House, 2012); and *Willful Girls: Gender and Agency in Contemporary Anglo-American and German Fiction* (Camden House, 2018). She is co-editor, with Frauke Matthes, of *Ethical Approaches in Contemporary German-Language Literature and Culture* (*Edinburgh German Yearbook* 7 (2013)); and, with Gill Rye, Victoria Browne, Adalgisa Giorgio and Abigail Lee Six, of *Motherhood in Literature and Culture: Interdisciplinary Perspectives from Europe* (Routledge, 2017). Prof Jeremiah is also a prize-winning translator of Finnish poetry and fiction and the author of two novellas: *Blue Moments* (Valley Press, 2020) and *An Approach to Black* (Reflex Press, 2021).

Thomas Kronschläger ist nach einem Lehramtsstudium an der Universität Wien wissenschaftlicher Mitarbeiter im Bereich Literaturdidaktik an der TU Braunschweig, wo er zu Textauswahlkompetenz von Lehramtsstudierenden promoviert. Seine weiteren Forschungsschwerpunkte sind Kanonforschung, Gender im Literaturunterricht, Literaturdidaktik im Anthropozän und Geschlechtssensibilität in Sprache und Literatur. Publikationen: (mit Jan Standke) „Gender Studies". In: Tobias Kurwinkel und Philipp Schmerheim (Hg.), *Handbuch Kinder- und Jugendliteratur* (Berlin 2020). 343–353; „Sex, Macht und Gewalt in Romanen der Gegenwart". In: *Der Deutschunterricht* 4 (2021): 21–33; „Mehr als nur ein Buch dazwischen. Zu Andreas Steinhöfels Erzählband *Defender*." In: Jan Standke und Dieter Wrobel (Hg.), *Andreas Steinhöfel. Texte – Analysen – didaktische Potenziale* (Trier 2021). 81–96 (= Beiträge zur Didaktik der deutschsprachigen Gegenwartsliteratur 6).

Margaret Littler is Professor emerita of Contemporary German Culture at the University of Manchester, UK, where she taught for thirty years. Her research interests include gender studies, minority culture in German and the new materialist philosophy of Gilles Deleuze. She is editor of *Gendering German Studies* (1997) and co-author (with Brigid Haines) of *Contemporary Women's Writing in German: Changing the Subject* (2004). Her more recent publications on the authors Zafer Şenocak, Emine Sevgi Özdamar and Feridun Zaimoglu are part of a project informed by Deleuze and Guattari's formulation of minor literature, viewing these writers' work as a transformative force in contemporary German literature.

Marlen Mairhofer, geboren 1991 in Steyr, Oberösterreich. Studium der Germanistik an der Paris Lodron Universität Salzburg (PLUS), danach Karenzvertretungen als Universitätsassistentin am Fachbereich Germanistik und als wissenschaftliche Mitarbeiterin am Stefan Zweig Zentrum sowie Trainerin für Deutsch als Fremdsprache. April bis Oktober 2018 Marie-Andeßner-Stipendiatin, seit Oktober 2018 Universitätsassistentin für neuere deutsche Literatur am Fachbereich Germanistik der PLUS. Forschungsaufenthalte an der Universität Durham (GB) und am Ingeborg Bachmann Centre in London. Arbeit am Dissertationsprojekt zu Körper und Schrift bei Ingeborg Bachmann und Marlen Haushofer. Forschungsschwerpunkte: Literatur und Psychoanalyse und feministische und dekonstruktive (Literatur-)Theorie. Publikationen: „Infizierte Narrative. Geschlecht, Sexualpathologie und Autofiktion bei Ingeborg Bachmann". In: *LIMBUS* 12 (2019): 99–113; „Ist der Brief ein Symptom? Zu einem komplexen Motiv in Marlen Haushofers *Die Mansarde*". In: Eva Hausbacher et al. (Hg.), *geschlecht_transkulturell. Aktuelle Forschungsperspektiven* (Wiesbaden 2020). 267–281.

Sarah Neelsen studierte Germanistik an der Ecole Normale Supérieure (Frankreich), an der Universität Wien und der Lancaster University (GB). Sie promovierte 2013 mit einer Arbeit über das essayistische Werk Elfriede Jelineks, für die sie mit dem Preis Pierre Grappin ausgezeichnet wurde. Sie lehrte Romanistik an der Universität Heidelberg (2008–2010), Germanistik an verschiedenen französischen Universitäten (Rennes, Metz, Paris) und Translationswissenschaften an der Universität Lüttich (2016–2018). Seit 2018 ist sie Dozentin an der Sorbonne Nouvelle in Paris, wo sie einen Masterstudiengang in deutsch-französischer Kunstvermittlung leitet. Ihre Forschungsschwerpunkte liegen im Bereich der Literaturwissenschaft auf der deutschsprachigen Literatur nach 1945 (Bernhard, Schleef, Winkler, Haushofer, Bachmann), insbesondere unter dem Gesichtspunkt der Intermedialität und des ecocriticism (mit Lars Koch und Julia Prager (Hrsg.), *Organizität und Technizität in der Literatur* (de Gruyter 2023)) und im Bereich der Sprachwissenschaften auf Multimodalität (mit Francis Mus (Hrsg.), Translation and Plurisemiotic Practices, *JosTrans* 35 (2021)) und Inklusion.

Caitríona Ní Dhúill is Professor in German at University College Cork and has taught at the universities of Durham, Vienna, St Andrews and Dublin. She is the author of two monographs, *Metabiography: Reflecting on Biography* (2020) and *Sex in Imagined Spaces: Gender and Utopia from More to Bloch* (2010), as well as numerous shorter publications on modern Austrian literature, theories of biography and utopian theory. She co-edited a special double issue of *Poetics Today* on negative futures, dystopia and apocalypse in 2016. She held the Käthe Leichter guest professorship in Gender and Women's Studies at the University of Vienna in 2016 and was a Fellow of the Durham Institute of Advanced Study in 2013. In 2021 she launched the all-Ireland network 'Humanities for the Anthropocene' and is principal investigator on the Irish Research Council project: 'Speaking the Predicament: Words and Stories for the Anthropocene'.

Daniela Strigl, geboren 1964 in Wien. Literaturwissenschaftlerin, Essayistin, Kritikerin (*F.A.Z.*, *Der Standard* u.a.). Studium der Germanistik, Theaterwissenschaft, Philosophie, Geschichte an der Universität Wien, Diplomarbeit über Christian Morgenstern, Dissertation zu Theodor Kramer. 2005 Scholar in Residence an der Rutgers University, NJ, lehrt seit 2007 am Institut für Germanistik der Universität Wien, 2018 Habilitation. 2021 Gastprofessur für Gender Studies an der Universität Salzburg. Mitglied im Kritikerteam des Literaturclubs im Schweizer Fernsehen SRF. Gehörte u.a. der Jury des Ingeborg Bachmann Preises (Klagenfurt), des Deutschen Buchpreises sowie des Preises der Leipziger Buchmesse an. Österreichischer Staatspreis für Literaturkritik 2001, Max Kade Essaypreis 2007, Alfred Kerr Preis 2013, Berliner Preis für Literaturkritik 2015, Johann-Heinrich-Merck-Preis 2019. Publikationen: *„Wahrscheinlich bin ich verrückt ..." Marlen Haushofer – die Biographie* (2000). Zuletzt: *„Berühmtsein ist nichts". Marie von Ebner-Eschenbach. Eine Biographie* (2016); *Alles muss man selber machen. Biographie. Kritik. Essay* (2018); *Peter Rosegger: Ausgewählte Werke in Einzelbänden* (Mithg., 2018); *Gedankenspiele über die Faulheit* (2021), *Sinn und Sinnlichkeit. Lesen, verstehen, schwelgen. Münchner Rede zur Poesie* (2021).

Daniel Syrovy studierte Komparatistik in Wien, wo er seit 2019 als Senior Lecturer an der Abteilung für Vergleichende Literaturwissenschaft tätig ist. Nach einer Promotion über Gattungsfragen bei Charles Sorel und Miguel de Cervantes und einer Habilitation über die Bücherzensur in Norditalien im 18. und 19. Jahrhundert (*Literatur, Politik und habsburgische Zensur in Lombardo-Venetien* (Wiesbaden: Harrassowitz 2021)) beschäftigt er sich vermehrt mit literarischen Netzwerken der Moderne und Aspekten von Partizipationskultur und Fandom in und seit der Frühen Neuzeit. Im Mittelpunkt stehen dabei häufig Genres, der Literaturbetrieb, sowie (vergessene) Traditionslinien.

FORUM: ÖSTERREICH

Γ Frank & Timme

FORUM: ÖSTERREICH

Ⲧ Frank & Timme